民大文传青年学者论丛

礼乐文化与先秦两汉文艺思想研究

LIYUE WENHUA YU XIANQIN LIANGHAN WENYISIXIANG YANJIU

陈莉◎著

中央民族大学出版社
China Minzu University Press

图书在版编目(CIP)数据

礼乐文化与先秦两汉文艺思想研究/陈莉著.—北京:中央民族大学出版社,2013.10
ISBN 978－7－5660－0341－6

Ⅰ.①礼… Ⅱ.①陈… Ⅲ.①礼乐－文化－研究－中国－古代 ②文艺思想－研究－中国－先秦时代 ③文艺思想－研究－中国－汉代 Ⅳ.①K892.9②Ⅰ209.2

中国版本图书馆 CIP 数据核字（2013）第 043388 号

礼乐文化与先秦两汉文艺思想研究

著　　者	陈　莉
责任编辑	杨爱新
封面设计	范　凡
出 版 者	中央民族大学出版社
	北京市海淀区中关村南大街 27 号　邮编：100081
	电话：68472815（发行部）　传真：68932751（发行部）
	68932218（总编室）　　　68932447（办公室）
发 行 者	全国各地新华书店
印 刷 者	北京华正印刷有限公司
开　　本	880×1230（毫米）　1/32　印张：11.5
字　　数	290 千字
版　　次	2013 年 10 月第 1 版　2013 年 10 月第 1 次印刷
书　　号	ISBN 978－7－5660－0341－6
定　　价	35.00 元

版权所有　翻印必究

序

　　现代以来，国内外学界关于先秦两汉文艺思想的研究已经出版了大量论著。中国古代之"艺术史"、"文学史"、"文学批评史"、"文学思想史"等著作也都会有关于"先秦"的章节，看上去似乎已经不大有创新的空间了。然而如果仔细分析就不难发现，这些研究似乎都有一个共同特点，就是按照现代学科分类的专门研究有余而综合性研究不足。这就意味着，对"先秦文艺思想"的研究可以从"综合性"角度寻求新的突破，这或许不失为一条新的研究路径。对于这种"综合性视角"，可以从下列三个方面来看：

　　其一，把文学与艺术看做是这一个时期里占主导地位的"文化精神"或"审美趣味"的表现形式，力求在二者的相互关联中阐释其意义，旨在打通"文学"与"艺术"两大门类之壁垒。此为"文学思想史"与"艺术思想史"之综合。

　　先秦时期，中国文化灿烂辉煌，周代贵族的礼乐制度及其话语表征、诸子百家的放言高论、"诗三百"的恢弘质朴、"楚骚"的哀婉华美都是各自领域"高不可及的范本"。然而彼时根本就没有独立于典章制度与学术文化的文学艺术，一切在今天看来属于文学艺术领域的东西，在先秦时期都是作为一种更加根本性的政治文化事物的组成部分或附属品而存在的。

　　我们来看看礼乐文化系统中的文学与艺术。所谓"礼乐文化"就是历史上记载的周公"制礼作乐"而创造的文化系统，是与周代贵族等级制相适应的文化符号系统。在中国历史上，真正意义上的贵族社会是从西周至春秋后期这一历史时期，分封制、世袭制是这种社会形态的基本特征。贵族的等级地位、贵族与平民在经济与政治、文化上的差异不是自然形成的，也不是通过竞争或某种机遇产生的，而是法定的。对贵族而言是"世卿世禄"，对庶民而言则是"农之子恒为农，工之子恒为工，商之子恒为商"。从《尚书·周书》、《逸周书》、《左传》、《国语》、《史记·周本纪》、《周礼》、《仪礼》、《礼记》等史籍以及其他儒家著述的记载看，中国古代的这种贵族等级制是极为严密的，其最为显著的特征是国家政治制度与官方意识形态十分巧妙地融为一体。在这里一切文化形态都具有直接的政治意义，而政治制度和权力运作又总是借助于文化的形式。政治功能常常通过彬彬有礼、温情脉脉的文化形式得以实现。

在礼乐文化语境中，贵族们是在一言一行的细微之处体现自己身份并确证社会秩序的。这看上去不过是一种待人接物的态度而已，但实际上在这种交接过程中，人们的政治身份在言谈与对话之中便不知不觉地得到确证与强化。用"文艺"或"审美"的方式来达到庄严的政治目的，这是周人创立的"礼乐文化"的主要特征之一。这可以说是一种极为高明的统治策略。我们用今天的审美标准来看《诗经》作品，除了部分颂诗和大雅之外，大都具有很强的艺术价值与审美价值，但在当时却都负载着重要的意识形态功能，有着强烈的政治性。这种审美化的政治策略关键之点是使人不仅心平气和地接受现实秩序，而且发自内心地认同它。荀子说："故乐在宗庙之中，君臣上下同听之，则莫不和敬；闺门之内，父子兄弟同听之，则莫不和亲；乡里族长之中，长少同听之，则莫不和顺。故乐者，审一以定和者也，比物以饰节者也，合奏以成文者也；足以率一道，足以治万变。"

在这里音乐成为有效的政治手段，"审美"也就自然成为一种隐含着政治性的心理体验。这种心理体验的主要特征是平静与和谐。因此可以说，贵族审美是一种具有直接的政治意义的精神生活方式，审美主体所获得的内心平静与和谐及社会秩序的稳定与和谐具有同构关系。从这个角度来看，属于周代贵族礼乐文化系统中的文学艺术，即诗歌、音乐、舞蹈、青铜器皿及其花纹图案，等等，都是贵族等级制的符号表征，是带有明显的政治性、意识形态性的文化形式。如此看来，中国西周至春秋时期的文学艺术是属于礼乐文化的一部分，本身就是一种贵族意识形态，具有很强的政治功用性。这里的文学艺术具有高度的同一性，是周代贵族制度与意识形态的符号化形式。因此要研究作为礼乐文化系统的文学与艺术，就可以而且有必要采取一种综合性的研究方法，从而揭示其整体性特征。这显然是单纯的"先秦文学史"或者"先秦艺术史"所无法做到的。

其二，把文学艺术思想看做是在此一个时期里与政治、宗教、哲学、历史等观念形态处于交融互渗之中的话语系统，力求在各门类之间复杂的"互文性"关系中揭示文艺思想的深层意蕴。此为"思想史"与"文艺思想史"之综合。

我们以往的"文学史"、"文学批评史"或者"艺术史"、"艺术思想史"等，习惯于采用一种"剥离法"进行研究。所谓"剥离法"就是在卷帙浩繁的古代文献中苦苦爬梳、细细翻检，把那些按今天的学科分类属于"文学"或"艺术"的材料挑选出来，然后分门别类加以排列、阐释，从而形成了一个线索清晰的"××史"。这种研究范式长期占据着我们学界的主导地位，至今依然有很大的影响。这种研究的优点是条理分明、清晰，来龙去脉一目了然，而缺点是人为"建构"色彩明显，遮蔽了复杂性，难以反应文学艺术发展演变实际的历史过程。先秦文艺思想，且不要说周代礼乐文化原本就是一个严密的整体文化系统，其中的诗歌、音乐、舞蹈都不是作为独立的艺术门类存在的，倘若用"剥离法"来研究势必严重影响对它们的价值与意义的准确把握,即使是诸子百家的文艺思想,也是其整体思想难以分拆的一部分,因此综合性研究同样是必要的。例如,儒家的文艺思想就是儒家政治理想、道德观念、人生旨趣的直接表达,这里并没有什么"学科分类"。孔子说:"兴于诗,立于礼,成于乐。"(《论语·泰伯》)是讲人的修身过程,在这里诗歌与礼之规定、音乐都是修身的必要手段,各有各的不可或缺的功能。这就意味着,在先秦时期,文艺思想史实际上就是从一个特定角度来书写的文化史或者思想史。这就要求我们必须有文化史、思想史的视野才有能力来研究文艺思想史。即如孟子的"知人论世"之说,是稍有文学史知识的人都耳熟能详的。然而要想真正了解其真意,特别是了解其阐释学意义,就不能不把文学思想史研究与学术思想史研究相结合。按照传统的"剥离法","知人论世"说的意思很简单,就是说要真正理解一首诗的含义就需要了解作者,而要了解作者就需要了解他生活的时代。长期以来我们的文学史、文学批评史就是这样理解的。这就遮蔽了"知人论世"说中隐含着的一种极为可贵的、具有现代学术意义的思想,那就是"对话"思想。何以见得呢?假如我们不用"剥离法",不把这一说法看做是一种文学观念,而是去联系上下文,按照孟子的本意去理解它,我们就很容易发现,孟子讲"知人论世"的目的是"尚友",而"尚友"的目的则是修身。按孟子的逻辑,一个道德品质高尚的人一定要与天下那些同样具有高尚品质的人士交朋友,如此可以相互学习,不断提升自己。为了提升自己,除了和同时代的优秀人物交朋友,还要和古代的优秀人物交朋友,这就是"尚友"。和古人交朋友的主要方式就是"读其书,诵其诗",为了准确地理解古人在"书"、"诗"中表达的意思,所以才需要"知人论世"。"尚友"说对于理解"知人论世"说有着极为重要的意义,这里暗含着"平等对话"的意思。既不仰视古人,也不贬低古人，而是与之交友，与之平等对话，是其所应是，非其所当非。这是一种了不起的诗学阐释学思想，可惜后来到了荀子那里，提出一套"征圣"、"宗经"的思想，过于迷信古代圣贤，孟子的"尚友"精神被淹没了。很显然，只有打通思想史与文艺思想史的综合性研究范式才能解释孟子诗学思想中的这一伟大价值。

其三，文学艺术研究与人的生活方式、交往方式研究相结合。在先秦时期，文学艺术又往往是与人们的生活方式、交往方式密切结合的，因此要深入研究此期文学艺术，就不能忽视人的生活方式、交往方式这一视角。在西周至春秋中叶的贵族时代，贵族阶层就是当时的知识阶层，他们掌控着文化的生产与传承。从现存的资料——《尚书》、《诗经》、《逸周书》、《左传》、《国语》、"三礼"以及大量彝器铭文来看，贵族阶层的生活是高度艺术化的：他们的衣食住行、一举一动都是被称为"礼仪"的艺术形式所包裹，高贵华美。他们的言谈也是经过艺术修辞的，典雅委婉。因此，我们要研究这一时期的文学艺术，就不能不深入到贵族的生活方式中去。我们知道，贵族们在交接聘问之际常常会"赋诗"或"观乐"，这既是礼仪行为，又是文学活动，我们研究此期的诗歌和音乐，特别是研究诗歌和音乐的功能，就必须了解贵族交往中的这一习惯。总之，把对文学艺术的研究与对人们生活方式、交往方式的研究结合起来，应该是先秦文学艺术研究的一个重要视角。

陈莉博士的新著《礼乐文化与先秦两汉文艺思想研究》大体上可以说就是上面所说的"综合性研究"。该著从礼乐文化的角度来审视文艺，剖析礼乐文化中"神性"与"艺术性"、"意识形态性与审美性"的差异与关联，进而从礼乐文化崩坏的角度考察文艺思想演变的轨迹，并对儒家文艺思想的生成与基本特征进行了系统阐述。特别是从礼乐文化角度对汉代文艺思想的研究可谓别开生面，多有发覆，值得充分肯定。陈莉的博士论文研究的是周代贵族生活方式中的艺术精神，现在这部著作是在其博士论文基础上的进一步研究，许多问题的论述较之博士论文更加深入、更加细密。陈莉博士是个很勤奋的青年学者，一直努力钻研，祝愿她不断取得新的研究成果。

李春青

2013 年 3 月于京师园

目　录

绪论 …………………………………………………………… (1)
　一、文献综述 ………………………………………………… (2)
　二、本书的基本思路和研究框架 …………………………… (5)

上编　礼乐文化中的艺术精神

第一章　礼乐文化的神性与艺术性 ………………………… (9)
　第一节　从原始神灵观念到礼乐文化 ……………………… (9)
　　一、史前文化的神灵观念及其对艺术的影响 …………… (9)
　　二、殷商文化的巫术鬼神色彩及其对艺术的影响 ……… (11)
　　三、周代礼乐文化对神灵观念的延续 …………………… (13)
　第二节　礼乐仪式的神性与艺术性 ………………………… (18)
　　一、蜡祭中的神灵观念及艺术性 ………………………… (18)
　　二、祭礼中的神性及艺术性 ……………………………… (20)
　　三、丧礼中的美饰 ………………………………………… (26)
　　四、艺术化和仪式化的丧祭情感 ………………………… (29)
　第三节　祭祀乐舞的神性和艺术性 ………………………… (34)
　　一、祭祀神灵的乐舞 ……………………………………… (34)
　　二、乐舞的神性与艺术性 ………………………………… (36)
　第四节　诗：神坛下的诗意书写 …………………………… (40)
　　一、诗与神的关系 ………………………………………… (40)
　　二、神坛下的诗意书写 …………………………………… (42)

第二章　礼乐文化的意识形态性与审美性 …………… (45)
第一节　礼乐文化与周代政治制度的维系 …………… (45)
一、宗法制和分封制 …………………………………… (45)
二、礼乐文化的审美意识形态性 ……………………… (47)
三、浓缩的意识形态象征符号 ………………………… (50)
四、审美与意识形态的张力关系 ……………………… (54)
第二节　等级制与审美权力的等级划分 ……………… (55)
一、等级制及礼乐的等级划分 ………………………… (55)
二、青铜器、服饰及其他器物的等级审美 …………… (57)

第三章　贵族身份的确立与礼乐文化背景下生活的艺术化
………………………………………………………… (63)
第一节　贵族身份的确立与艺术化生存 ……………… (63)
一、礼乐文化与贵族身份的确立 ……………………… (63)
二、礼乐文化的超越性和高贵性 ……………………… (64)
第二节　高贵而艺术的礼乐文化生活 ………………… (66)
一、程式化举止的艺术效果和对贵族身份的确证 …… (66)
二、礼乐与贵族生活的艺术化 ………………………… (69)
三、赋诗引诗与贵族身份的确证 ……………………… (73)
四、顺从天意与贵族生活的诗意化 …………………… (75)
第三节　器物的文饰化与贵族的审美追求 …………… (77)
一、器物的文饰化与贵族身份的确证 ………………… (77)
二、彰显贵族地位的舆服旗帜美饰 …………………… (79)

中编　礼乐崩坏与先秦文艺美学思想

第四章　礼崩乐坏与前诸子时代的文艺美学思想 …… (87)
第一节　春秋战国时期的礼乐文化 …………………… (87)

一、礼乐文化的衰微 ……………………………（87）
　　二、礼乐文化衰微的原因 ………………………（89）
　第二节　礼乐文化的衰微与前诸子时代的文艺美学思想
　　　……………………………………………………（90）
　　一、关于仪式是否还具有审美性的思考 ………（90）
　　二、有关"度"的美学思考 ……………………（93）
　　三、"和而不同"的美学思想 …………………（96）
　　四、对文饰美的思考 ……………………………（99）
　　五、人的自由与审美的自由 …………………（104）

第五章　儒家的礼乐文化情结及其文艺美学思想 ………（107）
　第一节　贵族孔子对礼乐文化的态度 …………（107）
　　一、作为贵族的孔子及其礼乐文化情结 ……（107）
　　二、生不逢时的没落贵族无法挽救礼乐文化崩坏的局面
　　　…………………………………………………（110）
　第二节　没落贵族孔子的文艺美学思想 ………（113）
　　一、贵族立场与孔子的诗学观念 ……………（113）
　　二、礼崩乐坏文化语境下孔子的礼乐审美观念 ………（117）
　第三节　礼乐文化与孟子的文艺美学思想 ……（129）
　　一、孟子受到礼乐文化的熏陶 ………………（129）
　　二、良知良能学说与孟子美学思想的建构 …（130）
　　三、民本思想与"与民同乐"的美学思想 …（137）
　　四、礼的权变性与礼乐文化精神的嬗变 ……（140）
　　五、诗的衰亡与"以意逆志"、"知人论世"文艺美学
　　　思想的提出 …………………………………（144）
　第四节　礼乐文化与荀子的文艺美学思想 ……（148）
　　一、荀子强调了礼乐文化的文饰化特征和社会作用
　　　…………………………………………………（148）

二、欲望时代荀子对礼乐文化的传承 …………… (153)
三、法制时代荀子对礼乐文化的传承 …………… (157)

第六章　礼乐文化与道家、墨家、法家的文艺美学思想 … (161)
　第一节　老子的文艺思想及其对礼乐文化的否定 …… (161)
　　一、天命观的衰落与"道"的提出 ……………… (161)
　　二、提倡素朴，反对礼乐文化 …………………… (163)
　第二节　庄子的文艺思想及其对礼乐文化的否定 …… (165)
　　一、庄子认为仁义礼乐破坏了人的自然纯朴生活 … (165)
　　二、否定礼乐文化的声色之美 …………………… (169)
　第三节　礼乐文化与墨家的文艺美学思想 …………… (176)
　　一、墨子的天志鬼神观念 ………………………… (176)
　　二、墨子否定了贵族的礼乐文化 ………………… (180)
　　三、墨子的非乐思想 ……………………………… (184)
　　四、墨子思想的历史文化语境 …………………… (188)
　第四节　礼乐文化与法家的文艺美学思想 …………… (190)
　　一、商鞅及其文艺思想与礼乐文化的关系 ……… (191)
　　二、礼乐文化与韩非子的文艺美学思想 ………… (194)

下编　礼乐文化的复兴与两汉文艺美学思想

第七章　汉代礼乐文化与官方审美活动 ……………… (207)
　第一节　汉代礼乐文化的演进过程 …………………… (207)
　　一、汉初的礼乐文化状况 ………………………… (207)
　　二、汉武帝时的礼乐文化状况 …………………… (211)
　　三、西汉中后期的礼乐文化状况 ………………… (213)
　　四、东汉时期的礼乐文化状况 …………………… (217)
　第二节　汉代礼乐文化中的审美追求 ………………… (221)

一、礼仪的秩序美 ……………………………………… (221)
　　二、祭坛的美饰 ………………………………………… (222)
　　三、典礼中的乐舞 ……………………………………… (224)
第八章　汉代礼乐文化语境下的文艺美学思想 ……………… (236)
　第一节　陆贾和贾谊的礼乐文化观念及文艺美学思想
　　……………………………………………………………… (236)
　　一、陆贾的礼治观念及文艺美学思想 ………………… (236)
　　二、贾谊的以礼治国思想及其美学价值 ……………… (242)
　第二节　《淮南子》中的礼乐观念及文艺美学思想 …… (253)
　　一、《淮南子》对礼乐文化的批判 …………………… (253)
　　二、《淮南子》力求对礼乐文化进行改造 …………… (257)
　　三、《淮南子》力求建构的文艺思想 ………………… (263)
　第三节　董仲舒的礼乐观念及文艺美学思想 …………… (271)
　　一、董仲舒的礼乐文化观念 …………………………… (271)
　　二、董仲舒的音乐美学思想 …………………………… (278)
　　三、董仲舒的服饰及色彩美学思想 …………………… (281)
　　四、董仲舒关于贽和山川的美学思想 ………………… (285)
　第四节　《说苑》中的礼乐观念及文艺美学思想 ……… (286)
　　一、《说苑》中的"修文"思想 ……………………… (287)
　　二、《说苑》中的"反质"思想及"文质"关系 …… (297)
　第五节　纬书中的礼乐观念及文艺美学思想 …………… (302)
　　一、纬书中的天神观念及文艺思想 …………………… (302)
　　二、纬书中的阴阳五行观念及文艺思想 ……………… (305)
　　三、纬书对凤凰道德蕴含的强调 ……………………… (308)
　第六节　《白虎通》中的汉代官方礼乐美学思想 ……… (310)
　　一、《白虎通》中的礼乐文化的特点:建构意义空间 … (310)
　　二、礼乐文化与阴阳五行的融通 ……………………… (312)

三、礼乐文化的伦理道德意义及象征艺术精神 ………（317）
　第七节　《史记》《汉书》中的礼乐美学思想 …………（323）
　　一、《史记》中的礼乐美学思想 ………………………（323）
　　二、《汉书》中的礼乐美学思想 ………………………（329）
结论 ………………………………………………………（336）
参考文献 …………………………………………………（342）
后记 ………………………………………………………（346）

绪　论

西周建立伊始，周公制礼作乐，形成了对中国历史和文化影响深远的礼乐文化。礼乐文化包括习俗、道德、政治经济制度、思想准则等。它的核心是贵族进行祭祀和交往的固定礼仪，包括相对固定的音乐和舞蹈、程式化的祭祀话语和交往话语、仪式化的行为方式、具有道具性质的服饰、器物等。这一套礼乐制度在典礼中得到最为集中的体现，同时也渗透在贵族的日常生活层面，使贵族的日常行为方式中也具有了举止规范、言谈文雅等特点。践行礼乐文化的主体是西周贵族，也只有贵族才有优越的社会地位、丰厚的经济基础和超然的心境来实践这套生活方式。

礼乐文化的实质是一种统治策略，即一种意识形态，但礼乐文化中又有着中国早期艺术的丰富因子。从文艺学和美学的角度看，就会获得不少有关中国早期艺术理论的启示，如文艺与宗教与神灵的关系、文艺与政治的关系、文艺的实用性与审美性的张力关系等问题，在礼乐文化中都得到了充分的体现，而且这些问题从礼乐文化构建和形成时期就存在，一直伴随着礼乐文化发展演变的不同历史阶段。从商周到两汉正好是礼乐文化兴起、繁盛、衰落又复兴的一个完整过程，较为完整地体现了礼乐文化对中国文艺美学思想的影响。因而本书在梳理礼乐文化艺术精神的基础之上，分析和探讨礼乐文化与先秦两汉文艺美学思想的关系，以期更为清晰地勾勒出礼乐文化对中国艺术精神的影响，以及礼乐文化作为一条重要线索对中国早期文艺美学思想的影响。

一、文献综述

（一）关于礼乐文化的研究

有关礼乐文化的研究源远流长，可以说，先秦诸子百家就是礼乐文化的最早研究者，之后，从汉到清一代又一代学者考察典章制度、名物法序，推动了礼乐文化的建构和研究，孔子、孟子、荀子、墨子、老子、庄子、叔孙通、陆贾、贾谊、董仲舒、郑玄、孔颖达、贾公彦、朱熹、孙诒让、胡培翚、孙希旦等都是礼学研究史上做出过重要贡献的人物。20世纪以来，礼学研究有了新的视野，王国维、顾颉刚、杨宽等学者从考古学、社会学、宗教学、文化人类学等角度入手，使礼学研究取得了丰硕的成果，涌现出了一大批论著，如王国维《观堂集林》、杨宽《古史新探》、沈文倬《宗周礼乐文明考论》、杨向奎《宗周社会与礼乐文明》、李安宅《〈仪礼〉与〈礼记〉之社会学的研究》、常金仓《周代礼俗研究》、陈戍国《先秦礼制研究》、陈来《古代宗教与伦理——儒家思想的根源》、杨华《先秦礼乐文化》等，对礼乐文化的起源、内涵、特征等进行了深入研究，使礼乐文化的面目逐渐清晰起来，为其他层面和角度的研究奠定了基础。

（二）关于礼乐文化的艺术精神的研究

礼乐文化蕴涵着丰富的审美信息，也有些学者关注到这一点，如钱穆《国史大纲》指出，周代的贵族文化发展到春秋时期达到"极优美、极高尚、极细腻雅致"的程度。徐复观《中国艺术精神》指出，中国早期艺术精神就是礼乐文化所奠定的艺术精神，但这种艺术精神到孔子之后就衰落了。聂振斌《稽古征今论转化——中国艺术精神》指出，礼乐文化包含着浓厚的艺术——审美因素，是中国艺术精神产生的社会根源之一，论及了礼乐文化的艺术审美性与政治和道德目的的关系问题。

吾师李春青先生在《诗与意识形态》一书中探讨了先秦诗与意识形态的关系问题，也论及了礼乐文化的审美功能。吴予敏《先秦礼乐文化研究》探讨了原始礼仪、夏商巫教，以及周代礼乐文化背景下，中国艺术精神的特点。廖群《中国审美文化史·先秦卷》从雅乐之和、文雅化的生活方式、城池宫室车马器用之美等多个角度分析了周代礼乐文化的人文风貌。刘清河《先秦礼乐》提出"礼"具有"崇高"、"善"等美学精神；柳肃《礼的精神——礼乐文化的中国精神》提出了周代礼乐具有"美善合一"、"诗教与乐教"合一的审美境界。朱志荣《夏商周美学思想研究》论述了周代青铜器、玉器、服饰中所蕴涵的美学精神。陈望衡《中国美学史》中讨论了礼乐文化与儒家美学思想的关系。苏志宏《秦汉礼乐教化论》以礼乐教化为切入点，论述了从先秦到两汉礼乐教化的发展演变状况，其中也涉及礼乐文化语境中美学观念的变迁。

以上研究成果都涉及了对礼乐文化美学价值和艺术精神的探讨，但是大多是在研究其他问题时有所涉及，而没有专门的研究，或因篇幅所限，对礼乐文化的艺术精神及其对先秦两汉文艺美学思想的影响这一问题没有充分展开研究。

（三）关于礼乐文化与中国早期文艺美学思想的研究

近年来，礼乐文化与中国早期文艺美学思想的关系的研究得到一定程度的关注。如蒋孔阳《先秦音乐美学思想论稿》论证了西周礼乐文化对春秋战国时期音乐美学思想的影响。韩高年《礼俗仪式与先秦诗歌演变》阐述先秦仪式文化的诗学意义，对先秦诗歌的仪式文化特征和颂诗的仪式文化内涵进行了论述，并对夏、商、周三代的诗歌与仪式文化的关系进行了较为详尽的比照阐发。傅道彬《诗可以观：礼乐文化与周代诗学精神》指出，《周易》本身具有诗体结构和诗性智慧，探讨了周代象乐的"戏礼"形态与史诗化叙事倾向，对"兴"、"观"、"群"、

"怨"背后潜藏的礼乐文化渊源进行了梳理。夏静《礼乐文化与中国文论早期形态》对"诗"、"礼"、"乐"的文化渊源进行了分析,并绅绎出"象"、"文"、"和"三个美学范畴,谈了它们对中国早期文论的影响。翁礼明《礼乐文化与诗学话语》将中国古代礼乐传统作为中国古典诗学产生的文化语境,将古典诗学的生成、发展过程与礼乐文化发生、演绎的历程结合起来,考察了古典诗学与礼乐文化之间相因互动的历史过程,梳理了礼乐文化和古典诗学的知识系统。

以上研究成果大都涉及了礼乐文化与先秦两汉诗学观念的关系问题,但这些论著大多将研究的侧重点放在礼乐文化与中国早期诗学的关系方面,而对礼乐文化本身到底蕴涵着哪些艺术因素,以及这些因素在后世的发展中有怎样的变化没有进行更为系统和具体的研究。此外,以上研究梳理了礼乐文化与先秦两汉文艺思想的关系,但没有能将礼乐文化对先秦两汉时期文艺思想的影响作为一个整体来探讨,如蒋孔阳《先秦音乐美学思想论稿》中涉及了礼乐文化与孟子、荀子、商鞅、韩非子音乐美学思想的关系,但只是单篇论述,而没有能从整体上梳理礼乐文化的嬗变历程与文艺美学思想发展的内在规律之间的关系。

本书在前人研究的基础上,力求在以下几个方面有所推进:第一,对礼乐文化中蕴涵的艺术精神进行梳理,并探讨这些艺术精神在礼乐文化嬗变的过程中发生了怎样的变化;第二,具体分析礼乐文化对先秦两汉主要思想家的影响,从而使这一方面的研究具体而深入;第三,在探讨礼乐文化与先秦两汉各家思想关系的基础上,从总体上清理出礼乐文化的嬗变历程与中国早期文艺美学思想总体走势的内在关系;第四,通过对礼乐文化与先秦两汉文艺美学思想关系的研究,提炼出影响中国早期文艺思想的主要因素。

二、本书的基本思路和研究框架

本书首先对礼乐文化的艺术精神进行了概括论述，着重探讨了礼乐文化中对后世文艺思想有较大影响的几个方面，然后具体分析了先秦两汉时期一些具有代表性的文艺美学思想与礼乐文化的内在联系。全书的章节结构如下：

上编，对礼乐文化的艺术精神进行分析。第一章探讨了礼乐文化的神性特征，分析了中国早期艺术与宗教仪式和鬼神观念的关系，并指出文艺中的神性色彩是东方艺术气质的重要方面。这一点影响于后世文艺思想，则形成了文艺能够沟通天地神人及文艺具有神性的观念，但文艺的神性往往被统治者利用，变成神化自己统治的手段；第二章探讨了礼乐文化的意识形态性，分析指出礼乐文化的审美意识形态性，以及礼乐文化中诗意性与功利性之间的冲突关系和张力状态。这是后世文艺教化思想的开端；第三章探讨了礼乐文化作为生活方式对周代贵族艺术气质养成的作用，分析指出生活方式和器物的文饰化是礼乐文化艺术精神的重要侧面。礼乐文化的文饰艺术精神成为后世讨论文质问题的基点。文饰艺术精神往往建立在超功利的基础之上，在急功近利和社会矛盾尖锐的历史时期，文饰审美追求往往成为被批判的靶子。

中编，对礼乐崩坏的时代语境下的文艺美学思想进行分析。其中第四章分析了礼乐文化崩坏的状况，并分析了《左传》、《国语》等前诸子时代典籍中围绕礼乐文化的崩坏所形成的文艺美学思想；第五章分析了儒家学者围绕礼乐文化的复兴而形成的文艺美学思想；第六章分析了道家、墨家、法家等围绕礼乐文化崩坏的现象而形成的文艺美学思想。

下编，对礼乐文化复兴阶段的两汉文艺美学思想状况进行了分析。其中，第七章探讨了汉代礼乐文化发展演变的基本情况，以及汉代礼乐文化背景下的官方审美观念；第八章分析了陆贾、贾谊、刘安、董仲舒、刘向、司马迁、班固等具有代表性思想家的礼乐文化观念，以及与礼乐文化观念相关的文艺美学思想。

上编　礼乐文化中的艺术精神

　　周代还没有独立的和成体系的文艺美学思想，但在周代贵族仪式化的生活方式中却蕴含着丰富的审美观念和艺术精神。周代的礼乐文化有着来自于殷商和史前文化的天命鬼神观念，因而蕴含着一定的神性色彩。礼乐文化作为一种统治方式和统治策略，其最终目的是维持尊卑有序的社会秩序，但它又直接地表现为肃雍和鸣的艺术形式，这就是礼乐文化的审美意识形态性。礼乐文化又是周代贵族的生活方式，它决定了周代贵族生活的艺术性，这就是礼乐文化追求文饰化的艺术精神。这几个方面构成了礼乐文化艺术精神的不同层面，在之后文艺美学思想的形成和演进中，也是这几个层面不同程度地消长，构成了不同特色的文艺美学思想。本编将对上述礼乐文化艺术精神的三个层面进行分析。

第一章 礼乐文化的神性与艺术性

周代礼乐文化还保留着原始宗教的痕迹和原始思维的印记，具有从鬼神文化向人文理性文化过渡的性质。丧祭礼仪中神灵的到场使整个仪式充满神秘的气息，而丧祭礼仪中的诗歌、乐舞也具有通神的作用。丧祭礼仪突出地体现了中国早期艺术的神性特征。

第一节 从原始神灵观念到礼乐文化

一、史前文化的神灵观念及其对艺术的影响

（一）史前的神灵观念

史前人类还不能科学解释死亡和梦幻现象，他们认为人有两种存在状态，一种是现世的、肉身的存在，另一种是人的灵魂存在。人的肉体可以死亡，但灵魂还会在各处飘荡。人做梦时，灵魂也会暂时离开肉体。另一方面，史前人类认为万事万物都有灵魂，植物、动物有灵魂，山河大地也有灵魂。这就是万物有灵的观念。史前人类的生活中充满了灵魂观念和神秘气息。

史前时期，每个人都可以直接向鬼神祈福求佑，天神和人类可以相互通气，庶民百姓的意愿可以自由地上达天神，而天神的意志也可以自由下传到人间。这就是《国语·楚语下》所说的"民神杂糅"的现象。随着贫富差距的加大，特权阶层开始出现，祭祀神灵的权利逐渐落到了一部分人手中，到颛顼时

代,便把这种人人都享有的神权收归统治者专有,并让南正重去管理神鬼祭祀一类的神事,让火正黎去管理人间的民事,这样就把民事与神事彻底分开了。这就是《国语·楚语下》所说的"绝天地通"的现象。从此,统治者把天神祭祀专管起来,交给自己的巫职人员管理,形成了为统治者自己服务的巫史集团,并使神权成为自己统治的有力工具。这样,对于上帝和先王的祭祀,就成为贵族、自由民的特权。

(二)史前艺术的神性

史前人类生活虽然艰辛,但也创造出了许多令后人震撼的"艺术品"。如史前的彩陶、玉器、岩画等都是珍贵的艺术品,甚至史前人类脖颈、手腕和脚腕上所戴的贝壳、石珠、牛骨串成的装饰品也都显示出人类朦胧的审美情趣。但是,在这些具有审美价值的器物上,普遍笼罩着一层神秘的气息。如仰韶文化遗址出土的人面渔网盆、马家窑文化遗址出土的舞蹈彩陶盆,以及红山文化遗址出土的玉猪龙、良渚文化遗址出土的玉琮,等等。它们究竟诉说着怎样的情怀,我们不能十分清楚地解读,但从出土的地点来看,这些器物大多与神灵祭祀有着一定的关系。我们不能说整个史前文化完全被神灵遮蔽着,但是神灵一定在当时人们的生活中占有重要地位,并影响着人们的生活方式和艺术观念。

史前艺术中的这种神秘色彩,在相关文献中也得到反映。如《吕氏春秋·古乐》篇记载:"帝喾命咸黑作为声,歌《九招》、《六列》、《六英》;有倕作为鼙鼓钟磬吹苓管埙篪鼗椎钟,帝喾乃令人抃,或鼓鼙,击钟磬,吹苓,展管篪;因令凤鸟、天翟舞之。帝喾大喜,乃以康帝德。"① 这是说,帝喾时代的乐器有鼙、鼓、钟、磬、苓、管、埙、篪、鼗、椎、钟等。这些

---

① 许维遹:《吕氏春秋集释》,北京:中华书局 2009 年,第 125—126 页

乐器都非常朴素，如苓就是能吹出声音来的一种植物，椎就是用动物的骨头制成的吹奏乐器，但是当帝喾命人拊鼓、鼓鼙、击钟磬、吹苓、展管篪之时，这素朴而热烈的音乐却可以通神，凤鸟、天翟纷纷飞来，翩翩起舞。《尚书·虞书·尧典》记载：舜帝让夔典乐，培养子弟，希望达到"八音克（能够）谐，无相夺伦，神人以和"①的效果，夔回答说："于！予击石拊（轻敲）石（石磬），百兽率舞。"② 可见，在大舜时期，音乐已经成为贵族子弟教育中的主要内容。夔击石拊石，百兽率舞，从而达到八音克谐，神人以和的效果，在这里音乐也是沟通神人的渠道。此外，《史记·夏本纪》也有相应记载："于是夔行乐，祖考至，群后相让，鸟兽翔舞，《箫韶》九成，凤皇来仪，百兽率舞，百官信谐。"③ 当球、琴瑟以及鼗鼓、笙镛等乐器演奏起来时，当《箫韶》之乐演奏了九遍之后，整个自然界似乎都受到了感应，鸟兽跄跄，凤凰来仪，同时夔率领的扮演成百兽的舞蹈者们也翩翩起舞，就这样整个世界达成了和谐有机的一体，这就是音乐艺术的通神作用。

二、殷商文化的巫术鬼神色彩及其对艺术的影响

（一）殷商文化的巫术鬼神色彩

史前文化中的万物有灵观念发展到商代，开始形成以帝为最高主宰神的宗教崇拜观念。商人认为自己的统治是受到被称作"帝"的天神力量支持的，商代统治者宣扬"天命玄鸟，降而生商"（《诗经·商颂》），他们还认为，山、川、风、云、雷、电、水、火等都是"帝"创造的，生产的丰歉，人事的休咎，一切吉凶、祸福等，也都由"帝"主宰。商代统治者相信，

---

① 孙星衍：《尚书古今文注疏》，北京：中华书局1986年，第70页。
② 孙星衍：《尚书古今文注疏》，北京：中华书局1986年，第71页。
③ 司马迁：《史记》，北京：中华书局1982年，第81页。

天命素定，天会保佑商王的统治，因而商代鬼神祭祀之风盛行，事无巨细，都去求神问卜，以决定吉凶。神学天道观占据着绝对统治地位。

商人的宗教是一种处于蒙昧状态的鬼神论，是原始图腾崇拜和祖先崇拜的一种混合物，最后体现为天神崇拜。天神是不可制服的精神力量。商人对天神的崇拜带有一定的盲目性和任意性，诚惶诚恐地祈求是商人对天的基本态度，占卜和祭祀是商人决定言行规范的基本方式。最终，商人相信自己的统治是受到天神保佑的合法统治。

(二) 商代艺术的神秘色彩

商人的艺术首先是巫教的祭神的艺术，如狞厉而祥和的青铜器艺术，如痴如醉的祭祀乐舞都是当时艺术的代表形态。人们相信艺术中的画面和艺术中的行为都能对现实生活产生影响，艺术在这里同时也是交感巫术的形式，因而创造或欣赏祭神艺术的人们并不只是在欣赏美，更是在艺术中产生出神圣、庄严、敬畏甚至恐惧的宗教情感。

商代的青铜器上大量出现饕餮纹。饕餮形象巨口、獠牙、突目，充满恐怖色彩，能够在充满宗教意识的商人心灵中激起强烈的恐怖之感和敬畏之情，进而诚惶诚恐地唯商王之命是从。《左传·襄公十年》记载的一件事从一个侧面说明了殷商艺术中的神性。相传成汤推翻了夏王朝，成为天下新的君主，恰好遇到一场特大旱灾，整整五年，天未降雨，草木枯焦，颗粒无收。成汤焦急万分，便来到殷都亳附近的桑山之林，祈祷上天降雨。成汤说："上天啊，如果我一个人有罪，就不要殃及万民；如果万民有罪，就让我一个人来承担吧！"他的话语非常虔诚，感动了上天。不久天上乌云滚滚，不一会儿就降下了大雨。人们欣喜若狂，于是头插五彩羽毛，手执五色鸟旗，跳起了《桑林》之舞，以感恩上天。殷于是有了桑林之乐，这是天子之乐，而宋国作为殷商的后裔可以沿用这种天子之乐。可见，在商代青铜艺术和舞蹈艺术中都有着浓厚的鬼神色彩。

三、周代礼乐文化对神灵观念的延续

（一）礼乐文化的延续性

西周建立之后，周公制礼作乐。《礼记·明堂位》记载："武王崩，成王幼弱，周公践天子之位以治天下。六年，朝诸侯于明堂，制礼作乐，颁度量，而天下大服。"[1] 然而，周公所作之乐并不是全新的文化现象，而是在继承和延续了殷商和史前文化的基础上形成的。

虞夏商周四代之间的文化，尤其是礼乐文化有鲜明的承续性。《礼记·明堂位》记载："鸾车，有虞氏之路也。钩车，夏后氏之路也。大路，殷路也。乘路，周路也。有虞氏之旂，夏后氏之绥，殷之大白，周之大赤。"[2] 这是四代以来车旗方面的传承关系，可以明显地看出周代的车文化是在虞夏商三代车文化的基础上形成的。而其他方面，包括各类酒器、乐器等也都具有一定的延续性，表现出同中有异的特点。在《论语·为政》中孔子说："殷因于夏礼，所损益，可知也；周因于殷礼，所损益，可知也。其或继周者，虽百世，可知也。"[3] 孔子的意思是，殷朝沿袭夏朝的礼仪制度，周朝沿袭了殷朝的礼仪制度，后世也会在一定程度上沿袭周朝的礼仪制度，这就是礼仪的内在延续性。同样，《庄子·天下》篇记载："黄帝有《咸池》，尧有《大章》，舜有《大韶》，禹有《大夏》，汤有《大濩》，文王有辟雍之乐，武王周公作《武》。"[4] 由此可见，礼乐文化模式是代代

---

[1] 孙希旦：《礼记集解》，北京：中华书局1989年，第842页。
[2] 孙希旦：《礼记集解》，北京：中华书局1989年，第848页。
[3] 杨伯峻：《论语译注》，北京：中华书局1958年，第23页。
[4] 郭庆藩：《庄子集释》，北京：中华书局1961年，第1074页。

传承的，只是所用的具体礼乐有所不同。神灵观念也随着礼乐文化的延续而延续到周代，使周代的礼乐文化中有着神性色彩。

（二）天神在周文化中的地位

礼制起源于远古社会的巫术、祭祀仪式，是人神沟通的渠道。周代礼乐文化中也延续着这种神性文化。在周人的生活中，天和其他神灵都有着重要的地位。天作为超自然的神秘力量，是周人进行统治的形而上根据。但是周代文化中天的统治地位的建立却经过了一个曲折的过程。周人相信，商是受到天神保佑的，那么武王伐纣，就是对天命的违背，因而周建立后，不断诚惶诚恐地对周战胜殷商的史实进行反思。《史记·鲁周公世家》记载，周公"一沐三捉发，一饭三吐哺"①，每天都生活在若有所思之中。《史记·周本纪》记载，武王在伐纣胜利后依然"自夜不寐"，表现出寝食不安的状态。当周公旦询问武王时，武王说："我未定天保，何暇寐！"②从武王和周公的对话可知，令武王不安的是，他还不能明确周的统治是否有着牢靠的理论根据。周以蕞而小国推翻泱泱大国，这是否是对天意的违背？是否会受到天的惩罚？这是令周人惴惴不安的精神拷问。为了巩固自己的统治地位，周代统治者需要对这次王朝的更替在理论上作出合理的解释。

为了给自己的统治找到合法的依据，周代统治者提出"天命靡常"（《诗经·大雅·文王》）的思想，并告诉人们上天不是永远维护一个王朝的统治，这是周推翻商的理论根据；但是周统治的合法根据又是什么呢？最后周人还是从天那里找到了其统治的根据。周人指出，商王不敬上天，所以，上天降灾给殷商，而周人具有德行并能奉行上天的威命，替天行罚，摧毁

---

① 司马迁：《史记》，北京：中华书局1982年，第1518页。
② 司马迁：《史记》，北京：中华书局1973年，第128页。

殷商的统治。因而建立周朝是上天的旨意，是天的权威性和神圣性的体现。周在殷天神观念的基础之上重新建立了形而上的理论根据，只是殷代的天具有更加浓厚的祖先崇拜的图腾色彩，而周代的天更多了道义性。

天神观念广泛影响着周人的生活。《尚书·金縢》中记载，周灭商的第二年，武王得了重病，不见好转。周公就以自己为质向太王、王季、文王祈祷说：你们的长孙发，遇到险恶的疾病。假若你们三位先王在上天负有显大子孙之责，就用我周公旦来代替武王发之身。我仁能顺父，多才多艺，能侍奉鬼神。你们的长孙不如我多才多艺，不能侍奉鬼神。你们的长孙受命于天庭为天子，能够在天下安定你们的子孙，四方百姓也莫不敬畏。周公说完，用龟甲进行占卜，所得全是吉兆。用锁钥打开府库，见到占书，仍然都是吉兆。周公回去，把祝告的策书放进匣子中。第二天，武王的病就痊愈了。武王死后，管叔和蔡叔、霍叔在国内散布流言，说周公对成王不利。成王也对周公起了疑心。有一年秋天，百谷成熟，还未收获，天空出现雷电和大风。庄稼倒伏，大树被大风拔起，国人非常恐慌。成王和大夫都戴上爵弁，打开放策书的匣子，看到周公的策书，都非常感动，也消除了对周公的疑心。成王到南郊祭天，天就下雨了，风向也反转了，倒伏的庄稼全都直立起来，那一年获得了大丰收。《史记·鲁周公世家》也记载了这件事。从这件事中可以看出，在周人的生活中还有着浓厚的天命鬼神观念，人们相信人间的生活被超自然的神秘力量左右着。

天命观成为贵族统治合法性的理论根据。《左传·宣公三年》记载楚庄王进兵于洛水，问周鼎的大小轻重。周大夫王孙满回答说："天祚明德，有所厎止。成王定鼎于郏鄏，卜世三十，卜年七百，天所命也。周德虽衰，天命未改。鼎之轻重，未可问也。"① 意思是即便是周王室已经衰微,但是天命仍是一种不可抗拒的神秘力量,是周代统治合法存在的根据。

天神观念也是周人时刻约束自己行为的内在根据。天神的存在使周人具有浓重的敬畏意识。在这种无形的神灵的统治下,周人对人、对事、对自然界的变化都充满敬畏之情。日食、地震、干旱等自然界的灾异征兆都会引起周人的惊惧,会促使他们反省自己的行为。因为心怀敬畏,所以周人的行为分外谨慎。这一方面形成了周代贵族谨慎小心的人格特征,同时也使周代贵族将更多的注意力集中在对自我行为的调整方面。

总体来看,虽然周人对天的神圣性有所怀疑,但是在建构统治策略时,周人又发现了天的重要性,因而在总结殷商经验教训的基础上,为了确立自己天子帝国的地位,而宣扬"天命在周"思想。除了天神之外,还有星辰、地、山川、河流、祖先等神灵共同构成周人的统治基础。

(三) 礼乐文化的神性

周代社会已经有了明显的人文理性精神,但一方面由于天神观念在周代统治中有着理论根据的意义,另一方面周代文化延续了夏商文化的天命鬼神色彩,因而,周礼中依然保留了浓厚的原始宗教色彩,这使礼乐文化中有着神秘文化的成分。

在周代各类礼仪中,祭祀仪礼是神灵崇拜的集中体现。祭祀是贵族通过一定的礼仪程式向神灵进行祈祷的活动。祭祀是农业社会人们生活中很重要的一个方面,在严肃庄重的礼仪程式中,统治者力求营造一种神秘的氛围,造成震慑心魄的效果,从而使其统治具有神秘色彩和神圣性。

《礼记·礼运》对礼的起源、作用进行了简要概括,"夫礼之初,始诸饮食,其燔黍捭豚,汙尊抔饮,蒉桴而土鼓,犹若

---

① 杨伯峻:《春秋左传注》,北京:中华书局1990年,第671—672页。

可以致其敬于鬼神"①，意思是礼缘起于饮食，最早的礼，形式很简单，人们把黍米放在火上烧熟，把小猪放在火上烤熟，在地上挖个坑当做酒壶，用双手当酒杯捧着水来喝，用草扎成的槌子敲打地面当做鼓乐。但即使是这样简单的形式依然可以致敬于鬼神。《礼记·礼运》还记载孔子论礼："礼必本于天，殽于地，列于鬼神，达于丧、祭、射、御、冠、婚、朝、聘。故圣人以礼示之，故天下国家可得而正也。"②这段话指出了礼沟通天地鬼神，以及使国家得到治理的作用。《礼记·礼器》讲："礼也者，合于天时，设于地财，顺于鬼神，合于人心，理万物者也……是故天不生，地不养，君子不以为礼，鬼神弗飨也。"③《礼记·乐记》讲："礼乐负天地之情，达神明之德，降兴上下之神。"这些文献强调的都是礼与天地鬼神的关系，以及礼具有使神灵降临的神秘作用。

周代贵族的生活中有着非常丰富的祭礼，有祭祀天地的，有祭祀山川及四方神灵的，有祭祀祖先神的。仅在宗庙中祭祀祖先神，就有春礿、夏禘、秋尝、冬烝的不同。此外，周代贵族还有非常丰富的临时祭告，如贵族受到任命或赏赐时祭告祖先，参与政治活动出入时祭告祖先，军事活动前后祭告祖先。祭礼构成了周人的精神生活空间。

此外，《周礼·春官》中记载大宗伯的职责是，掌建邦之天神人鬼地示之礼，以佐王建保邦国。以吉礼事邦国之鬼神，以禋祀祀昊天上帝，以实柴祀日月星辰，以血祭祭社稷、五祀、五岳，以狸沈祭山林川泽等等。从大宗伯的这些职责看，对不同的祭祀对象，有不同的祭祀方式。大宗伯既是朝廷的重要官员，也具有巫师的身份，能够沟通神人。《国语·楚语下》引观

---

① 孙希旦：《礼记集解》，北京：中华书局1989年，第586页。
② 孙希旦：《礼记集解》，北京：中华书局1989年，第585页。
③ 孙希旦：《礼记集解》，北京：中华书局1989年，第625页。

射父的话说明礼制体系中神位的主次、牲器时服的安排、山川的名号、宗庙的设置、昭穆的序列、祭祀的时辰、礼仪的法则等都是由巫师来安排的。可见在周代礼仪中,巫师还占据重要地位,周文化中还有着相当浓厚的神性色彩。

第二节　礼乐仪式的神性与艺术性

在万物有灵的宗教思想还占有一定地位的周代社会,人们举行隆重的祭祀仪式,将最好的器具和食品毕恭毕敬地献给这些神灵,用最热烈的乐舞来感通神灵。艺术就在这种宗教神秘文化背景下呈现出朦胧的面孔。

一、蜡祭中的神灵观念及艺术性

中国作为农业国,很早就有对农业神的崇拜。蜡祭是夏商以来民间流行的重大祭祀活动,即在十二月索求四方百物之神予以祭祀,以求得农业生产的丰收。到了周代蜡祭虽然已经演化为国家大祭,但其中依然保留着万物有灵的观念和原始巫术色彩,也保留着远古农耕村落集体祭祀所特有的狂欢色彩。

《礼记·郊特牲》记载:"伊耆氏始为蜡。蜡也者,索也,岁十二月,合聚万物而索飨之也。蜡之祭也,主先啬而祭司啬也,祭百种以报啬也。飨农及邮表畷、禽兽,仁之至,义之尽也。古之君子,使之必报之:迎猫,为其食田鼠也,迎虎,为其食田豕也,迎而祭之也。祭坊与水庸,事也。"[①] 蜡祭对象有八种,都是与农事有关的神灵。其中有农神人鬼:"先啬"、"司啬"、"农";有自然神:"猫、虎"(猫食田鼠,虎食野猪,因此是农业守护神)、昆虫("昆虫毋作",有利于庄稼,故亦在祭祀

---

① 孙希旦:《礼记集解》,北京:中华书局1989年,第694—696页。

之列，具有安抚、祀厉的性质）；有农业设施神："邮表畷"、"坊"、"水庸"（田间要道、堤坝、沟渠或小河道，这些重要农业设施，直接影响到农业的收成，因而是蜡祭的祭祀神灵）。从祭祀的对象可以看出，蜡祭中还有着浓厚的万物有灵观念。神灵的存在构成了周人生活的形而上层面，也形成了周人生活的意义空间。精神生活空间的存在是审美意识产生的重要条件。

在蜡祭时主祭者头戴白皮帽，身穿素服，参加者头戴黄帽，身着黄衣。《周礼·春官·籥章》说籥章的主要职责是击土鼓、吹豳籥。国家举行蜡祭，籥章就吹奏豳颂，敲击土鼓，祈祷老而疲劳的万物得到休息。所以说，蜡祭中吹豳颂、击土鼓是哀悼旧生物死亡的仪式。蜡祭的意义是报本返始，即对先祖和自然神灵感恩戴德，在这些行为中，人们将自然也看成具有生命意识的对象。

此外，蜡祭时，众人齐声高唱祭祀祝祷歌："土反其宅，水归其壑。昆虫毋作，草木归其泽。"①祝辞表达了人们对谷物丰收和年景平安的祈祷。这些祝辞显然具有巫术性质，人们相信齐声高唱这些富有魔力的话语，真的就会使水土、昆虫、草木等产生有利于人的结果。

子贡曾目睹过蜡祭的场面，说"一国之人皆若狂"。这实际上是说在蜡祭中人们进入到一种迷狂状态，忘乎所以。尼采在《悲剧的诞生》中也描述了这种宗教仪式中的迷狂状态："人轻歌曼舞，俨然是一更高共同体的成员，他陶然忘步忘言，飘飘然乘风飞扬。他的神态表明他着了魔。就像此刻野兽开口说话、大地流出牛奶和蜂蜜一样，超自然的奇迹也在人身上出现：此刻他觉自己就是神，他如此欣喜若狂、居高临下地变幻，正如他梦见众神变幻一样。人不再是艺术家，而成了艺术品：整个

---

① 孙希旦：《礼记集解》，北京：中华书局1989年，第696页。

大自然的艺术能力,以泰一的极乐满足为鹄的,在这里透过醉的颤栗显示出来了。"① 一国之人皆若狂的蜡祭,正是尼采所说的宗教迷狂状态。

由以上关于蜡祭的相关资料可以看出,周代的国家大祭蜡祭中依然保留着浓厚的巫术色彩和万物有灵的观念,而蜡祭过程中的祝祷歌则具有巫术咒语的性质,同时又是诗歌的早期形态。

二、祭礼中的神性和艺术性

原始人在梦中会看见死人或不在身边的人,和他们交谈,触摸着他们,并相信这些表象的客观实在性。因而,他们认为人的生命形式是双重的,即在同一时刻里,他既作为一个有生命、有意识的个人而实际存在着,又作为一个可以离开身体而以"幻象"形式出现的灵魂而存在着。尤其是对于死去的祖先,他们认为祖先死后是以另外一种形式而存在着的,并时刻影响着活着的人。周代社会虽然理性思维能力增强,但是他们的生活中还有相当浓厚的原始思维的成分。祭礼和丧礼很大程度上就以这种相信祖先神存在的思维方式为基础。面对祖先神,他们进行着似真似幻的各种祭祀典礼。在这些典礼中,艺术围绕着神灵现身而展开。就祭礼礼仪来看,其中蕴含的艺术性表现在以下几个方面。

(一)祭礼的程式化和表演性

根据《仪礼·少牢馈食礼》、《仪礼·特牲馈食礼》以及《诗经·小雅·楚茨》等文献的记载,并结合其他研究者②的成果,我们可以看到周代祭祀祖先的主要仪程如下:

---

① [德]尼采:《悲剧的诞生》,周国平译,北京:三联书店1986年,第6页。
② 刘源《商周祭祖礼研究》、詹鄞鑫《神灵与祭祀》等论著对祭礼有非常详细的梳理。

1. 预备礼。祭祀前要占卜祭日和"尸"（扮演祖先的人，一般是由死去祖先的孙子担任这一角色）的人选。然后告诉祭者祭祀的时间，让他们诚心敬意地做好准备。祭祀前打扫宗庙，清洁祭器，将酒食牺牲等所要用的物品准备齐当。在祭礼的准备阶段各种神职人员各司其职，祭礼由大宗伯主持，由小宗伯负责规章礼制，肆师负责指导和安排各种器物的布置，鸡人负责在清晨鸡鸣时分将百官叫起，巾车负责摇铃响应，典路负责车和旗。

2. 入场礼。王身着衮冕入庙门，立于东序，大司乐令乐官演奏《王夏》作为王入庙门的节奏。王后服副袆入庙门，立于西序，乐官奏《齐夏》作为王后入庙门的节奏。尸衮冕入庙门，祝在其后协助，乐官奏《肆夏》作为尸入庙门的节奏。

3. 降神礼。在礼乐的伴奏下，王在大宗伯、小宰的协助下分别用圭瓒从彝中酌鬯酒敬尸。尸接受鬯酒，灌地求神，同时演奏降神乐舞。

4. 朝践礼。在《昭夏》的伴奏下，王出庙门迎牲，并亲自牵牲入庙，公卿大夫手持玉帛跟随其后。封人随土歌舞，以取悦于神。到中庭，王执鸾刀杀牲，荐牲血肉于尸主之前，称之为朝践。祝至庙门外祝告求神。同时，王后在女官的协助下布置笾豆中的祭品。接着，举行朝践之献，王从东阶上用玉爵酌泛齐酒献尸，王后从西阶上用瑶爵酌醴齐酒献尸。这被称为朝践之献。行朝践礼时，堂上以夹钟调歌，堂下奏无射，舞《大武》。

5. 馈献礼。将牲肉粢盛经庖厨烹饪后，分盛于鼎簋。祝官用璧爵酌酒，在香烟缭绕的堂室中告神。这是荐熟礼。然后在室内西边为尸布席，将煮熟的牲肉、准备好的笾豆等移至尸的席前，表示馈享神灵，这就是馈食礼。然后由王和王后依次向尸献酒，尸接过酒，将一部分酒浇灌在束成一把代表神灵的菁茅上，随即将所剩的酒呷一口，其余的酒奠置在几筵上。馈献毕，尸开始在礼乐的背景中进食所陈熟馔。

6. 加事礼。尸进食到一定程度，由王后加荐笾豆，称为"加事"。之后王及后分别用玉爵和瑶爵酌酒献尸，供尸漱口，这叫"酳尸"。之后，祝官替尸酌清酒，尸代表神灵酬报和祝福王、王后和宾长。王帅群臣持干戚，舞《大武》，兼及六代之舞，为尸表演。舞毕，宰夫为尸、祝、王、王后等设加放了调味品的笾豆。在奏乐声中，太子、三公之长一人、六卿之长一人，依次向尸献酒，尸为此三人酬酒。

7. 旅酬。众宾客与族人依次互相献酒，酬爵不计其数，叫"旅酬"。此后，众宾客与族人互相献酒，不必讲究次序，称为"无算爵"。正祭到此结束，然后有司撤除鼎簋笾豆。在庙门两旁举行索祭，是为了求索走远的神灵。

总体来看，祭礼具有戏剧表演的性质，无异于一场演出，在"演出"的过程中，有扮演祖先神的"尸"，有从序幕到高潮再到尾声的各个环节，有演出中重要的道具"酒"，有歌舞致辞。正如涂尔干所说："仪式不仅追忆了过去，而且还借助名副其实的戏剧表现方式将过去呈现出来，这就是仪式的全部内容。戏剧表现这个说法是非常精确的，因为在这个仪典中，祭司被人们当成了祖先的化身；作为演员，他扮演的是祖先的角色。"① 不同于涂尔干所说的宗教仪式的是，扮演祖先神的不是祭司而是祖先的继承人"尸"。不同于现代演出的是，首先在演出者的心中有着浓重的鬼神观念，他们相信神灵的到场，并以虔诚的、恭敬的心情来参与这场演出。其次周代祭礼的演出更多的是演给自己来看，表演者和观看者之间没有界限。在这场表演中，

---

① ［法］涂尔干：《宗教生活的基本形式》，上海：上海人民出版社2006年，第355页。

有按照程序演出的音乐、舞蹈,有程式化的演出动作。表演性造就了周代贵族仪式化生活的戏剧性和艺术性,使他们的生活方式本身充满了诗意情怀。

(二)祭礼的虚幻性与艺术性

祭礼的艺术性还来源于祭礼的虚拟性。在正式祭神之前,为表示对先祖的恭敬之意,周人在祭祀前要静心养性,剔除私心杂念,即去除自己的各种欲望,内敛自己的情感,做到心平气和。《礼记·郊特牲》中讲:"斋之玄也,以阴幽思也。故君子三日斋,必见其所祭者。"[1] 就是说,为了能够达到心志的专一,斋戒时要穿戴玄冠、玄衣、玄裳,这是因为玄色为幽阴之色,利于凝神静思。穿着这样的服饰,专心致志斋戒三日,就能涤除心中杂念。通过斋戒,参与者与日常生活和周围的环境暂时保持了一段距离,因而能够进入一个虚幻的类艺术的境界。

在祭祀礼仪中参与者进入到一个似真似幻的特殊时空,从而产生出类似艺术的幻觉。在祭祀的场合中,随着肃穆、隆重的祭祀典礼拉开序幕,人们暂时抛弃了生活琐事的烦扰而进入到一种超现实的境界。在这种虚幻的境界中人们的心神是专一的,灵魂是纯净的。祭祀就是要用专注的心灵去感应神灵的存在。

祭祖仪式中,要立尸作为祖先的象征,尸代替祖先享用酒食。尸在宗庙中的地位最为尊贵,受到人们的尊重。祭祀之日,孝子们进入庙门看到装扮祖先的尸后,头脑中就会出现幻觉,仿佛见到祖先本人一样。但尸又并不能完全取代祖先神灵。因为人们相信在祭祖的场合中,祖先会亲自降临。因而,在飨尸之前,先要进献酒食飨神。所以,尸的存在具有似真似幻的效果,尸在祭祀中的位置也是似是而非。这就是祭祀的虚拟性所

---

[1] 孙希旦:《礼记集解》,北京:中华书局1989年,第723页。

产生的效果。

祭之日,祭祀者常常能感受得到神灵的现身,如《礼记·祭义》记载:"斋之日,思其居处,思其笑语,思其志意,思其所乐,思其所嗜。斋三日,乃见所为斋者。"① 即在一片恬淡的心境中,就有可能与已经失去的亲人在想象世界中相沟通,这虽不是审美想象,但在内在精神上与艺术想象是相通的。"入室,僾然必有见乎其位;周还出户,肃然必有闻乎其容声;出户而听,忾然必有闻乎其叹息之声。"② 在家里的角角落落似乎都有着亲人的影子,冥冥之中,祭祀者已经进入了一种虚幻的生活空间。所以,"祭之日,乐与哀半;飨之必乐,已至必哀。"③ 祭之日,欢乐和忧戚参半,恍惚中,能与双亲交互感通,使人欢乐,但是这种短暂而虚幻的欢乐很快就要消失,所以又令人倍感忧伤。

恍惚中能与神明交通感应,所以,孝子真诚地对着这虚幻的神灵表达敬仰和思念之情。孝子的一举一动,一进一退都毕恭毕敬,就如同亲人就在眼前。神灵看不见,听不见,但是只要以真诚的心去祈祷和感知它的存在,用真诚的心去感受神灵的显现,神灵似乎就能时时瞩目和保佑着后代。《礼记·祭义》中记载:"君子合诸天道,春禘、秋尝。霜雪既降,君子履之,必有凄怆之心,非其寒之谓也。春雨露既濡,君子履之,必有怵惕之心,如将见之。乐以迎来,哀以送往,故禘有乐,而尝无乐。"④ 这里讲的是春季举行禘礼和秋季举行尝礼的状况。春天,春雨滋润着大地,万物复苏,在这样的场景中,好像将要见到失去的亲人,所以春禘以乐迎接着亲人的到来。秋天,霜

---

① 孙希旦:《礼记集解》,北京:中华书局1989年,第1208页。
② 孙希旦:《礼记集解》,北京:中华书局1989年,第1209页。
③ 孙希旦:《礼记集解》,北京:中华书局1989年,第1211页。
④ 孙希旦:《礼记集解》,北京:中华书局1989年,第1207—1208页。

雪降临大地，走在上面心中难免会升起一股寒意，所以秋尝以悲哀的心情送走亲人，因而秋尝时没有音乐。在祭祀时，由于外在环境的影响，也是由于祭祀者通过斋戒有意调节自己的心境，所以能与所祭祀的对象之间有很好的情感沟通。祭祀时，在想象的虚幻境界中与祭祀对象进行情感沟通，这是富有艺术性的心理状态。

周代贵族的祭祀心境具有超越功利的诗性特征。通过涤除私心杂念，祭祀者的心境变得澄明、纯净，从而获得一种超越物质欲念之外的艺术心境，并且在这种恬淡的心境中，人与各种神灵时常能够达到冥冥之中的交感呼应，这又为人开辟了一个虚幻的情感世界，类似于艺术创作中的审美想象。艺术在一定程度上就是对现实生活的超越，是虚构出一方精神存在的虚幻空间。在这一点上，周人的祭祀仪式和艺术有相通之处，即祭祀为周人开辟了一个精神生活的空间，将人们从日常生活引导到与神沟通的幻影世界。所以说，祭祀虽不是专门的艺术创造，但是其中蕴含着艺术的灵性。

仪式的行为方式、表演手法、场景布置和仪式行为者的心理时空都是虚拟的。正如小小的戏剧舞台代表着广阔的社会时空一样，仪式中由表演和场景拟化出来的神秘世界同样代表着无限的神秘时空。正如舞台上的时空是演员虚拟和观众想象中的心理时空一样，仪式场景中的神秘时空同样是仪式参与者虚拟和想象出来的心理时空。审美愉悦正产生在这种现实与非现实之间，是一种幻觉和现实的有意识的混杂。因此我们说，正是因为祭礼具有虚拟性，同时它也具有了艺术的虚幻性。

一切表演艺术的特点都是，不能将真实的生活搬上舞台，因而需要虚拟，需要象征。周代的祭礼也具有这种性质。仪式行为者通过行动、姿势、舞蹈、吟唱、演奏等表演活动和物件、场景等实物安排构拟出一个有意义的仪式情境，并在这样的情境中重温和体验这些情景带给他们的心灵慰藉,以满足精神需求。在整个仪式中,表演活动和场景、实物都是表达或表现意义的手段。所以,一套仪式,就是一个充满意义的世界,是一个用感性手段作为意义符号的象征体系。

三、丧礼中的美饰

丧礼中的文饰艺术精神首先表现在对尸体进行美饰方面,包括为之洗浴、着装等环节。沐浴之后为尸体穿衣也是对尸体进行美饰的重要环节。关于给尸体所穿的衣服,《礼记·杂记上》有记载:"公袭,卷衣一,玄端一,朝服一,素积一,纁衣一,爵弁二,玄冕一,褒衣一,朱绿带,申加大带于上。"[1] 即国君死后所穿的衣服有绣着衮龙图案的礼服;有玄衣朱裳的燕居服装;有缁衣素裳的朝服;有皮弁礼服;有玄色上衣,赤黄色下裳,并绣着鸟兽图案的丝质礼服;有玄衣赤裳,绣着青黑相间花纹的礼服。还有腰间束着的带子,缠腰部分用朱色布镶边,下垂部分用绿色布镶边,另外还要加束一条五彩大带。最美丽的服装,最高贵的图案设计,最讲究的滚边装饰,这就是天子在另一个世界对美的霸权式拥有,这是从着装的角度对尸体的美饰。

死者的棺椁也要予以美饰。《礼记·丧大记》记载着棺材内部的美饰情况:国君的内棺用朱色和绿色绸衬里,钉上各色金属钉,色彩富丽,装饰精美;大夫的内棺用玄色和绿色绸子衬里,钉子用牛骨钉[2];士的内棺只用玄色的缯做衬里,不用绿色的缯。这是各等贵族棺椁内部的美饰。

---

[1] 孙希旦:《礼记集解》,北京:中华书局1989年,第1070页。
[2] 关于周代贵族棺内的钉,河南山彪镇战国墓中出土的棺钉,可作为实物佐证。山彪镇出土棺钉11件,钉盖作铺首衔环形,实用美观。详见郭宝钧:《山彪镇与琉璃阁》,科学出版社1959年。

有关棺椁外部的美饰,《礼记·檀弓上》记载,孔子死后,学生们尊崇孔子,所以综合运用了三代的礼仪来为孔子送葬,即按照周礼装饰了遮挡灵柩的布帷,置办了障棺的翣扇,安装了分披灵车左右的长带;按照殷礼,在旗上装饰了齿牙形的边饰;按照夏礼,以素练缠束旗杆,上面高挑八尺长的魂幡。《礼记·檀弓上》中还记载着子张丧事中棺椁的美饰情况:"褚幕丹质,蚁结于四隅,殷士也。"[1] 褚,是覆棺之物,其形似幄。以丹质之布为褚,并在褚的四角画蚍蜉之形来装饰,这是殷礼的规定。无论孔子的丧事还是子张的丧事都说明,在春秋时期,人们对棺椁的美饰化追求依然存在。

《礼记·丧大记》也记载着棺椁外部用翣来装饰的情况:"君饰棺,黼翣二,黻翣二,画翣二,皆戴圭。大夫士皆戴绥。"《礼记·礼器》中记载:"天子八翣,诸侯六翣,大夫四翣。"翣,本指以羽编成的大扇,附于车旁,以蔽风尘。此处指安葬时的扇形棺饰。以木为框,蒙以白布,有柄。戴圭,指的是翣的上部两角装饰着圭玉。绥,指的是旌旗上的下垂饰物,以五彩羽毛缀合而成。"画翣"上画云气,而其余的"黼翣"、"黻翣"分别绘有"黼"、"黻"纹饰。"黼"为黑白相间的斧形图;"黻"为青黑相间的图案,形似两"己"相背。

贵族出葬时的棺罩是非常讲究的,要妆点得色彩缤纷。据《周礼·天官·缝人》记载,"缝人"的职责就是在丧事中专门缝制棺饰和美饰棺柩。翣扇上的木框,以及翣扇下的木柄,都要用彩缯缠饰,叫做衣翣。"柳"是出殡的柩车上,在棺柩周围用木框架支撑而用布张起的帐篷形的装饰物,形同生前的宫室。柳上也要用采缯缠饰,即"衣柳"。在翣和柳上用采缯装饰的工作都由"缝人"来完成。从"缝人"的职责可以推断,周人棺

---

[1] 孙希旦:《礼记集解》,北京:中华书局1989年,第200页。

柩的装饰分工是很细致的，由此也可以推断出整个棺柩装饰的精细、考究程度。《礼记·丧大记》有送葬时棺罩美饰状况的记载：

> 饰棺，君龙帷，三池，振容，黼荒，火三列，黻三列，素锦褚，加伪荒，纁纽六，齐，五采，五贝，黼翣二，黻翣二，画翣二，皆戴圭，鱼跃拂池。君纁戴六，纁披六。大夫画帷，二池，不振容，画荒，火三列，黻三列，素锦褚，纁纽二，玄纽二，齐三采，三贝，黻翣二，画翣二，皆戴绥，鱼跃拂池。大夫戴前纁后玄，披亦如之。士布帷，布荒，一池，揄绞，纁纽二，缁纽二，齐三采，一贝，画翣二，皆戴绥。士戴前纁后缁，二披，用纁。①

围绕棺四周的丝或麻制品叫"帷"，套在棺盖上的叫做"荒"②。黼荒，其缘边为黼文；画荒，其缘边为云气纹。一般来讲，诸侯龙帷黼荒，大夫画帷画荒，士布帷布荒。即大夫以上的贵族，其荒上绣着或画着三行火和三行"弓"字形的花纹图案。荒中央安装一个彩绸缝合的瓜形圆顶，叫做"齐"。根据等级的不同，诸侯的齐用五彩和五贝装饰；大夫的齐用三彩、三贝装饰；士的齐用三彩、一贝装饰。在荒和帷之间要用纽来连接。荒和帷的里面还有一层紧贴棺身的棺罩叫"褚"③。荒的周围悬着承接雨水的池，池是半筒形的长槽，用竹条编架，外面附上青布。池下要悬挂画有山鸡图案的幡状丝帛，长丈余，叫

---

① 孙希旦：《礼记集解》，北京：中华书局1989年，第1184—1186页。
② 2007年发掘的陕西韩城芮国贵族墓葬中均有荒帷遗迹，同时还有石坠、蚌坠、铜鱼、陶珠等组成的串饰，应当是荒帷外的装饰物。
③ 江陵凤凰山167号汉墓出土的棺饰，由里外两层组成。紧贴棺身的绣花棺罩，由数块方棋纹和梅花纹绛红色绣绢缝合而成，即为褚。

做"振容"。池下还挂有铜鱼、贝壳等装饰物。整套棺饰,总称为"柳"。当棺在路上时,两边有翣扇遮挡着。翣扇的数量也依照等级而变化,诸侯的翣扇是:绣着黼、黻图案的翣扇两边各一把;画图案的翣扇两边各一把。翣扇的角都装饰着圭。此外,用六条赤黄色的帛带捆着棺材,绑在车架上。再用两条同色的帛带伸出帷外,让送葬的人牵引。

这样,灵车行走时,长长的幡带就随风飘动,小铜鱼[1]和贝壳上下跳动,装饰精美的翣扇在两旁遮蔽着,送葬的人牵引着帛带缓缓前行。这就是为国君送葬的灵车,其装饰的精致、鲜艳和繁复都令人叹为观止。这些经过精心装饰的丧葬器物自然烘托出了一种浓烈的丧葬氛围。

四、艺术化和仪式化的丧祭情感

周代丧祭礼仪都有着情感基础,因而丧祭礼仪都体现出艺术情感性的特征,但是丧祭仪式又具有节制情感的作用,而且在仪式中情感又被提升、净化为一种集体情感,从而使丧祭礼仪中的情感带有宗教情感的性质。这样,丧祭礼仪中的情感至少包含三个层次。

首先,丧葬仪式中的一系列情感规定都是建立在丧者家属对丧者真情实感的基础之上的。如《礼记·檀弓上》记载:"父母之丧,哭无时;使必知其反也。"[2] 即父母死后,停柩期间,孝子悲恸异常,没完没了地哭,希望这样能使父母或许飘游在

---

[1] 河南浚县辛村的多处周代墓葬中都出土有扁平状铜鱼,有头有尾有鳍,以眼为穿,可以绳申之。如M21:8号墓出土铜鱼69枚;M18:16号墓出土铜鱼22枚,M1:93号墓出土铜鱼2枚。三处共出土铜鱼93枚,应该与棺罩外的铜鱼不无关系。在河南三门峡虢国墓地也出土有铜鱼、铜铃、陶珠和石贝等器物,估计是串联后缀在棺罩上的。

[2] 孙希旦:《礼记集解》,北京:中华书局1989年,第232页。

外的灵魂闻声而返回。这种无望之中的希望，表达了对亲人无以言说的深挚情感。《礼记·问丧》记载："孝子亲死，悲哀志懑，故匍匐而哭之，若将复生然，安可夺而敛之也？故曰：三日而后敛者，以俟其生也。三日而不生，亦不生矣，孝子之心亦益衰矣，家室之计，衣服之具，亦可以成矣，亲戚之远者亦可以至矣。是故圣人为之断决，以三日为之礼制也。"① 父母去世后，孝子因为痛苦要匍匐于地而哭，亲人死后三日才能下葬，这些都是情之所至。因为亲人刚刚去世，总觉得他的离去是不可能的，所以，孝子痛不欲生地呼唤着亲人，三天以后才会从情感上逐渐接受这样不幸的事实。礼的根源在情，因而死后三天而葬。设置丧杖，是因为孝子丧亲，哭泣无数，服丧忧劳三年，身体自然病弱，用丧杖就是为了支撑病体。这也是合情合理的。《礼记·问丧》中描写了送葬往返时的不同心情："其往送也，望望然，汲汲然，如有追而弗及也。其反哭也，皇皇然，若有求而弗得也。故其往送也如慕，其反也如疑。求而无所得之也，入门而弗见也，上堂又弗见也，入室又弗见也，亡矣丧矣，不可复见矣！故哭泣辟踊，尽哀而止矣。心怅焉怆焉，惚焉忾焉，心绝志悲已矣。"② 将亲人送到坟地去的路途中，望望然，汲汲然，好像要追赶什么似的。等到下葬完毕，返回时，惶惶然，好像丢失了什么东西而没有找到一样。回到家里，看不到亲人的身影，悲痛欲绝，因而哭泣辟踊，尽哀而止。所以说，周代丧葬礼仪以情感为基础，礼仪节制情感也是担心孝子过于悲伤伤害了身体。

其次，丧祭礼仪的情感性更为突出地体现在情感的符号化方面。严格来讲，完全自我化的情感，不是艺术情感，正如美

---

① 孙希旦：《礼记集解》，北京：中华书局1989年，第1352页。
② 孙希旦：《礼记集解》，北京：中华书局1989年，第1351页。

国学者苏珊·朗格在《情感与形式》一书中所说的，一个号啕大哭的儿童，他的情感颇为真实，但不是艺术情感，但舞台上按照一定节拍而哭，哭出一种节奏和韵律的情感却是艺术化的情感。周代丧祭礼仪的情感性正是这种被提炼和升华后的情感，因而我们说丧祭礼仪的情感具有艺术性。

丧祭礼仪情感的符号化最为突出地表现在哭踊礼节中。所谓"哭踊"就是按照一定的模式跳着脚哭。哭踊手舞足蹈，具有舞蹈的性质。《礼记·檀弓下》讲，有一天有子和子游看见一个小孩子找不见母亲了，在街上大声哭，但并没有像丧礼中所规定的那样跳着脚哭泣，所以有子就指出，人伤情了就应该这样自自然然地哭，何必非要跳着脚呢？子游说："礼有微情者，有以故兴物者，有直情而径行者，戎狄之道也。礼道则不然。人喜则斯陶，陶则咏，咏斯犹，犹斯舞，舞斯愠，愠斯戚，戚斯叹，叹斯辟，辟斯踊矣。品节如斯，斯之谓礼。"① 意思是礼有凭着仪节制约感情的，有借着外物唤起感情的。放纵感情而举动粗率，那是落后民族的生活方式，礼的表现方式就不是这样。人遇见喜事就高兴地歌咏起来，歌咏起来就会摇摆身体，摇摆起来就要手舞足蹈。反过来，人恼怒起来就会悲戚，悲戚了，就会哀叹，哀叹不足以发泄情感就会捶胸，捶胸不足以发泄情感就会顿足跳脚。把这些情感和行动按品类加以节制，就叫做礼。子游认为应该对人的自然情感进行节制，礼就是用来节制情感的。人的情感如果没有礼的节制的话，就像野蛮人一样。这就是说哭踊由人们怀念已逝之人哭泣时捶胸、顿足等动作演化而来，在丧祭礼仪中自然情感已经被提炼和改造为艺术化、符号化的哭踊形式。

丧祭礼仪的情感还外化在丧服上。周礼中将丧服分为五等：

---

① 孙希旦：《礼记集解》，北京：中华书局1989年，第271页。

斩衰、齐衰、大功、小功、缌麻。斩衰用苴麻织成,不辑边。苴是大麻的雌株,其皮织成的布较为粗劣。斩衰服表示丧家因哀伤过度而外貌如同苴麻一样黧黑。不辑边,表示因为丧事在身,没有心情修饰;齐衰用枲麻织成。枲是大麻的雄株,其皮织成的麻布比苴麻布细一些。齐衰服表示丧家因丧事在身心情悲伤,外貌似枲麻的颜色(浅黑);服大功服者外表麻木而无表情;服小功、缌麻服者可以保持平常的仪容。在丧服制度中情感的深浅、强弱变成了一种模式。

当然,情感一旦形式化,就具有了仪式性和虚假性。比如穿着斩衰丧服的人未必最为悲伤,很大程度上他的悲伤来自于社会的要求。正如涂尔干在分析攘解仪式所指出的:在攘解仪式之一的哀悼死者仪式中,亲属们流泪、悲伤、虐待自己,并非其本人感受到了死去亲人的影响。因为"当失声痛哭的人完全被悲痛所占据时,倘若有人向他们说起一些带有世俗趣味的事情,他们通常会立即换了一副面孔和声调,开始谈笑风生……由此,哀悼并不是因为骤然失去亲人而受到伤害的私人情感的自然流露,而是群体强加给他们的责任"[①]。这就是说,仪式化的情感不是来自于内心深处的情感表达,而是社会力量对他们施加压力,使他们的情感与丧葬的情景协调起来。因而丧葬中的哭泣变成了一种外在于情感的仪式。正在哭时,如果有人说到有趣的话题,哭声会戛然而止。哭泣的这种形式化特征,正是后世人们反复质疑丧祭礼仪的地方。

此外,在礼仪特殊的场域中,个体被感染,沉浸在仪式中,进入一种迷狂的状态,个体的情感还具有集体情感的特点。所谓的集体情感是指个体忘掉了自己的情感和存在,与其他参与

---

① [法]涂尔干:《宗教生活的基本形式》,上海:上海人民出版社2006年,第378页。

者拥有同一种情感。这种情感常常存在于宗教仪式中。而丧祭礼仪通过特殊的场合,让祭祀者的情感得到升华,这时祭祀者的情感具有超越于日常生活之上的艺术性特征。正如格罗塞在《艺术的起源》中所讲的:"在跳舞的白热中,许多参与者都混合而成一个,好像是被一种感情所激动而动作的单一体。在跳舞期间他们是在完全统一的社会态度之下,舞众的感觉和动作正像一个统一的有机体。原始舞蹈的社会意义全在乎统一社会的感应力。他们训练一群人——在他们组织散漫和不安定的生活状态之中,他们的行踪常被各个不同的需要和欲望所驱使——使他们在一种动机、一种情感之下为一种目的而活动。"① 这就是说,在仪式中个体的情感和欲望被暂时悬置起来,似乎个体已经不存在了。正是在这种忘我的状态中,个体忘掉了自我存在,获得了仪式带来的快感。我们将这种由仪式所烘托出来的情感称为集体情感。正是在这种忘我的情感中有着艺术的因素。前苏联学者乌格里诺维奇对这种宗教情感有很到位的分析:"信徒在做礼拜和做祷告的过程中所体验的宗教感受,就其心理学的内容和动态来说,跟审美的净化相仿佛。礼拜和祷告究其心理学职能来说,乃是人们用来排遣郁积于心的消极感受的一种方法和手段。信徒向神祈祷,希望神让他们免遭灾殃和疾病,对他们有求必应,有愿必偿,因为他们相信神是实在的,并且是全能的,所以起到往往使他们心情舒畅,感到安慰,他们的消极的感受为积极的感受所排挤,如果否定或低估礼拜和祷告的心理学意义,那是不对的。只是不要忘记,信徒感到宗教给予他们精神'安慰',其实是画饼充饥,因为它所凭依的是虚假的前提。"② 在宗教情感状态,人不再有个性化的苦恼,取

---

① [德]格罗塞:《艺术的起源》,蔡慕晖译,北京:商务印书馆1984年,第170页。

② [苏]乌格里诺维奇:《艺术与宗教》,北京:三联书店1987年,第11页。

得完全与集体情感共振的效果,从而获得灵魂的升华。周代的祭祀礼仪所要达到的效果正是要剔除个体情感成分,让所有参与者都形成一种超越自我的集体情感。在集体情感中个体感受到了神灵的存在,个体知道了自己的渺小,从而完全投身到集体活动之中,这就是丧祭礼仪的宗教情感性特征。

第三节 祭祀乐舞的神性和艺术性

在周代贵族的观念中,神灵与人一样有着精神上的需求,活人是喜欢歌舞的,被祭祀的对象也应当喜欢歌舞,所以,以乐舞娱神就成了祭祀仪式中的重要内容。在周代,凡属吉礼的祭祀活动,几乎都有歌舞,既用于迎神、娱神,也用于营造庄严肃穆的氛围,并自娱。通过乐舞人神实现了沟通,同时在乐舞之中也形成了周代礼乐文化融神性与艺术性于一体的特征。

一、祭祀神灵的乐舞

在史前社会,人们无法解释生死、风雨、雷电等自然现象,感到恐惧,就幻想通过一种巫术仪式作用于这些自然现象,从而使它们不再对人形成威胁。在这些仪式中巫师常常载歌载舞,以求得神灵的感应,从而使风调雨顺,五谷丰稔,牲畜兴旺。所以说,乐舞是人们用来与鬼神对话、向神灵进献并娱乐鬼神的重要手段之一。《尚书·舜典》就记载着帝命夔典乐,使"八音克谐,无相夺伦,神人以和。"夔说他将"击石拊石,百兽率舞",即拍打着石制的乐器,率领着扮演成各种野兽的人一起舞蹈来实现与神灵的沟通,这些都是乐舞通神悦神的相关记载。

周代礼乐也在一定程度上保留了原始乐舞的这种神秘色彩。《礼记·郊特牲》中讲,"殷人尚声,臭味未成,涤荡其声。乐三阙,然后出迎牲。声音之号,所以诏告于天地之间也"①,《诗经·周颂·有瞽》中讲,"喤喤厥声,肃雍和鸣,先祖是听",说的都是乐舞通神悦神的功能。《礼记·乐记》说礼乐"达神明之德,降兴上下之神",说的也是礼乐与天地神感应相通。可见在祭祀仪式中普遍存在着以乐舞的形式与神灵沟通,使神人相和的情形。

在周礼中,对祭祀时所用的乐舞有着明确的规定。如《周礼·春官·宗伯》中记载着各种场合乐舞演出的仪制和规模:祀天神时,奏黄钟,歌大吕,舞《云门》;祭地示时,奏大蔟,歌应钟,舞《咸池》;祀四方之神时,奏姑洗,歌南吕,舞《大韶》;祭山川之神时,奏蕤宾,歌函钟,舞《大夏》;享先妣时,奏夷则,歌小吕,舞《大濩》;享先祖时,奏无射,歌夹钟,舞《大武》。这里的《云门》是黄帝之乐,《咸池》是唐尧之乐,《大韶》即虞舜之乐,《大夏》即夏禹之乐,《大濩》即商汤之乐,《大武》即周武王之乐。周代祭祀不同的神灵要用不同的乐舞与之相配合,而且表演这六部舞蹈的都是周王室和贵族的子弟。

祭祀时的乐舞除了《云门》、《咸池》、《大韶》、《大夏》、《大濩》、《大舞》等六种大舞外,还有六种小舞,包括《帗舞》、《羽舞》、《皇舞》、《旄舞》、《干舞》、《人舞》等。这六种舞蹈所用的道具和祭祀的对象也有明确的规定。《周礼·地官·舞师》记载:"舞师掌教兵舞,帅而舞山川之祭祀;教帗舞,帅而舞社稷之祭祀;教羽舞,帅而舞四方之祭祀;教皇舞,帅而舞旱暵之事。"② 意思是舞师所教授的兵舞是祭祀山川之神时表演的舞蹈,舞者手执兵器而舞;帗舞是祭祀社稷之神时所表演的舞蹈,

---

① 孙希旦:《礼记集解》,北京:中华书局1989年,第711页。
② 孙诒让:《周礼正义》,北京:中华书局1987年,第911页。

舞者以竿挑长丝条而舞;羽舞是祭祀四方名山大川时所表演的舞蹈,舞者执白色鸟羽或雉尾;皇舞是为解除旱涝灾害所表演的舞蹈,舞者头上插着鸟羽,上衣饰着羽毛,手里也执五彩鸟羽。这些舞蹈都与周代贵族的祭祀和求神仪式有关。也正是这些舞蹈、礼乐以及酒的存在,使周人在祭祀仪式中处于一种迷狂状态,实现与神灵的沟通。祭祀乐舞其意义不仅在于敬神娱神,更在于神化贵族的统治权力。

二、乐舞的神性与艺术性

祭祀中的乐舞有利于营造祭祀的神秘氛围,从而有助于祭祀者表达对于神灵的宗教情感,并表达获得神的佑护的愿望。祭祀乐舞悦神的同时也达到了悦己的目的。在祭礼乐舞中统治者的地位也得到了巩固。所以祭祀乐舞具有神性、政治性与艺术性相融合的性质。

祭祀乐舞的神性突出表现为,乐舞表演可以使天地神人相互感应。《周礼》中也多处涉及了礼乐与天地神人的感应关系。《周礼·春官·大司乐》中记载,大司乐"以六律、六同、五声、八音、六舞大合乐,以致鬼神示,以合邦国,以谐万民,以安宾客,以说远人,以作动物。"① 在周代贵族的眼里,音乐的作用是重大的,六律、六同、五声、八音和六代的舞蹈配合起来,在冬至演奏,可以使天神人鬼感应,在夏至日演奏,可以使地神感应,从而使邦国之间关系谐调,使民众和谐相处,使宾客安定,使远方异族悦服,使动物繁衍。《周礼·春官·大司乐》也记载着音乐与神灵感应的状况:"凡六乐者,一变而致羽物及川泽之示,再变而致嬴物及山林之示,三变而致鳞物及丘陵之示,四变而致毛物及坟衍之示,五变而致介物及土示,

---

① 孙诒让:《周礼正义》,北京:中华书局1987年,第1731页。

六变而致象物及天神。"① 祭祀的六种乐舞，演奏一遍可以使有羽毛的动物及川泽之神感应；演奏两遍可以使毛短浅的动物及山林之神感应；演奏三遍可以使有鳞甲的动物及丘陵之神感应；演奏四遍可以使毛细而密的动物及坟衍之神感应；演奏五遍可以使有甲壳的动物及土神感应；演奏六遍可以使龙凤龟麟及天神感应。所以，周人重视祭祀和一切仪式中的礼乐，认为礼乐具有沟通天人的作用，人间的喧喧钟鼓之声能使神灵听见，所以礼乐也变成了沟通天人关系以及人际关系的桥梁。

乐舞感应作用神秘和玄妙，甚至不同的乐器也具有不同的感应效果。《礼记·乐记》中记载，圣人制作了鼗、鼓、椌、楬、埙、篪等六种基本乐器，然后又以钟、磬、竽、瑟等华美之音与之相和，从而形成文质相杂的音乐，并且又伴以干（盾）、戚（斧）、旄、狄（羽）为道具的舞蹈，这就是祭祀先王时，在太庙中演奏礼乐所用的乐器。《周礼·春官·大司乐》记载了这些乐器的不同感应效果：

> 凡乐，圆钟为宫，黄钟为角，大蔟为徵，姑洗为羽，雷鼓雷鼗，孤竹之管，云和之琴瑟，《云门》之舞，冬日至，于地上之圆丘奏之，若乐六变，则天神皆降，可得而礼矣。凡乐，函钟为宫，大蔟为角，姑洗为徵，南宫为羽，灵鼓灵鼗，孙竹之管，空桑之琴瑟，《咸池》之舞，夏日至，于泽中之方丘奏之，若乐八变，则地示皆出，可得而礼矣。凡乐，黄钟为宫，大吕为角，大蔟为徵，应钟为羽，路鼓路鼗，阴竹之管，龙门之琴瑟，《九德》之歌，《九韶》之舞，于宗庙之中奏之，若乐九变，则人鬼可得而礼矣。②

---

① 孙诒让：《周礼正义》，北京：中华书局1987年，第1753页。
② 孙诒让：《周礼正义》，北京：中华书局1987年，第1757页。

从这一段文献可以得知，在不同的时间，演奏不同材质制作的乐器，就会与不同的神灵相感应。孤竹、孙竹、阴竹等不同材质制做的籥管，云和、空桑、龙门等不同地方的木材制作的琴瑟，都会有不同的神性。冬之日，用十二律中的圆钟音为宫，黄钟音为角，太蔟音为徵，姑洗音为羽，并用绘有雷纹图案的大鼓和小鼓，孤竹做的籥管，云和出产的琴瑟在地上之圜丘连续演奏六遍，同时配上《云门大卷》舞蹈，天神就会受到感应而现身；夏之日，用函钟音为宫，大蔟为角，姑洗为徵，南宫为羽，并用大小六面鼓，用衍生竹做的籥管，空桑出产的琴瑟，在泽中之方丘演奏八遍，同时，配上《咸池》之舞，地神就会受到感应而现身；用黄钟为宫，大吕为角，大蔟为徵，应钟为羽，用路鼓、路鼗，以及背阴竹做的籥管，龙门出产的琴瑟，配上《九德》之歌、《九韶》之舞，在宗庙之中演奏九遍，祖先神就会受到感应而现身人间。可见，不仅乐器的材质具有一定的神性，就是演奏的遍数也与神灵的感应有一定的关系。这些乐舞的神秘气息，处身其中的人一定能体会得到，它是人神之间冥冥之中的契合与感应。

在巫术活动中，乐舞具有沟通神人的作用，鬼神在乐舞过程中降临凭附在人的身上，人通过乐舞表演进入迷狂境界，从而达到与鬼神幻觉上的沟通。周代的礼乐文化与巫术有着本质的不同，但礼乐文化中的这种残留的神秘色彩，也足以使参与者得到精神的升华，甚至产生一种类似于宗教迷狂的审美感受。祭祀乐舞能够将参与者带进一个忘我的审美高峰体验中，这正如格罗塞在《艺术的起源》中所说的："观察过原始民族跳舞的人们，都获得同样的印象。这种节奏的享乐无疑深深地盘踞在人体组织之中……每一个比较强烈的感情的兴奋，都由身体的节奏动作表现出来……每一个感情的动作在他自己本身上是合节奏的。这样看来，舞蹈动作的节奏似乎仅是往来动作的自然形式，由于情感兴奋的压迫而尖锐地和强有力地发出来。"① 表演者在乐舞中陶醉，产生迷狂感和幻觉，这种快感在特殊的氛围中会影响到所有参与者。

《诗经·邶风·简兮》中较为详细地描述了祭祀乐舞的场景和痴狂状态。诗中写道：一阵鼓乐响过，舞师雄姿英发地站在队列前方领头的位置上。他先领头跳起了武舞，动作像猛虎那样雄健有力，手执缰绳骑在马上的舞姿又是那样优美而富有节奏感。接着他又领头跳起了文舞，动作文质彬彬、雍容有仪，但左手执籥管，右手执鸟羽，模拟凤鸟翱翔的姿势又是那样的活泼矫健而富有激情。舞蹈结束时，舞师满面红光。《诗经·王风·君子阳阳》则描述了祭祀乐舞结束后，沉浸在乐舞之中的情感体验。这些诗歌对周代祭祀中的舞蹈场面和舞师沉浸其中的痴迷状态作了较为真切的描述。

在祭祀天地祖先的典礼中，牺牲被屠杀，玉器被虔诚地埋到地下或沉入河水中，袅袅的烟气上升着，礼乐隆隆地演奏着，人们虔诚地进行着每一个仪节，神灵受到感应而降临。周代祭祀礼仪被笼罩在这种神秘的氛围中，并将参与者带进一种迷离恍惚的虚幻氛围中。在这样的氛围中每一个人无形中都会以庄重肃穆的心情来感受天地、鬼神的到场，从而获得灵魂的升华。当这些传达着神界信息的艺术形式在周人的生活中不断重复表演时，无形中就培养了周人的审美情感和艺术感受心理。这些用来娱神的歌舞、音乐在以后发展的过程中，逐渐与祭祀礼仪相脱离，演变为具有人类自身娱乐性质的文化形式。娱神的歌舞成为人间具有观赏性和娱乐性的文艺形式。

---

① ［德］格罗塞《艺术的起源》，蔡慕晖译，商务印书馆1984年，第168页。

第四节　诗：神坛下的诗意书写

一、诗与神的关系

在周代贵族的祭祀礼仪中，诗是沟通天地神人的媒介。在周代贵族的观念中，语言具有神秘的力量，生活中重大的事件都应该通过语言向神灵禀告，或问卜于神灵。诗就是一种伴着音乐和舞蹈与神灵进行沟通的独特言语表达方式。在当时还不可能产生那种抒发个人情感、被作为文艺作品来看待的诗歌。当时所谓的诗，是在宗教性、政治性的祭祀典礼和庆功仪式中祷告上天、颂扬祖先以及歌功颂德的唱词。它的作者是巫祝之官，而不是后世所谓的诗人。在伴随着音乐和舞蹈的反复演唱中，就可以使神灵得到感应，从而使神灵现身、到场。所以说诗是在祭祀典礼中得到发展的。

在《乐府诗集》中宋人郭茂倩也分析了诗与祭祀文化的关系："《乐记》曰：'王者功成作乐，治定制礼。是以五帝殊时，不相沿乐，三王异世，不相袭礼。'明其有损益也。然自黄帝已后，至于三代，千有余年，而其礼乐之备，可以考而知者，唯周而已。《周颂·昊天有成命》，郊祀天地之乐歌也，《清庙》，祀太庙之乐歌也，《我将》，祀明堂之乐歌也，《载芟》《良耜》，藉田社稷之乐歌也。然则祭乐之有歌，其来尚矣。两汉已后，世有制作。其所以用于郊庙朝廷，以接人神之欢者，其金石之响，歌舞之容，亦各因其功业治乱之所起，而本其风俗之所由。"[①] 这段话对周代宗庙祭祀诗歌的通神性质进行了强调，并指出了周代郊祀天地、祭祀太庙、藉礼、社稷所用的乐歌的名称。

---

① 郭茂倩：《乐府诗集》，北京：中华书局1979年，第1页。

在祭祀的背景下，产生了很多诗歌。尤其是在对祖先神的祭祀中，周人通常是通过追述和颂扬祖先的丰功伟绩，从而与神灵相沟通，获得神的护佑。如《大雅·绵》写了公刘迁都于豳，古公亶父又迁都于岐的历史，歌颂了古公亶父迁国开基的功业，是周人在神前咏唱的诗歌，也是周人将现实世界的功绩唱给神灵来听的诗歌。《周颂·思文》是周王祭祀上帝和后稷，祈祷年谷丰收所唱的乐歌。《周颂·执竞》是周王合祭武王、成王、康王时所唱的乐歌。《周颂·时迈》是周王望祭山川时所唱的乐歌。《周颂·载芟》是周王在秋收以后，用新谷祭祀宗庙时所唱的乐歌。《周颂·维天之命》是告祝之辞。《小雅·甫田》记述了农夫们祭祀社神、四方神、田祖和祈雨的礼俗。人们认为在自然力背后有冥灵的存在。

祭祀仪式中除了歌舞、音乐等形式外，还有祝辞。祭祀中的祝辞既是与神沟通的神秘力量，又是具有独特感染力的艺术品。周人向神灵祷告以求福的仪式上就有"六祝之辞"。《周礼·春官·大祝》记载："大祝掌六祝之辞，以事鬼神示，祈福祥，求永贞。"[①] 而《诗经》中的颂正是祭祀时祝辞的汇编。这些颂辞大都虔诚、恭敬地诉说着祖先神的丰功伟绩和他们对后世的恩惠。祝辞同时也是祈祷和感恩，祈祷神灵继续赐福，感谢神灵赐予祥和喜乐的生活等。通过这些具有魔力的语言，神就有了感应，就会更好地庇护周人，周人也就可以得到神灵更多的恩赐。后来这些祭祀时具有实用目的的祝辞逐渐脱离了祭祀的场域，也与音乐和舞蹈分离了，成为只有言辞而没有音乐和舞蹈的诗歌。

由于是作为仪式的组成部分与乐舞紧密联系在一起，要符合一定的韵律和节奏，诗虽然不是专门的艺术品，但是诗中也

---

① 孙诒让：《周礼正义》，北京：中华书局1987年，第1985页。

具有了审美的功能。所以说，诗在周人的生活中是为意识形态服务的，但是在肃穆的神圣性的背后也潜存着审美价值和艺术性。

二、神坛下的诗意书写

诗的确与周代的各种祭祀典礼有着密切的关系，但诗的价值并不止于此。诗之所以在后世广为传颂，而且是在周代的礼乐文化已经衰落的情况下被传颂，在脱离了其赖以存在的文化语境时广为传颂，是因为这些诗歌是以美丽的诗句，以及虔诚的情感与神灵沟通的，神灵虽然退场，但诗之美，以及那份诚挚的情感却成为亘古长存的审美对象。下面我们以几首诗为例来感受神坛下的诗意。

《小雅·楚茨》写祭祀祖先的经过以及祭祀时的虔诚态度。诗人将祭祀的整个过程和场面置放在一个丰收的、欢庆的背景下来描写。"楚楚者茨，言抽其棘。自昔何为？我艺黍稷。我黍与与，我稷翼翼。我仓既盈，我庾维亿。"① 这是祭祀的背景。诗中写到的物象都是肥美、丰满的。"楚楚"是指蒺藜的丛生和丰茂；"与与"、"翼翼"是指黍稷的茂盛、整齐；仓庾的状态是"既盈"与"维亿"。一切都是那样的丰盛和健壮，呈现出一派丰收的景象。接下来诗人还是没有直接写到祭祀，而是又宕开一笔对祭祀准备过程进行描述。为了即将到来的祭祀，人们忙碌着，有的在洁净牛羊，有的在剥皮，有的在准备俎案，有的在陈列祭器。一切准备就绪后，这才开始对神灵进行祭祀，请尸品尝馨香的祭品，请尸赐福给贤子孝孙。礼仪完备后，在鼓钟声中送尸。飨尸的礼仪结束后，是客人们的燕礼，燕礼中人们畅饮着甘甜的美酒，人人流露出满足的神情。可以看到，诗

---

① 高亨：《诗经今注》，上海：上海古籍出版社1980年，第321页。

人对祭祀的描写,视野是非常广阔的,从丰收的自然景观到祭祀的准备阶段,都受到了诗人的关注。在诗人的眼中祭祀是充满了人情味的感人景象。

《小雅·信南山》描写了对祖先神进行祭祀的情况。诗人通过优美的语言将生活中的丰收与和谐状态展示给祖先神,使他们在阴间或天堂能够感受到子孙后代的生活状态。但是诗中并没有人在神灵面前惶恐的紧张感,而是一派和乐、愉悦的生活景象。诗中写道,霢霂的小雨,使人间雨水充足,土地湿润,庄稼得到灌溉,百谷得以生长。人们将打谷场收拾得整整齐齐,黍稷呈现出一片茂盛的景象。人们收割了庄稼,制作了祭祀祖先、招待宾客用的酒食。田野中有着看护庄稼的房舍,疆场上种满了瓜果。将这些瓜果切开摆在祭器中,献给祖先神来品尝,因为子孙的富足和丰收都源于祖先神的佑护。就这样,具体的祭祀活动展开了,进献清酒以及红色的小公牛,拿起刀把上雕有花纹的鸾刀宰杀小牛,将牛的鲜血献给祖先。接着开始忙忙碌碌地蒸煮牛肉,不多时浓郁的香气就冒了出来。这馨香的气息,一定能使祖先神得到感应,从而知道子孙们感谢他们恩赐了风调雨顺的生活。我们似乎也隐约闻到了食物的馨香,感受到了祭祀礼仪所带来的快乐。显然诗人努力将人间的景象呈现给神,让人神同在、同乐。

周天子每年三月要举行盛大的音乐会祭祀宗庙,《周颂·有瞽》就是天子大合乐于宗庙时所唱的乐歌。大合乐于宗庙就是将各种乐器汇合在一起演奏给祖先听。诗中写道:"有瞽有瞽,在周之庭。设业设虡,崇牙树羽,应田悬鼓,鼗磬柷圉,既备乃奏,箫管备举。喤喤厥声,肃雝和鸣,先祖是听。我客戾止,永观厥成。"[①] 瞽,指的是朝廷的盲乐师。业,是悬鼓的木架。

---

① 高亨:《诗经今注》,上海:上海古籍出版社1980年,第490—491页。

虡，是悬编钟编磬的木架。在天子的宗庙中，放置着悬挂建鼓的木架和悬挂编钟编磬的木架。在悬挂乐器的横木上有着锯齿状的崇牙，用以悬挂一排大小不等的钟磬。崇牙上插着五彩羽毛作为装饰。此外还有可以手摇的鼗鼓，有玉石制成的乐器磬，有形似方斗的木制乐器柷，有形似伏虎的木制乐器圉（又称为敔），还有箫管等。这些乐器一起演奏，它们的喤喤声，肃雝和鸣，先祖听到后一定会很愉快。这依然是一种神人同在、共乐的氛围和境界。

从以上分析可以看出，祭祀诗反映了周人与自然和神灵和谐相处的状态。祭祀是神灵现身的仪式，也是人神共欢同乐的过程。诗歌努力向神展示的是人间的生活景象，从而使诗成为再现现实生活的艺术品。这就是说，艺术产生于祭祀礼仪中。

通过以上论述可以看出，周代礼乐文化继承和延续了史前文化中的神灵观念，也延续了夏商礼乐文化中的鬼神崇拜观念和巫觋色彩，因而有着浓厚的神性色彩。神灵的存在一方面构成了周人生活的精神空间，另一方面在神性精神的笼罩下，礼乐文化呈现出特殊的艺术精神。祭祀礼仪构成了一个神秘、虚幻的戏剧化空间，具有舞台表演艺术的间离效果；祭礼本身构成了艺术表演的过程；祭祀乐舞是沟通神人的媒介，显示出早期艺术的神性特征。神性的存在，使艺术有着更为丰富的内涵。正如本雅明在《机械复制时代的艺术作品》一书中所说的，与宗教仪式同在的艺术作品具有独一无二的"光韵"。人们对于具有神性的艺术品和艺术行为保持一定的距离，具有敬畏和膜拜心理。

第二章 礼乐文化的意识形态性与审美性

礼乐文化以艺术化的外在形式传达着尊卑有序、上下和谐的社会理念，从而使意识形态目的掩饰在艺术化的礼乐形式的背后。因此，周代贵族的统治成为一种统治的艺术，或者说统治方式中有着艺术的因素。这就是礼乐文化的审美意识形态性。审美与意识形态的关系问题成为影响后世文艺美学思想的一个核心问题，不断地得到反思。

第一节 礼乐文化与周代政治制度的维系

礼乐文化的神性使周代贵族的统治有了形而上的理论根据，但是不同于殷商巫术鬼神文化的是，周代社会不能完全依靠鬼神来解决一切社会问题，尤其周天子至高权力的巩固和社会等级关系的建立，都需要其他理论根据。于是宗法制和封建等级制度应运而生。礼乐文化巩固的正是周代以宗法制和封建等级制为核心的政治制度。礼乐文化也就具有从关注人神关系到关注人与人关系的过渡性质。

一、宗法制和分封制

天命观念是周代统治的策略，但天神观念是在科学技术不发达、人对自然的变化怀着一种敬畏意识的情形下产生的。在生产力不发达，人们愚昧无知的历史条件下，对天神的崇拜对于巩固贵族阶级的统治是极其有效的。但西周时期已经不能全靠神的力量来实现统治。而且天命鬼神等超自然力量的存在，更多地解决的是天子统治的合法性问题，周王朝建立后，还有更多的社会事务牵涉的是人与人之间的关系。如何处理人与人之间的关系，尤其是周天子与各级贵族之间的关系，这成为周代社会要解决的另一个问题。针对这一问题，周代统治者所提出的解决方案是宗法制和等级分封制。

宗法制是以宗族血缘关系为纽带，与国家制度相结合，维护贵族世袭统治的制度。按照血统远近区别亲疏的制度，源于氏族社会末期父系家长制的传统习惯，但作为一种维系贵族间关系的政治制度，则是在周代得到完成的。周部落在古公亶父时，嫡长继承制还没有完全确立。古公少子季历继承了王位，而长子泰伯、次子仲雍借机逃到江南，后来建立了吴国。季历传位于长子姬昌，姬昌又传位于长子姬发。姬发灭商后，大力推行嫡长继承制。自此宗法制度作为立国的原则才确立下来。

在宗法制度下，周王为周族之王，自称天子，奉祀周族的始祖，称"大宗"，由正妻所生的长子为法定的王位继承人，即嫡长子继承王位。其余庶子和庶兄弟大多分封为诸侯，相对天子是"小宗"，在其本国则是"大宗"。诸侯也由嫡长子继位，其余庶子和庶兄弟大多被分封为卿或大夫，对诸侯是"小宗"，在本家则为"大宗"，其爵位也由嫡长子继承。对于异姓有功的贵族，则通过联姻，成为甥舅，分封为诸侯，也纳入宗法关系。于是，整个周代贵族社会内部，根据血缘亲疏不同形成了众诸侯国竞相拱卫的血缘关系网络。大宗、小宗是宗法血缘关系，同时也是政治隶属关系。这样，从天子到士，既凝结于牢固的血缘关系，又体现着浓厚的政治等级色彩。

宗法制的目的在于稳固贵族阶级的内部秩序。这一制度依靠自然形成的血缘亲疏关系以划定贵族的亲疏和等级地位，从而防止了贵族间对于权位和财产的争夺。

宗法制是建立在血缘亲族关系基础上的政治制度，与此制度相应的是标明权利和义务关系的"分封制"。宗法制与分封制是互为表里的关系。分封制是宗法制在政治上的外在表现，宗法制是分封制的内在依据。

分封制的具体做法是，周天子以都城镐京为中心，周围大约千里范围之内属于周天子直辖，即"王畿"。王畿以外的全国所有土地，划分为大小不等的无数块，分封给各路诸侯，称为诸侯国。根据宗法制的嫡、庶关系，诸侯国有"公、侯、伯、子、男"五个等级，五级以下还有第六级"附庸"。不同等级的诸侯国所分得的土地面积存在着等级差别。诸侯在自己的封国内行使统治权，并分封自己的亲族、家臣为卿大夫。卿大夫拥有世袭采邑。协助卿大夫管理诸侯国事务以及采邑事务的官吏是士，士的身份是世袭的，但是没有采邑。这样就形成了贵族统治阶层内部的等级关系"天子——诸侯——卿大夫——士"。

在分封制下，中央对封国有绝对控制权，诸侯必须服从周天子的命令，诸侯有为周天子镇守疆土、随从作战、交纳贡赋和朝觐述职的义务。通过分封，周天子建立了至尊权威，但诸侯国也有一定的权力，他们拥有所分封土地上的所有资源和收益，可以自由征收赋税、建立武装。

分封制是西周王朝巩固统治的重要措施，是周人对被征服土地和人民实行统治的一种措施，也是当时统治阶级内部在权力和财产方面的再分配制度。分封的结果是形成了封建等级制。礼乐文化是各级贵族的政治和生活准则，又是维护宗法分封制度必不可少的工具。

二、礼乐文化的审美意识形态性

周代的政治制度是建立在宗法血缘关系基础上的宗法制和分封制，整个社会有着严格的等级划分。然而，这些等级尊卑、长幼有序的观念，以及达到社会和谐的目标都不是赤裸裸的外在规定，而是以具有审美价值的音乐、服饰、器物等为载体，得到强化的。这就是礼乐文化的审美意识形态性。

礼乐文化维护的是周天子至高无上的统治地位。周天子拥有天地人三界主神的主祭权。在郊祀、宗庙祭祀、国家社稷、封禅等国家大典中，行使主祭权的只能是周天子本人。同样，在亲桑、亲蚕这样的女性祭祀活动中，也只有王后拥有最高的祭祀权。

礼乐文化的审美意识形态性首先表现为它的歌功颂德的功能。夏商周三代都有为开国君主歌功颂德的礼乐，如《夏籥》是歌颂夏朝开国君主大禹治水的乐歌，《大濩》是颂扬商朝开国君主成汤率诸侯征讨夏桀并取而代之的乐歌，《大武》是歌颂武王伐纣并取得成功的乐歌。

礼乐的社会作用更为突出地表现为对群体关系的协调作用。几乎所有的典礼都在协调社会群体之间的关系，都在努力营造社会的和谐。《礼记·乐记》中讲："是故先王之制礼乐，人为之节。衰麻哭泣，所以节丧纪也。钟鼓干戚，所以和安乐也。昏姻冠笄，所以别男女也。射乡食飨，所以正交接也。"[1] 衰麻哭泣、钟鼓干戚、昏姻冠笄、射乡食飨等最终目的都在于节制个体的欲望，使整个社会富有一定的秩序。《礼记·乐记》指出："是故乐在宗庙之中，君臣上下同听之则莫不和敬；在族长乡里之中，长幼同听之则莫不和顺；在闺门之内，父子兄弟同听之则莫不和亲。"[2] 礼乐在不同的场合，都能够起到协调群体关系的作用，而且这种协调作用是通过作用于人的情感而实现的。宗庙中的音乐使人产生敬畏之情，在这种共同的对于祖先

---

[1] 孙希旦：《礼记集解》，北京：中华书局1989年，第986页。
[2] 孙希旦：《礼记集解》，北京：中华书局1989年，第1033页。

神的敬畏情绪中，大家就拧成了一体，实现了群体关系和谐友好的目的。在族长乡里的聚会中，音乐的演奏又能够使参与者心情愉悦，在美妙的音乐中，大家对宗族乡里关系有了共同的感受，从而达到和谐相处的目的。音乐在闺门之中演奏，父子兄弟同听，能够增进了大家的亲情。这就是音乐对人间生存秩序的协调作用，直接作用的是人的情感，但最终的目的却是社会关系的协调。

音乐对贵族社会的协调作用是从调节人的行为动作的节奏开始的。如举行射礼时，不同等级的贵族射箭时都要以不同的音乐为节奏。"凡射，王奏《驺虞》，诸侯奏《狸首》，卿大夫奏《采萍》，士奏《采蘩》。"① 在这里，音乐是礼仪中趋避揖让的韵律节奏，是举手投足的风姿仪态。同样，玉佩所发出的声音具有调节行走节奏的作用，鸾铃具有调节行车节奏的作用，这些都是音乐协调人的行为举止作用的最好体现。协调行为举止的最终目的是将人规训为一个循规蹈矩的人、一个文雅的人，这样有利于社会的协调和步调的一致。

《礼记·乐记》对乐器对人的行为的调节作用作了较为全面的论述："然后圣人作为鞉、鼓、椌、楬、埙、篪，此六者，德之音也。然后钟、磬、竽、瑟以和之，干、戚、旄、狄以舞之。此所以祭先王之庙也，所以献、酬、酳、酢也，所以官序贵贱各得其宜也，所以示后世有尊卑长幼之序也。"② 各种乐器的配合使用能够使人在宗庙之中的献、酬、酳、酢中井然有序，使贵贱长幼尊卑各得其所。当然从音乐的和谐，到身体行为的和谐，再到整个社会生活的谐调，最终目的还是要维护周代贵族的等级秩序。

---

① 孙诒让：《周礼正义》，北京：中华书局1987年，第1892页。
② 孙希旦：《礼记集解》，北京：中华书局1989年，第1018页。

礼乐文化所要达到的社会治理目的在各种文献中都有着明确的表述。《礼记·乐记》讲："礼义立，则贵贱等矣。乐文同，则上下和矣。"① 有了礼仪、乐文，社会就能达到贵贱有等，上下和谐的状态。这是礼乐文化维护社会秩序的手段意义。《礼记·乐记》还指出："礼节民心，乐和民声，政以行之，刑以防之。礼乐刑政四达而不悖，则王道备矣"，即礼对人的行为有所节制，乐使社会和谐，礼乐文化能够使周代贵族社会中的尊卑长幼秩序得到维护。《礼记·乐记》中对礼乐文化的这种政治伦理蕴含进行了阐释："是故先王因为酒礼。一献之礼，宾主百拜，终日饮酒而不得醉焉，此先王所以备酒祸也。故酒食者，所以合欢也。乐者，所以象德也。礼者，所以缀淫也。是故先王有大事，必有礼以哀之；有大福，必有礼以乐之。哀乐之分，皆以礼终。乐也者，圣人之所乐也，而可以善民心。其感人深，其移风易俗，故先王著其教焉。"② 这里指出礼仪的作用是节制人的行为，免得人过于放纵自己而陷入淫乱的境地。然而礼的形式却使饮酒变成了"宾主百拜"的艺术化礼乐仪式。

礼乐文化是维护贵族宗法关系和等级体制的文化形式。因而说礼乐文化是一种统治策略，在这种统治方式中，社会治理的目的被隐藏在艺术化的形式之中。礼乐文化的根本目的是维护周代贵族的政治制度，但是作为统治策略的礼乐文化却具有一定的审美价值，因而礼乐文化具有审美意识形态性质。

三、浓缩的意识形态象征符号

在周代礼乐文化中很多行为举止都成为一个象征符号，具有丰富的意识形态蕴含。作为贵族意识形态象征符号的首先是

---

① 孙希旦：《礼记集解》，北京：中华书局1989年，第987页。
② 孙希旦：《礼记集解》，北京：中华书局1989年，第997—998页。

青铜器。《左传·宣公三年》记载，楚国陈兵向周示威，并问周鼎的大小轻重。周定王使王孙满慰劳楚师，并回答楚的问鼎中原："在德不在鼎。昔夏之方有德也，远方图物，贡金九牧，铸鼎象物，百物而为之备，使民知神、奸。故民入川泽山林，不逢不若，螭魅罔两，莫能逢之，用能协于上下，以承天休。桀有昏德，鼎迁于商，载祀六百。商周暴虐，鼎迁于周……"① 据传大禹在建立夏王朝以后，用天下九牧所贡的金铸成九鼎，象征九州。此时，楚国的势力渐渐强大，因而胆敢问鼎于周。王孙满的回答，指出了鼎背后的两重意识形态蕴含：其一，鼎是天意的显现，不是人为的结果。因而，楚国想拥有九鼎是缺乏根据的；其二，鼎是德性内涵所达到程度的象征。鼎的所有权的变迁依靠的是德性修养的深浅，而不是武力。天子才能用九鼎，祭祀天地祖先时才能行九鼎大礼。因此，鼎是国家拥有政权的象征，进而成为传国宝器。

服饰也是周代重要的意识形态象征符号。如"冕延"是一块后高前底的木板，上面是黑色，下面是赤色，象征着天玄地黄。"延"的前后垂有组缨，其上穿有玉珠，叫做"旒"，因为一串串透明的玉珠似繁多的露水珠，所以也叫"繁露"。周天子的冕有十二旒，象征着一年有十二个月。冕服上的图案中日、月、星辰象征三光照耀；山象征稳重、镇定；龙象征神气变化，善于适应；华虫为雉鸡形，雄性雉鸡的毛美尾长，象征文采昭著；宗彝是宗庙中的盛酒器，为尊形，并绘有虎蜼形象，象征着孝；藻是深水中的水草，取其清洁之意；火象征光辉照耀；粉米指的是洁白的米粒，寓意天子滋养万民；黼是用黑白两色线绘成的斧形图案，象征决断；黻为两"弓"相背的图案，表示明辨是非。祭服的裳一般是前三幅，后四幅，分别象征阳

---

① 杨伯峻：《春秋左传注》，北京：中华书局1990年，第669－671页。

和阴。

《礼记·郊特牲》较为集中地阐释了贵族服饰的象征意义："祭之日，王被衮以象天。戴冕璪十有二旒，则天数也。乘素车，贵其质也。旂十有二旒，龙章而设日月，以象天也。天垂象，圣人则之，郊所以明天道也。"[①] 天子祭祀时的衮服象征着天；十二旒象征着天数。天为人类展示了这样的景象，人类进行郊祭时只是彰明了天道而已。这就是周代贵族服饰的象征意义。

在加冠礼中，冠已经成为一个象征符号。周代贵族三次加冠，第一次加黑色缁布冠，意在重古；再加皮弁，意在使加冠者明白作为一个男人应具有打猎和战斗的本领；三加爵弁，意在提醒加冠者从此具有了参加宗庙祭祀的权力。初加缁布冠，再加皮弁，三加爵弁，越加越尊贵，意在晓谕受冠者，促使他力求上进，无忝于尊贵的冠服。人生三月，受名于父，加冠礼成，受字于宾，既冠之后，人称其字，不呼其名，意味着尊敬成人。

深衣的形制也有丰富的象征意义。"制十有二幅，以应十有二月，袂圆以应规，曲袷如矩以应方，负绳及踝以应直，下齐如权衡以应平。故规者，行举手以为容，负绳、抱方者，以直其政，方其义也。"[②] 意思是深衣用布十二幅，以象征一年十二个月。袖底裁圆，以应合规范。领下方如矩尺，以应合方正。背后衣缝以直线贯通，以应合正直。下摆平如秤杆，象征着公平。一件深衣简直不是为了御寒和遮体而制作的，而是君子的座右铭。正是通过象征的手段，服饰的意义得到了升华，服饰成为超越实用目的之上，实现统治有序化的工具。这就是周代

---

① 孙希旦：《礼记集解》，北京：中华书局1989年，第689—693页。
② 孙希旦：《礼记集解》，北京：中华书局1989年，第1381页。

贵族服饰中的意识形态蕴含和象征意义。

在周代贵族的生活中，车马不仅仅是一种简单的交通工具，更是贵族文化精神的载体。如车的形制中蕴含着法天则地、天人合一的审美观念。周人认为："轸之方也，以象地也；盖之圆也，以象天也；轮之辐三十，以象日月也；盖弓二十有八，以象星也。龙旂九斿，以象大火也；鸟旟七斿，以象鹑火也；熊旗六斿，以象伐也。龟蛇四斿，以象营室也。弧旌枉矢，以象弧也。"[①] 在周代贵族的器物观念中，一个车就是一个世界的缩影，就是一个异质同构的微型世界。车厢的方形象征着地，车盖的圆形象征着天，三十根辐条象征着日月共同组成的天空，顶盖上的二十八根伞骨象征二十八宿，龙旗九斿和鸟旟七斿，以及熊旗六斿，龟旐四斿都对应着天上的星宿。弧旌上画着的枉矢也象征着形如张弓发矢的弧星。这样，车的美饰中就融入了与天合一的哲学观念。车成了周代贵族宇宙观的直观再现。

《礼记·乐记》记载了《大武》舞的盛况和象征意义："夫乐者，象成者也。揔干而山立，武王之事也。发扬蹈厉，太公之志也。《武》乱皆坐，周召、之治也。且夫《武》，始而北出，再成而灭商，三成而南，四成而南国是疆，五成而分周公左，召公右，六成复缀，以崇天子。夹振之而驷伐，盛威于中国也。分夹而进，事蚤济也。久立于缀，以待诸侯之至之。"[②] 《大武》舞是武王功业成功的象征，舞蹈将要开始时，舞蹈者拿着盾牌像山一样屹立不动，这象征着武王等待诸侯的到来。接着是舞者发扬蹈厉，扬手顿足，象征太公的威武。《大武》结束时，舞者都跪下，象征着周公和召公将用文德来治理天下。《大武》的六个段落都有着明确的象征意义：第一段舞队向北进，象征武

---

① 孙诒让：《周礼正义》，北京：中华书局1987年，第3232—3237页。
② 孙希旦：《礼记集解》，北京：中华书局1989年，第1023—1024页。

王开始出兵伐纣;第二段象征灭商;第三段象征灭商后向南用兵;第四段象征将南方各国都收入版图;第五段象征周公和召公分陕而治;第六段舞者又回到原来的位置,表示舞蹈已经结束。《大武》的演出声势浩大、壮怀激烈,彰显了武王的威力,神化了周的统治。《大武》以艺术化的形式,以象征的艺术手法,成为统治者权力的象征符号。

四、审美与意识形态的张力关系

礼乐文化不是艺术,而是达到统治目的的手段和途径,因而,礼乐文化的艺术化形式常常要被超越。在审美与意识形态之间常常出现一种张力关系。如《左传·昭公五年》写道:"朝聘有圭,享覜有璋,小有述职,大有巡功。设几而不倚,爵盈而不饮;宴有好货,飧有陪鼎,入有郊劳,出有赠贿,礼之至也。"① 这段话的意思是,在朝聘享覜之中圭璋很美,却没有实用价值;设有雕花的玉几,却不是为了倚靠;将酒爵斟得满满的,却不是为了口腹之欲的满足。朝聘礼仪是为了达到某种外在目的,但是,朝聘礼仪的目的恰恰被掩饰在审美形式的背后,朝聘礼仪具有审美价值,但朝聘礼仪却有一种超越审美而趋向直接目的的张力。

《礼记·乐记》也说道:"乐者,非谓黄钟、大吕、弦、歌、干、扬也,乐之末节也,故童者舞之。铺筵、席,陈尊、俎,列笾、豆,以升降为礼者,礼之末节也,故有司掌之。"② 黄钟、大吕、弦、歌、干、扬,以及筵、席、尊、俎、笾、豆等都是礼的艺术化形式,而礼的目的是通过这些外在形式,传达尊卑长幼的社会和谐观念。这就是说礼乐文化从艺术化的形式开始,

---

① 杨伯峻:《春秋左传注》,北京:中华书局1990年,第1267—1268页。
② 孙希旦:《礼记集解》,北京:中华书局1989年,第1012页。

却要超越艺术化形式。这就是审美与意识形态之间的张力关系。

礼乐文化的审美意识形态性的最高境界是审美与意识形态的高度融合,但是这种融合需要一定的政治和经济条件,也需要身处其中的人对礼乐文化的审美意识形态价值和意义有高度认识。但是到了春秋战国时期,审美与意识形态的融合出现了裂缝,因为种种缘故,礼乐文化的外在艺术形式被抛弃,内在政治目的得到强化。

第二节 等级制与审美权力的等级划分

西周建立之后,按照血缘亲疏关系进行了分封,等级制是分封制的必然结果。等级体现在生活的方方面面,服饰、车旗等既是身份等级的标志,又是周代贵族审美权力的等级标志。具有等级性是周代审美活动的一个突出特点。

一、等级制及礼乐的等级划分

在周代贵族的生活中,衣食住行、言谈举止等各个方面都表现出明显的等级特征。城之广狭、宫之大小是贵族身份最显著、最直观的标志。从田产的面积来说:"天子之田方千里,公侯田方百里,伯七十里,子男五十里。"[①] 级别越高的贵族其田产面积越大。从房屋的高低来看,"天子之堂高九尺,诸侯七尺,大夫五尺,士三尺。"[②] 级别越高的贵族其殿堂越高大。贵族的等级制还表现在其他许多方面:"天子七庙,诸侯五庙,大夫三……天子崩,七月而葬,五重八翣;诸侯五月而葬,三重六翣;大夫三月而葬,再重四翣。"[③] 即天子有七所祖庙,诸侯

---

① 孙希旦:《礼记集解》,北京:中华书局1989年,第310页。
② 孙希旦:《礼记集解》,北京:中华书局1989年,第639页。
③ 孙希旦:《礼记集解》,北京:中华书局1989年,第630—633页。

五庙，大夫三庙，士一庙。天子驾崩，七个月后埋葬，垫棺椁的茵、抗席、抗木五层，遮挡棺椁的障扇八个。诸侯死后五个月埋葬，三重垫席六个障扇。大夫死后三个月埋葬，两重席四个障扇。各级贵族死后口中所含的贝都有严格的等级规定："天子饭九贝，诸侯七，大夫五，士三"①，按照九、七、五、三的等差进行排列。

礼乐也有着严格的等级规定。举行射礼时，不同等级的贵族射箭时要以不同的音乐为节奏。"凡射，王奏《驺虞》，诸侯奏《狸首》，卿大夫奏《采苹》，士奏《采蘩》。"②在这里，音乐是礼仪中趋避揖让的韵律节奏，也是贵族等级的标志。而在升歌礼节中，大夫士及诸侯用《小雅》，两君相见用《大雅》或《颂》；在金奏送宾的礼节中，诸侯、大夫士金奏送宾，均奏《陔夏》，天子奏《肆夏》；天子、诸侯金奏用钟鼓，大夫士仅用鼓。在贵族的舞蹈中只有天子的大尝禘才能"升歌《清庙》，下而管《象》，朱干玉戚以舞《大武》，八佾以舞《大夏》"，也只有天子才有资格以乐侑食。

周代礼乐文化中乐器扮演着重要角色。乐器的种类繁多，其中打击乐器有铙、钲、金錞、钟、镈、铎、编钟、编磬、鼓等，管乐器有埙、籥、篪、箫、竽、笙等，弦乐器有琴、瑟、筝、筑等。在周代的雅乐体系中，钟和钟乐是宗法等级的一个载体，是定名分、分等级的标志。钟鸣鼎食是天子特殊地位的象征，大夫和士是无权享受钟乐的。从乐器的悬挂来说："王宫悬，诸侯轩悬，卿大夫判悬，士特悬"。③天子的编钟悬挂于东西南北四面，称为宫悬；诸侯的编钟三面悬挂，称为轩悬；卿大夫的编钟悬挂于两面，称为半悬；士只能悬挂一面，称为特

---

① 孙希旦：《礼记集解》，北京：中华书局1989年，第1110页。
② 孙诒让：《周礼正义》，北京：中华书局1987年，第1892页。
③ 孙诒让：《周礼正义》，北京：中华书局1987年，第1823页。

悬。毫无疑问，天子的音乐气势最宏大，其次是诸侯王，再次是卿大夫和士。这就是用乐权力的等级划分。

表演舞蹈的人数也因等级的不同而不同。据《左传·隐公五年》记载："公问羽数于众仲，对曰：'天子用八，诸侯用六，大夫四，士二。'"① 就是说为天子表演羽舞的人数，应是八佾，即八列，每佾八人，即八八六十四人；而诸侯的队列是六佾，为大夫和士表演羽舞的人数则依次递减。这就是对舞蹈享受权利的等级划分，维持了这样的秩序，就维持了周代贵族生活的和谐有序性。在这里，舞蹈、乐器、乐曲等都成了巩固政权的工具。

二、青铜器、服饰及其他器物的等级审美

周代分封诸侯时，所册封的并不只是土地，还有土地上的人民以及象征贵族身份的一系列器物。《左传·定公四年》记载了子鱼追忆周初分封的情况：分鲁公以大辂、大旂，夏后氏之璜，封父之繁弱（古之良弓）；分康叔以大辂、少帛、大赤色的旗、旃旌（用布帛制而装饰者为旃旗，用析羽为饰者为旌旗）、大吕（钟名）；分唐叔以大辂、密须之鼓、阙巩（铠甲名）、姑洗（钟名）。《国语·齐语》记载了葵丘之会后，周襄王赐齐桓公胙肉，以及大辂、龙旗九旒、渠门赤旗的情况。

器物是周代贵族等级的标志，同时也是贵族们看好的审美对象。正如《左传·桓公四年》所记载的："衮、冕、黻、珽，带、裳、幅、舄，衡、紞、纮、綖，昭其度也。藻、率、鞞、鞛，鞶、厉、游、缨，昭其数也。火、龙、黼、黻，昭其文也。五色比象，昭其物也。锡、鸾、和、铃，昭其声也。三辰旂旗，

---

① 杨伯峻：《春秋左传注》，北京：中华书局1990年，第46页。

昭其明也。"① 这里列举的是周人服饰和车旗的装饰，意思是祭服上刺绣的火、龙、黼、黻，是为了显其文采；用五色绘成的山、龙、华、虫之像，是为了显示其颜色。这些美丽的饰物，既是彰明等级的标志，也是贵族玩赏的审美对象。

器物分封的目的是为了维持周王室与各诸侯国之间的关系，正像孔子所说："古者分同姓以珍玉，展亲也，分异姓以远方之职贡，使无忘服也。"② 天子的赏赐是维持等级秩序、加强对诸侯统治的手段，是天子和诸侯之间权利和义务关系的象征符号。

在周代贵族的生活中，兼具审美对象和身份等级标志的器物还有很多，其中以服饰、青铜器、玉器、车旗等最具代表性。

（一）服饰的审美性和等级性

周代贵族的等级制在服饰的形制和图案之中得到了集中的体现。天子拥有至高无上的权利，同时也拥有最高层次的审美特权。冕冠是天子和百官参加祭祀典礼时所戴最尊贵的礼冠。周代贵族的冕冠前后垂有旒。旒以五彩丝条作绳，穿系五彩圆珠，一串为一旒，每旒穿的五彩玉珠多为十二颗。天子的冕冠前后各十二旒，用玉二百八十八颗，而其他层级的贵族则根据爵位的等级，冠冕上的旒数依次递减，分别为诸侯九，上大夫七，下大夫五，士三。弁是次于冕的另一种比较尊贵的冠。皮弁用白鹿皮制作而成，在皮块的接缝处有五彩玉石，称为綦。皮弁饰綦也有等级规定：天子用五彩玉石十二枚；侯伯用三彩玉石七枚，子男五枚；卿饰二彩玉三枚，大夫二；士无饰。皮弁类似于后世的瓜皮帽，在帽顶处装饰着象骨做成的邸。这是对审美权力的等级划分。

此外，只有天子可以拥有集十二种美丽图案于一身的章服。

---

① 杨伯峻：《春秋左传注》，北京：中华书局1990年，第86—89页。
② 徐元诰：《国语集解》，北京：中华书局2002年，第204页。

天子的上衣绘有日、月、星辰、山、龙、华虫等六种图案，下裳绣有宗彝、藻、火、粉米、黼、黻等六种图案，合称十二章纹。天子穿有十二种图案的冕服，表示他对美有着绝对的拥有力。而其他级别的贵族的礼服不能用日、月、星辰来装饰，只能用山、龙以下的图案，所以公爵的衮服有九种图案，侯伯的鷩服有七种图案，子男的毳服上有五种图案。可以看出，随着贵族爵位的降低，服饰上的图案的数量也在递减。

在周代贵族的审美观念中，色彩既能使生活绚烂而多彩，也是贵族等级的标志。因而周代贵族对身边事物的色彩之美，尤其是服饰的色彩搭配非常关注。如冠的颜色和冠所配的丝带的颜色都被纳入到贵族的等级体制之中。"玄冠朱组缨，天子之冠也。缁布冠缋緌，诸侯之冠也。玄冠丹组缨，诸侯之斋冠也。玄冠綦组缨，士之斋冠也。"[1] 这是说，天子的冠是玄冠配上朱红色的丝织冠带；诸侯的冠是缁布冠配上加穗的丝织冠带；诸侯的斋冠是玄冠配上丹红色的丝织冠带；士的斋冠以玄冠配上青黑色丝织冠带。在这里色彩之美与贵族的等级融为一体，成了区别等级的标志。

不仅冠和冠带的色彩美被划分了等级，而且从蔽膝到绅带等都被纳入到等级体制之中。《礼记·玉藻》载："韠，君朱，大夫素，士爵韦"[2]，意思是国君一级的贵族其蔽膝应是朱红色的，大夫一级的贵族是素白色的蔽膝，士一级的贵族就是赤而微黑色的蔽膝。蔽膝本是原始社会人类用来遮蔽下身的兽皮，到了周代，它的实用价值就被装饰价值以及作为等级标志的价值所代替。

(二) 青铜器的等级审美

青铜器在周代贵族的生活中，既是身份和权力的象征，又

---

[1] 孙希旦：《礼记集解》，北京：中华书局1989年，第794页。
[2] 孙希旦：《礼记集解》，北京：中华书局1989年，第811页。

是精美的艺术品。一般来说，天子、诸侯在宗庙举行祭礼时，身份尊贵者用爵盛酒献尸，身份较贱的就用散酌酒献尸。《礼记·礼器》就有"宗庙之祭，贵者献以爵，贱者献以散；尊者举觯，卑者举角"[①]的记载，表明爵、散、觯、角与贵族的贵贱尊卑之间的关系。

鼎是青铜礼器中的重要食器，在祭祀和宴享礼仪中主要用来盛放牺牲。鼎更是贵族等级的最典型的标志。簋是祭祀时盛放煮熟的黍、稷、稻、粱等饭食的器用，是商周时代重要的礼器。簋在祭祀和宴享时以偶数组合与奇数组合的列鼎配合使用。一般来说，天子九鼎八簋，诸侯七鼎六簋，大夫五鼎四簋，元士三鼎二簋。贵族拥有鼎的多少表明其地位的尊卑。

（三）其他器物的等级审美

在周人生活的世界中，旗也是贵族等级和身份的标记，在不同的场合，不同身份的贵族要用不同的旗子："王载大常，诸侯载旂，军吏载旗，师都载旜，乡家载物，郊野载旐，百官载旟，各书其事与其号焉"[②]。因为要区别等级，因而要有不同的旗。也是因为有不同装饰和图案，所以，旗在周人的审美世界中，绝不仅是一件单纯的标识物，还是一种审美对象。周人一般都是坐在席上的。席地而坐的时代，坐席的方式有许多礼仪规范，体现着贵族温文尔雅的艺术气质，席子的多少是贵族身份的标志。《礼记·礼器》记载："天子之席五重，诸侯三重，大夫再重"。

席作为室内重要的陈设，也是贵族审美的焦点之一，体现着周代贵族的审美追求。周代贵族所用的席子花色和品种已经相当丰富。《周礼·春官·司几筵》记载司几筵的职责是："掌

---

① 孙希旦：《礼记集解》，北京：中华书局1989年，第638页。
② 孙诒让：《周礼正义》，北京：中华书局1987年，第2322页。

五几五席之名物，辨其用与其位。"① 这里的五几，指的是左右玉几，雕几，彤几，漆几，素几。五席，指的是莞席，藻席，次席，蒲席，熊席。五几五席的划分，足见席文化的丰富多样。《司几筵》还记载着天子朝觐、大射等重大场合的铺席状况："凡大朝觐、大飨射，凡封国、命诸侯，王位设黼依，依前南乡设莞席纷纯，加缫席画纯，加次席黼纯，左右玉几。祀先王昨席亦如之。"② 黼，以绛帛为质，绣着黑白相间的花纹。依，其制如屏风。纯，指的是镶边。这段话的意思是，在大朝觐、大飨食、大射礼以及封建国家和策命诸侯的重大场合，天子的堂中都要布置上绣有黑白两色斧形图案的屏风。在屏风的前面，面向南铺着黑丝带镶边的莞席，莞席的上面铺着边缘饰有云气图案的五彩蒲席，蒲席的上面还加有黑白花纹镶边的竹席。屏风左右设有玉几。由此看来，周天子盛大场合的席和几都是非常讲究的，席子的镶边具有保护席子和美化席子的双重功能。席子的花色图案和作为装饰的镶边都具有高度的审美价值。

一般诸侯的席子铺设情况，《周礼·春官·司几筵》也有相关记载："诸侯祭祀席，蒲筵缋纯，加莞席纷纯，右雕几；昨席莞筵纷纯，加缫席画纯，筵国宾于牖前亦如之，左雕几。"③ 诸侯祭祀宗庙时，为神铺设边缘绘有花纹的蒲席，上加黑色丝带镶边的莞席，席右端放着雕刻着花纹的几。诸侯为接受酢酒铺设有黑色丝带镶边的莞席，上加边缘绘有花纹的五彩蒲席。在天子的宗庙里为国宾布置的席子也是这样，在室窗前布席，席的左端设红漆几。

等级制对贵族文化的影响主要表现在：将审美对象也进行了等级划分，使各级贵族都心安理得地享受属于自己的审美权

---

① 孙诒让：《周礼正义》，北京：中华书局1987年，第1541页。
② 孙诒让：《周礼正义》，北京：中华书局1987年，第1542—1549页。
③ 孙诒让：《周礼正义》，北京：中华书局1987年，第1551—1553页。

利范围之内的审美对象。同时由于很多审美对象本身就是等级的标志，所以等级的划分从一个侧面也使美作为等级标志的地位得到了彰显，使美的价值得到了更大地突显。总体来讲，等级划分使美的发展得到钳制，同时，又使美在等级的框架中得到了强化。

礼乐文化以追求优雅的礼乐、美丽的色彩为外在表现形式，但其内在的目的是维护社会秩序，敦厚世道人心，这就是礼乐文化的审美意识形态性。礼乐文化在中国文化中成为一种模式，最后形成艺术的教化理念，以及文以载道的艺术美学观念。但是，当礼乐的审美形式脱离了其背后的意识形态目的时，礼乐文化范畴中的审美就变成一种奢侈的享乐方式。也正是在这一点上，礼乐文化遭到墨家、法家的反对。

第三章 贵族身份的确立与礼乐文化背景下生活的艺术化

车旗、服饰的精致和华美，举手投足、登降揖让的温文尔雅，典礼中音乐的优雅悦耳，这些都是周代贵族高贵身份的体现，同时营造了周代贵族生活的艺术化氛围。

第一节 贵族身份的确立与艺术化生存

礼乐文化的实现需要一定的经济基础，而且礼乐文化具有超越实用目的的浪漫艺术精神。并不是人人都有能力、有权力拥有礼乐文化，因而礼乐文化变成了一种身份和高贵地位的象征。

一、礼乐文化与贵族身份的确立

周以蕞尔小邦打败大邑商，这促使周人不断进行反思，从而在统治的理论根据方面有新的想法。周人首先指出天的统治并不是永恒的，"天命靡常"。既然天命靡常，那么什么才是统治合法性的根据呢？周代统治者一方面依然依靠天命来为自己的统治作注解，另一方面也在寻找其他理论根据。

周代统治者所找到的理论根据一者为"德"，再者为贵族的文化气质。周人指出，"皇天无亲，惟德是辅"（《左传·僖公五年》），进而指出殷商统治的失败，一是由于没有德性，二是由于逸乐、酗酒等恶习陋风。因而周人指出，统治的合法性不仅仅在于是否受到天的呵护，还在于是否有德性。德的观念为周代替殷商的统治找到了来自现世的根据。但是西周统治权力的合法性问题还要面对的是,相对于平民为什么贵族更有统治权力?针对这个问题,周代统治者找到的理论根据是,贵族有文化,有着比平民更为高深的修养和人格魅力,即在行为方式和言谈举止等方面,贵族都表现出不同于平民的高贵性。如果说等级制更多地侧重于贵族内部层级的划分,那么,拥有特殊的言说方式和行为举止方式,又进一步将贵族和平民区分开来。

二、礼乐文化的超越性和高贵性

礼乐文化是一种高贵的文化,它不仅能将人和动物区别开来,而且还能显示出贵族身份和地位的优越。《礼记·曲礼上》说:"鹦鹉能言,不离飞鸟;猩猩能言,不离禽兽。今人而无礼,虽能言,不亦禽兽之心乎!夫唯禽兽无礼,故父子聚麀。是故圣人作为礼以教人,使人以有礼,知自别于禽兽。"[①] 禽兽虽能言,但所有的行为都是出于本能,没有礼的约束。人有别于禽兽,就在于人的行为受到礼的约束。进一步讲,那些生活中不讲究,只追求直接目的,而没有温文尔雅气质的人,还生活在与禽兽一样的层面。乐的作用与礼一脉相承,也是用来调节社会秩序,使人摆脱粗卑的自然状态而具有文化和文明风貌的手段。越是身份高贵的人,生活中越讲究、越精细,越懂得礼仪,也越能积极遵循礼的约束。所以,礼乐文化即便是一种行为约束,人们也愿意积极地接受它的约束,因为它与人的身份、尊严是相一致的。礼乐文化仅仅是针对贵族的,礼不下庶人,刑不上大夫。礼乐文化是贵族所特有的文化,拥有了这种文化,贵族的身份就不仅是册封的结果,也在举止言谈方式上与其他阶层拉开了距离,而且贵族一定程度上力求保持这种距

---

① 孙希旦:《礼记集解》,北京:中华书局1989年,第10—11页。

离,以保持贵族圈子的相对稳定性。

礼乐文化一定程度上体现了贵族不同于平民的超越精神,表现了他们对食物、器物实用价值的超越和对精神存在的关注。如《礼记·王制》中讲:"大夫祭器不假;祭器未成,不造燕器。"[1] 祭器是不能随便给别人的,在祭器没有制成的情况下,大夫是不会造燕饮器皿的。周代贵族将精神的安顿看得比肉身的生存更加重要,但是精神的尊贵又不是抽象的、空洞的,而是集中体现在这些精美的器物之中。对祭器的重视,反映了贵族对精神生活的重视。再如《礼记·玉藻》篇记载:"食枣、桃、李,弗致于核。瓜祭上环,食中,弃所操。"[2] 即贵族吃桃子、枣子、李子等带核的水果时,吃前要用最上段祭一下,然后吃中段,吃到手拿过的那一部分就不吃了。这是周代贵族吃水果的方式,体现了贵族生活方式的文雅和考究,表现了对食物实用性的超越。进一步讲,只有拥有世袭身份和地位的贵族,才有着优厚的经济基础,才有资格和能力在功利目的之上追求生活的审美化,或将功利目的隐含在礼乐形式之中,从而使统治方式和生活方式具有一定的艺术性和超越性。

肃雝和鸣的礼乐之声,精美的青铜器、玉器、车旗,以及周旋揖让的礼仪行为等等,这些都成为贵族修养和身份的标志,也成为贵族才拥有的艺术化生活方式。这种作为生活方式的礼乐文化,奠定了中华文化中追求文饰、追求奢侈,追求超越实用性的艺术精神,对后世文艺美学观念的形成具有奠基性的作用。

---

[1] 孙希旦:《礼记集解》,北京:中华书局1989年,第389页。
[2] 孙希旦:《礼记集解》,北京:中华书局1989年,第825页。

第二节　高贵而艺术的礼乐文化生活

在贵族的燕饮活动中，典雅的举止和优雅的礼乐形成了贵族交往礼仪的特有形式，从而显示出贵族身份和地位的高贵性。

一、程式化举止的艺术效果和对贵族身份的确证

乡饮酒礼和燕礼与贵族生活中的其他礼仪一样，具有程式化的特点。如在乡饮酒礼的迎宾仪节中，主人要迎宾于门外，经过一系列的互拜之后，主人先进门做前导，揖请众宾进门。主人与宾进门后，先后行三次揖礼，来到堂阶前。升阶前，主人与宾又互相谦让三次，然后主人升堂，宾也升堂。主人站在阼阶上正对屋楣的地方，面朝北行拜礼。宾站在西阶上正对屋楣的地方，面朝北回礼答拜。

从迎宾的仪节中可以看到，每一个仪节都有固定的行为和举止，如宾主要行三揖三让之礼；每登一级台阶都要前脚登上第一级，后脚随上来，与前脚并聚一起；主人上东阶时要先迈右脚，客人上西阶时要先迈左脚。这些都是非常固定和程式化的动作。程式化的缺点是对人的行为有所禁锢，但程式化的礼节有章可循，每一个动作都有固定的模式，就像事先已经编排好的节目一样，只需要按着顺序进行演出就行，所以在程式化的礼节之中，贵族的行为和举止稳重沉着而不散乱慌张，贵族的优雅气质得到了很好的呈现。这就是说，在程式化的迎宾仪节中，周代贵族的行为也具有了一种特殊的艺术性和观赏价值。

进酒的礼节包括献、酢、酬几个仪节，像音乐的三个乐章一样具有回环往复的内在节奏之美。这里我们仅以主人献宾的仪节为例来感受一下进酒礼节中贵族所特有的气质。

在献宾的礼节中，主人就席而坐，从筐中拿出酒爵，准备

下堂去洗。为了表示客气，宾也随着下堂。主人看到宾下堂，赶快跪坐下把爵放在阶前，起身向宾辞降。这一仪程叫做"辞降"。

辞降之后主人又跪坐下取爵，走到堂下洗的北边，将爵放到篚下，起身准备盥手洗爵。宾看到主人准备洗爵，为了表示客气，下堂表示不需要洗了。主人坐下来放下爵，对宾的辞洗表示谦让，宾复位。这一仪程叫做"辞洗"。

主人洗完酒爵后，与宾行一揖一让之礼，然后升堂。宾拜谢主人洗爵的行为，主人将爵放在地上，向宾回礼答拜，拜完后又一次下堂洗手。宾同样要跟随主人下堂，主人辞降后，宾站到原来的位置。主人洗完后，又与宾行一揖一让之礼登阶升堂。之后才是主人取爵酌酒献宾。

主人献宾时，宾拿到爵，要向主人行拜受礼，主人向宾行拜送礼。接着进脯醢设折俎，宾就席而坐，左手举爵，右手取脯醢祭先人，祭完后放下爵和脯醢，用肺祭祀，即尝一尝肺，又把它放在俎上，坐下擦擦手，接着用酒祭先人。祭完后向主人行礼，感谢主人的美酒，主人阼阶上答拜，宾西阶上饮完爵中酒，跪坐下放下爵，起身向主人行拜礼，然后拿起爵。主人阼阶上回礼答拜。主人献宾的礼节结束。

主人向宾的进酒礼节像一首舒缓的抒情诗。辞降、辞洗、酌酒、互拜、祭酒、再互拜等礼节构成了这首诗的主旋律，每一个仪节又由更细微的仪节组成。所以，整体看来主旋律是清晰明确的，而整首乐曲又是丰富多彩的，构成一支柔婉又耐人寻味的乐曲。这乐曲成为周人进酒仪节的内在旋律。这是饮酒礼的节奏，也是诗和音乐的节奏，还是周代贵族的生活基调。正是因为这一乐曲的婉转与和缓，才显示出贵族雍容华贵、礼节有序的气度。正如波德里雅论述脱衣物时所说的"动作的缓慢是诗化的，就像电影慢镜头中的爆炸或坠落也是诗化的一样，因为此时，某种东西在完成之前有时间让你想念……"[1]同样，周人的进酒仪式也在舒缓的节奏中具有了艺术性。

从主人献宾的礼节中，我们还可以看出，周人的礼仪行为是有意味的形式，它所关注的不是行为的目的性，而是行为本身的表演性质。乡饮酒礼中的每一个仪节几乎都在传达着一种观念：谦让、恭敬。进一步讲，进酒的仪节就是一个塑造贵族行为仪态，从而使其行为具有观赏性的过程。事实上，在周代贵族的群体生活中，这些行为也的确是做给别人看的。每一个举止是否到位，是否符合一定的规范，这是周代社会评价一个人的重要标准，是认定一个人是否具有涵养及其行为美不美的重要标准。

贵族的一举一动都要文雅，要显示出身份和地位。如《礼记·玉藻》篇对礼乐文化的外在行为艺术进行了精到的描述："古之君子必佩玉，右徵、角，左宫、羽，趋以《采齐》，行以《肆夏》，周还中规，折还中矩，进则揖之，退则扬之，然后玉锵鸣也。故君子在车则闻鸾、和之声，行则鸣佩玉，是以非辟之心无自入也。"这段话的意思是，佩着玉的贵族行走的时候，玉佩随着走路的节奏而发出悦耳的声音，右边的玉佩发出徵声、角声，左边的则发出宫声、羽声；贵族们向前走的时候，玉佩发出的声音与乐曲《采齐》的乐调相似；向后退的时候，玉佩发出的声音与《肆夏》的乐调相似；贵族返转身，要走出弧线的样子，拐弯则要走得像直角一样。贵族车子行进时鸾、和发出悦耳的声音，行走时玉佩又发出美妙的声音。从《玉藻》篇的记载可以看出，周代贵族注重行为的快慢、动作的幅度，形成一种被美化了的行为举止方式。在仪式化的生活方式中，屈

---

[1] ［法］让·波德里雅：《象征交换与死亡》，南京：译林出版社2006年，第162页。

伸俯仰、升降上下、周还裼袭之间都充满着艺术的韵味，钟鼓管磬、簠簋俎豆之中都包含着耐人寻味的艺术气息。只有贵族才能如此这般地生活，只有贵族才能创造出如此色彩斑斓、瑰丽文雅的文化。

《左传》记载，成公二年，晋齐鞌之战中，晋韩厥虽处于御者的位置，但齐国的邴夏从韩厥的仪态一眼就看出韩厥是贵族，邴夏说："射其御者，君子也。"齐侯说："谓之君子而射之，非礼也。"① 射其左，越于车下，射其右，毙于车中。从这一段文献可以看出，贵族即使是处于御者的位置，也一样可以表现出贵族的精神气质。这就是贵族的魅力和贵族文化的魅力。正如钱穆先生所说："他们（贵族）识解之渊博，人格之完备，嘉言懿行，可资后代敬慕者，到处可见。"② 贵族之贵，并不仅仅体现在所赐封的土地人口方面，也在内在精神气质方面显示出高贵性。

二、礼乐与贵族生活的艺术化

礼乐在周代贵族的生活中占有重要地位，各种各样的场合都需要音乐伴奏，用音乐来烘托气氛。礼乐烘托出一种异于日常生活的氛围，使仪式显得严肃、隆重。礼乐在各种礼仪中还有调节贵族行为节奏的作用。音乐使周代贵族的礼仪活动分出步骤，划出阶段，从而产生仪式感，礼仪、诗歌和音乐成为不可分割的一体。

在燕饮礼仪中，从宾进门到燕饮礼仪结束，宾离开，都有固定的礼乐。如在燕礼中，如果有异国之宾进入，就要演奏音乐，甚至有舞蹈。演奏迎宾礼乐的一般情况是，当宾进门走到

---

① 杨伯峻：《春秋左传注》，北京：中华书局1990年，第793页。
② 钱穆：《国史大纲》，北京：商务印书馆2005年，第71页。

庭前时，开始演奏《肆夏》。宾尝酒后向主人拜酒，主人答拜时，音乐停止。当主人向君献酒，君行拜受礼时，又开始演奏《肆夏》。当君饮干爵中酒时，音乐停止。如果表演舞蹈的话，就表演《勺》舞。可以说，礼乐是一道无形的屏障，它将散漫的日常生活与贵族的礼仪生活区分开来，烘托和渲染了一种不同于日常生活的隆重气氛。作为个体的人不由自主就受到这种氛围的感染，从而使参与者得到精神的陶冶，乃至得到灵魂的净化。

在燕饮礼仪中，当主人与宾及众宾的献、酢、酬仪节都丝毫不含糊地举行完之后，开始为乐工在堂前铺设席位。乐工四人来到堂前，其中瑟工二人由协助者引领升席就座。坐定后，协助者将瑟交给瑟工。瑟工就演唱《鹿鸣》、《四牡》、《皇皇者华》等三首乐曲。"呦呦鹿鸣，食野之苹。我有嘉宾，鼓瑟吹笙。吹笙鼓簧，承筐是将。人之好我，示我周行。"一群神态悠闲的麋鹿在不远处吃着野地里的蒿草，我迎来了自己的嘉宾……诗中所唱的情景与眼前的饮酒礼交相辉映，诗就是生活的写照，生活是正在进行的诗。宾主都沉浸在优美的歌声中，思绪随着呦呦的鹿鸣声飘到很远很远的地方……演唱完毕，主人向乐工献酒，乐工用酒和脯醢祭祀先人。堂上以歌唱为主，是为了表示对人声的尊崇。古人认为声之出于人者精，寓于物者粗。

堂上唱毕，接着是笙工来到堂下，磬南北向摆放。笙工吹奏《南陔》、《白华》、《华黍》三首曲子。吹奏完后，主人向笙工献酒。

接着是堂上弹瑟歌唱与堂下笙乐吹奏交替进行。堂上歌《鱼丽》、堂下笙奏《由庚》；堂上歌《南有嘉鱼》，堂下笙奏《崇丘》；堂上歌《南山有台》，堂下笙奏《由仪》。

演唱和笙奏交替表演结束后，是堂上和堂下一起演奏《周

第三章 贵族身份的确立与礼乐文化背景下生活的艺术化

南》中的《关雎》、《葛覃》、《卷耳》三首曲子，以及《召南》中的《鹊巢》、《采蘩》、《采萍》等三首曲子。

当这六首诗乐演奏完毕，乐工之长向乐正报告说："规定的乐歌均已演奏完毕。"乐正也向宾这样报告，然后下堂。至此，贵族乡饮酒礼中此起彼伏、热闹欢庆的乐曲演奏就暂时告一段落。

但音乐的旋律还要在乡饮酒礼中继续蔓延。在互相饮酬的仪节中，宾主之间可以不计杯数地随意饮酒，然后撤俎，脱屦升堂，坐宴进馐，这时的音乐就改为比较随意的无算乐。

宾主尽欢之后，宾开始离开，当宾退席走到西阶时，乐工开始演奏《陔夏》，主人送于门外，再拜。在微弱的火把之光的烛照下，宾已经走远，但是，音乐似乎还在辽远的夜空中吹奏着，觥筹交错的热闹气氛似乎还在夜空中弥散。

乡饮酒礼为我们呈现的是周代贵族富有诗意的生活场景。升歌三终，笙奏三终，间歌三终，合乐三终达到高潮然后戛然而止。礼乐演奏实际上是在贵族的燕饮礼仪中专门开辟出一定的时空举行的一场音乐会，从而使人们都沉浸在艺术的氛围之中。这是有闲阶层与平民百姓的不同。作为有闲阶层，贵族有经济实力去享受音乐，有条件生活在一种超越实际功用目的之外的诗意境界之中，同时也是因为他们所受的教育使他们具备了享受音乐的素养。

在诸侯相见的飨礼中，一路也都伴随着音乐。正如《礼记·仲尼燕居》中所说的："两君相见，揖让而入门，入门而悬兴，揖让而升堂，升堂而乐阕，下管《象》、《武》、《夏》籥序兴，陈其荐、俎，序其礼乐，备其百官。如此而后，君子知仁焉。行中规，还中矩，和、鸾中《采齐》，客出以《雍》，彻以《振羽》，是故君子无物而不在礼矣。入门而金作，示情也。升歌《清庙》，示德也。下而管《象》，示事也。是故古之君子不必亲相与言也，以礼乐相示而已。"① 宾主两君相见，互相揖让而迎宾入门。入门之后，就要用钟、鼓、磬等乐器奏乐，称为"金奏"、"悬兴"。又行揖让礼相互谦让而上堂，上堂后钟磬就停止演奏。然后堂上唱《清庙》之歌，堂下管乐伴奏跳《象》舞、《武》舞，接着又跳《夏》舞和《籥》舞。贵族们转圈而行圆如规，直行拐弯方如矩，出门迎宾时，车上的鸾和发出《采齐》的乐调，送客出门则要奏《雍》乐，撤宴席时奏《振羽》。可见，在飨礼中从两君进门、升堂，到客人离开都有礼乐伴奏，礼乐是两君之间进行沟通的桥梁。

周代贵族的车子行进时要符合一定的音乐节奏，《周礼·夏官·大驭》记载："凡驭辂，行以《肆夏》，趋以《采荠》。凡驭路仪，以鸾和为节。"② 意思是王之五路在行进时，缓行，其节拍要符合《肆夏》之节奏；疾行，其节拍与《采齐》之节拍要相一致。鸾是车衡上的铃，和是车轼上的铃。凡驾驭五路的舒疾之节，要与鸾铃之声相一致。这种行进之中的节奏之美，使周代贵族的生活呈现出韵味悠长的艺术性。

在礼仪化生活方式中，音乐协调了贵族上下贵贱尊卑之间的关系，同时使贵族的行为符合一定的节奏。礼乐在完成这一实用目的的同时，也起到了营造交往气氛和使交往和乐有序的作用。音乐使贵族沉浸在诗意的氛围之中，也使贵族的生活富有艺术韵味。正因为音乐的存在，贵族的交往礼仪拥有了诗性的浪漫气质。

音乐生活是贵族生活的一个标志，是贵族超越实用目的之上的艺术化生存方式的表现。《礼记·曲礼下》记载："君无故玉不去身，大夫无故不彻悬，士无故不彻琴瑟。"③ 可见，在没

---

① 孙希旦：《礼记集解》，北京：中华书局1989年，第1269—1270页。
② 孙诒让：《周礼正义》，北京：中华书局1987年，第2591—2592页。
③ 孙希旦：《礼记集解》，北京：中华书局1989年，第124页。

有灾患、丧病的情况下，贵族会用玉石、音乐等来美饰自己的生活。孔子即便是被困于陈蔡之间，也会弦歌不断，以表现自己的贵族身份。仪式化生活方式是贵族高贵性的一个标志。也只有贵族才有悠闲的心境和足够的经济基础来实践这种生活方式。

三、赋诗引诗与贵族身份的确证

春秋时期贵族的地位已经衰落，但是贵族依然通过诗来彰显自己的身份和地位，这集中地表现在外交场合的赋诗言志中。如襄公十五年时，宋国的向戌曾来鲁国结盟，襄公二十一年季武子回访宋国，《左传·襄公二十年》记载，季武子到宋国朝聘，褚师段迎接季武子并享季武子，季武子赋《常棣》的第七章"妻子好合，如鼓琴瑟。兄弟既翕，和乐且湛"，以及最后一章"宜而室家，乐而妻帑。是究是图，亶其然乎？"季武子赋此诗是想说明宋国与鲁国是婚姻之国，应该和睦相处。宋人明白了鲁国的外交政策，于是对季武子行以重贿之礼。季武子回到鲁国，向鲁君复命，鲁襄公设宴招待季武子，武子赋《鱼丽》之卒章"物其有矣，维其时矣"，表示自己到宋国朝聘的成功有赖于鲁君派遣的及时。鲁襄公赋《南山有台》，取"乐只君子，邦家之基"之意，称颂季武子能为国争光。季武子避席，说臣不敢当。可见，这次外交的成功与季武子的诗学修养不无关系，只有具备了赋诗的能力才能完成贵族的外交任务。

赋诗活动体现了贵族的外交辞令之美，是贵族委婉含蓄风格的集中体现。朝聘礼仪中的享宾，即主国国君设宴酬请使者的环节，集中体现了春秋时期贵族诗化外交的特点。如鲁襄公十六年，齐国伐鲁，鲁大臣穆叔如晋聘，并请晋出兵帮助鲁国讨伐齐国。在这次外交活动中，穆叔见到中行献子赋了《小雅·祈父》。祈父是周代的官吏，即司马，职掌兵甲，主管保卫边疆的事务。这首诗原来的意思是斥责祈父为王之爪牙,却没有能够尽到职责,而使百姓处于困顿之中无所依靠。穆叔赋这首诗的言外之意是,晋国作为霸主国,应当帮助同盟国铲除外患。但是他并没有直接表达这一意思,而是非常含蓄地赋诗言志,使直接的外交目的隐含在诗意化的表达形式之中。中行献子听到穆叔赋《祈父》后,说:"偃知罪矣,敢不从执事以同恤社稷,而使鲁及此!"[①] 穆叔见到范宣子,赋《鸿雁》之卒章,"鸿雁于飞,哀鸣嗷嗷。唯此哲人,谓我劬劳。"言外之意是,鲁国被齐国所困扰,就像鸿雁失所。范宣子听到穆叔赋《鸿雁》之后,说:"宣子在此,怎敢不保障鲁国的平安!"就这样,穆叔通过赋诗的形式赢得了晋国大臣的理解和支持,最终得到了晋国的帮助。三年后,季武子到晋国去拜谢晋国出兵帮助鲁国讨伐齐国的事。晋侯设享礼招待他。范宣子为政,赋《黍苗》,对季武子的远道而来表示慰问。季武子起身说,小国仰仗大国的帮助,就像百谷依靠膏雨的滋润。如果能时常滋润,天下将和睦,受惠的岂止是敝邑?接着赋《六月》,将晋侯比作辅佐周王的尹吉甫。在鲁与晋的交往中,从求师到答谢都是在赋诗中完成的。赋诗的形式掩盖着直接的、功利化的外交目的,使贵族外交具有诗意化的特征。

赋诗作为一种诗化的表达方式,是贵族身份和地位的标志。反过来讲,只有具备赋诗的能力才能进入贵族社会,也才能为贵族社会所承认,而那些不具备诗的修养的人将为贵族社会所抛弃。《左传·襄公二十七年》记载:"齐庆封来聘,其车美。孟孙谓叔孙曰:'庆季之车,不亦美乎?'叔孙曰:'豹闻之:服美不称,必以恶终。美车何为?'叔孙与庆封食,不敬。为赋

[①] 杨伯峻:《春秋左传注》,北京:中华书局1990年,第1028页。

《相鼠》，亦不知也。"① 从这一段记载可以看出，有些贵族在过分追求车服之美的同时，忽视了对礼仪和文化的学习。如庆封在聘礼中不但不敬，而且对对方所赋诗的喻义也不清楚。庆丰虽然拥有华美的车子，但是还是不能为贵族社会所接受。《左传·昭公十二年》记载，宋华定来聘，昭公设享礼招待他，并在享礼中赋《蓼萧》，但是华定不懂得赋诗的礼仪，也不答赋。叔孙昭子由此推知华定必亡。可见，赋诗的能力是贵族能否继续存在的一个信号。事实上，随着诗文化的消亡，贵族以及贵族精神的确随之也消亡了。

赋诗对贵族的存在有着重要的意义。有诗在，贵族的生活方式就还存在着，贵族的精神也就还存在着。赋诗是贵族之间，尤其是诸侯国的贵族之间表明心迹、进行沟通的渠道。在以诗的吟咏为方式的对话中，展现出的是一种浓厚的审美文化氛围，是一个充满诗意的对话过程。也就是说，在完成重大的外交使命时，贵族们还得拥有一份诗心。赋诗的行为方式表明春秋时期贵族依然追求委婉含蓄的表达方式，追求一种诗化的生活方式，追求和乐的艺术精神。而随着赋诗形式的衰落，贵族统治的时代也就让位于一些从士阶层崛起的新兴贵族，之后，目的性和论辩性开始多于诗意化的表达。因而，赋诗对贵族有着重要的意义，它是贵族生活方式是否依然存在的一个信号。

四、顺从天意与贵族生活的诗意化

天是周代贵族统治的立论根据，因而天的意志必须得到尊重。这就形成了周代贵族生活中的天人合一观念。《礼记·月令》记载，春季，冰河融化，桃花盛开，黄莺鸣唱，阳气上升。天子居青阳之屋，乘着设有鸾铃、饰以青色的车，驾着青苍色

---

① 杨伯峻：《春秋左传注》，北京：中华书局1990年，第1127页。

的大马，车上插着青色的大旗，身上穿着青色的衣服，佩戴着青苍色的玉，食品主要是小麦与羊肉，使用粗疏而有孔的器皿。这个季节，天子举行藉礼，开始春耕。夏季，青蛙鸣叫。为了顺应季节，天子居住在明堂之屋，乘着红色的车，驾着枣红色的大马，车上插着红色的大旗，身上穿着红色的衣服，佩戴着红色的玉，食品主要是豆饭与鸡肉，使用高而粗的器皿；相应的，秋季，凉风开始吹来，植物叶上集结了露水，寒蝉开始鸣唱。天子就居住在名叫总章的房室里。为了顺应季节，天子乘的是白色的兵车，驾的是白马，车上插的是白旗，身上穿的是白色的衣服，佩戴的是白色的玉。食品主要是麻子饭和狗肉，使用的是有棱有角而较深的器皿。冬季，大地开始冻结。冬季属水，色调是黑色。天子乘的是黑色的车，驾的是黑色的马，车上插着黑色的旗，身上穿着黑色的衣服，佩戴着黑色的玉。食品以黍米和猪肉为主，使用的是肚大口小的器皿。这是一幅玉石之美的季节变换图，是一幅车旗之美的季节变换图，也是一幅器皿与色彩的季节变换图。这些器物之美使周人的生活富有诗意。也许这只是一幅理想中的四季生活图景，但是它反映出周人顺应自然、遵循自然的观念意识。对自然的遵循和顺应，对器物用度的重视和欣赏使周人的生活中充满艺术的气息。

顺应自然的美学思想还表现为对自然生命的尊重。据《礼记·王制》记载："天子不合围，诸侯不掩群……獭祭鱼，然后虞人如泽梁；豺祭兽，然后田猎；鸠化为鹰，然后设罻罗；草木零落，然后入山林。昆虫未蛰，不以火田，不麛，不卵，不杀胎，不殀夭，不覆巢。"[①]天子打猎不合围，诸侯打猎不掩群，都是为了给生物留一条生路。不会为了一时的欲求而将野兽赶尽杀绝。打猎、取材要顺应自然界的变化，在所有物种的繁殖

---

① 孙希旦：《礼记集解》，北京：中华书局1989年，第334—335页。

季节，都不应该进行捕杀和射猎。如当鸠化为鹰的时候，人们才可以布下罗网捕鸟；当草木零落的时候，人们才可以进入山林砍伐树木。如果昆虫尚未蛰居地下，就不能放火田猎。打猎时，不要捕杀幼兽，不要探取鸟卵，不要杀害怀胎的母兽，不要杀害刚出生的鸟兽，不要拆毁鸟窝等。

遵循自然秩序而生活，不急功近利，不过度摄取，这体现了周代贵族的理性克制能力，体现了他们的涵养，以及天人合一的生存理念。

第三节 器物的文饰化与贵族的审美追求

贵族的高贵性不仅表现在他们行为举止的温文尔雅方面，还体现在他们饮食用度的精细化、考究化和艺术化方面。如贵族非常注重饮食的品质，"食不厌精，脍不厌细"①，而且鱼有味道了，肉坏了，切得不够精细等都是不吃的。《礼记·曲礼》中还记载："为天子削瓜者副之，巾以缔；为国君者华之，巾以绤；为大夫累之，士疐之，庶人龁之。"②缔和绤都是葛制成的布，其中细者为缔，粗者为绤。意思是为天子削瓜，要去皮，切成四瓣，再横切一刀，用细葛布盖上；为国君削瓜，去皮，切成两瓣，再横切一刀，用粗葛布盖上。为大夫削瓜，只去皮，不盖葛巾。为士削瓜只去掉瓜蒂。庶人则直接咬着吃。吃东西的方式表现了贵族的细致和文雅，而且文雅和考究的程度与贵族地位的高低是一致的。

一、器物的文饰化与贵族身份的确证

精细考究的生活方式更为集中地表现在器物的文饰方面。

---

① 杨伯峻：《论语译注》，北京：中华书局1962年，第109页。
② 孙希旦：《礼记集解》，北京：中华书局1989年，第62页。

《礼记·少仪》记载:"国家靡敝,则车不雕几,甲不组縢,食器不刻镂,君子不履丝屦,马不常秣。"① 反过来讲,在国家鼎盛的情况下,贵族的车子都会雕刻着美丽的花纹,铠甲上要点缀着丝组装饰,食器上会雕镂着精致的图案,君子会穿着丝组编织的鞋子,连贵族的马也要吃精细的粮食。周代贵族的生活中到处都有经过美饰的精细化的器物,这体现了他们的生活情趣和审美追求,也显示出他们身份的尊贵性。

贵族器物的精细化、考究化、文饰化随处可见。如《礼记·明堂位》就记载了天子祭祀时,精美的礼器如何点缀着祭祀的盛况:"季夏六月,以禘礼祀周公于大庙,牲用白牡,尊用牺、象、山罍,郁尊用黄目,灌用玉瓒大圭,荐用玉豆、雕篹,爵用玉琖(盏)仍雕,加以璧散、璧角,俎用梡嶡。"② 这是天子祭祀时的盛况,丰富多样的酒器使人目不暇接。有牛形的牺尊、象形的象尊、刻有山形图纹的山罍;郁金香与黍米合酿的香酒盛放在刻有黄目的酒尊里;祭礼中舀酒灌地用的是玉制的舀酒斗;荐献食品用的是玉制的豆,以及加雕饰的笾;国君献酒用的是雕刻着图纹的玉盏,诸臣加爵时使用的是用璧玉饰杯口的璧散和璧角,盛放肉的俎案用的是带有梡、嶡的木几。精美的礼器是周代贵族精细和考究生活方式的集中体现,折射着周代贵族生活艺术化的追求。

精美的器物体现了贵族文饰化的艺术精神。正如《礼记·乐记》所讲:"钟、鼓、管、磬、羽、籥、干、戚,乐之器也。屈伸俯仰,缀、兆、舒、疾,乐之文也。簠、簋、俎、豆,制度、文章,礼之器也。升降上下,周还、裼、袭,礼之文也。"③ 钟鼓管磬、缀兆舒疾、簠簋俎豆共同体现了周代贵族精神的一

---

① 孙希旦:《礼记集解》,北京:中华书局 1989 年,第 955 页。
② 孙希旦:《礼记集解》,北京:中华书局 1989 年,第 844 页。
③ 孙希旦:《礼记集解》,北京:中华书局 1989 年,第 989 页。

个重要方面，那就是"文"。"文"即是文饰，即是审美，即是对实用性的超越。贵族正是要通过这些精美的文饰来显示他们的优越和高贵。

二、彰显贵族地位的舆服旗帜美饰

贵族身份的高贵性和对器物的文饰化追求更为集中地体现在服饰、车马、旗帜、席子方面，它们既是贵族身份的标志，也体现了贵族的审美情趣。

最能彰显贵族身份、体现贵族文饰艺术精神的器物莫过于青铜器了。《周礼·春官·司尊彝》记载了各种精美的青铜酒器的形状及其用途：

> 春祠夏禴，祼用鸡彝、鸟彝，皆有舟；其朝践用两献尊，其再献用两象尊，皆有罍，诸臣之所酢也。秋尝冬烝，祼用斝彝、黄彝，皆有舟；其朝献用两著尊，其馈献用两壶尊，皆有罍，诸臣之所酢也。凡四时之间祀追享朝享，祼用虎彝、蜼彝，皆有舟；其朝践用两大尊，其再献用两山尊，皆有罍，诸臣之所酢也。[1]

从这段文献可以看出，周代有一系列制作精美、纹饰别致的酒器，如鸟彝、鸡彝、象彝、虎彝、黄目等，这些酒器或者在器物上画着鸟或者别的动物的形象，抑或是将器物的盖子或整个酒器制成各种动物的形象。鸡彝、鸟彝指的是在彝上刻画鸡和凤凰之形。象尊，是用象骨装饰的尊。山尊，指的是一种器体上刻画有山云之形的尊。舟，指的是酒器的托盘。罍，是一种盛酒的器具，形状像壶。整段话的意思是：周王春天举行

---

[1] 孙诒让：《周礼正义》，北京：中华书局1987年，第1514页。

祠祭，夏天举行禴祭时，行祼礼用有托盘的鸡彝、鸟彝。行朝践礼用两牺尊，行再献礼用两象尊，都设有罍，以供诸臣酌酒行自酢礼用。秋天举行尝祭，冬天举行烝祭时，行祼礼用斝彝、黄彝，都有托盘；行朝献礼用两著尊，行馈食礼用两壶尊，也都备有罍，供诸臣酌酒行自酢礼时用。凡四季之间的祭祀，如追享、朝享，行祼礼用虎彝、蜼彝，都有托盘。行朝践礼用两大尊，行再献礼用两山尊，都备有罍。从《周礼》所记录的情况来看，周王举行祭祀时的酒器名目种类相当繁多，文饰、形制也非常考究。这是贵族所特有的气派和体面。

不仅青铜器的造型和花纹很美丽，就是覆盖青铜器的布也非常讲究。《周礼·天官·幂人》记载："祭祀以疏布巾幂八尊，以画布巾幂六彝。凡王巾皆黼。"[1] 祭天尚质朴，所以覆盖八尊用的是粗疏的布巾，而宗庙祭祀尚文饰，所以覆盖六彝用的是画有云气的布巾。这一细节表现了周人对器物装饰的重视，也表现了周人器物装饰细致化的审美追求，细致到连器物上的覆盖物都有专门的幂人来掌管的程度。

玉也是能彰显贵族身份的重要器物。一般情况下，贵族都要玉不离身。《礼记·月令》记载，天子四季所佩的玉：春服苍玉，夏服赤玉，秋服白玉，冬服玄玉。可见，周天子一年四季都要佩玉。

《礼记·玉藻》篇祥细记述了贵族的玉佩之美："天子佩白玉而玄组绶，公侯佩山玄玉而朱组绶，大夫佩水苍玉而纯组绶，世子佩瑜玉而綦组绶，士佩瓀玟玉而缊组绶。"[2] 组，为编织而成的丝带；绶，同"系"，串系之意。天子佩戴着白色的玉，用的是天青色的丝带；诸侯佩的是山青色的玉，配以朱红色的丝

---

[1] 孙诒让：《周礼正义》，北京：中华书局1987年，第414页。
[2] 孙希旦：《礼记集解》，北京：中华书局1989年，第822页。

第三章 贵族身份的确立与礼乐文化背景下生活的艺术化

带;大夫佩的是水苍色的玉,配以黑色丝带;天子和诸侯的太子所佩玉的丝带是彩色的;士佩着美丽的石头,用赤黄色的丝带。温润的玉再配以不同色彩的丝带,使玉的色彩美更加突出,表现出周代贵族在等级体制之中对玉石和色彩之美的特殊爱好。

史前时期,人类就对玉石之美有了朦胧的认识,但到后来这种超越实用性的器物,成为贵族闲暇时玩赏的对象,成为贵族彰显其尊贵身份的重要器具。

周代贵族的服饰也颇为精细、考察,是区分贵族和平民的重要标志。如首服中的弁是贵族比较尊贵的帽子,有皮弁、爵弁等。爵弁红中带黑,颜色类似于雀头。皮弁由几块鹿皮拼结而成,缝结处叫做璂,上面缀着五彩玉石十二颗,称为琪(或綦)。《卫风·淇奥》就曾说贵族的皮弁"璂弁如星",意思是贵族皮帽帽缝的缝合处缀有一行行闪闪的玉石,亮晶晶的,看起来就像天上的星星一样美丽。可见周代贵族对装饰的审美效果非常关注。

带是周代贵族服饰中的重要组成部分。带的作用,一方面是将衣服系紧,同时在带上可系挂日常生活中所用的一些小型工具,如锥子、针线等;另一方面,带也具有较强的装饰作用。《礼记·杂记》记载:"率带,诸侯大夫皆五采,士二采。"[1] 意思是诸侯大夫的带都是以五彩来装饰,士的带以二彩装饰。带的滚边也是比较讲究的,天子的带,绕腰的部分上侧是朱色镶边,下侧是绿色镶边。带下垂的部分叫做绅,绅的外侧滚边是朱色,内侧滚边是绿色。

还有深衣的边缘装饰也是很讲究的,《礼记·深衣》记载:"具父母、大父母,衣纯以缋。具父母,衣纯以青。如孤子,衣

---

[1] 孙希旦:《礼记集解》,北京:中华书局1989年,第1065页。

纯以素。纯袂、缘、纯边，广各寸半。"① 缋，同"绘"。纯，是衣服的镶边。这段话的意思是，父母和祖父母都健在的人所穿深衣用画有彩色的布条来镶边；只有父母健在，而无祖父母的人，所穿深衣以青色布条来镶边。父母祖父母都不在的人，所穿深衣用白色布条来镶边。一般来讲，袖口、下摆、衣边的镶边宽度都是半寸。重视装饰，尤其是重视服饰的镶边艺术成为周代贵族服饰审美的一个突出特征。

周代贵族服饰的精细化特征随处可见。如冠的装饰就非常精细，甚至有些繁复。其中纩是系在冠圈上，垂在耳孔外的小圆玉，也叫瑱。天子的瑱以玉石为质地，臣的瑱以美石或象牙为质地。紞，是系玉的丝绳。人君用五种颜色的丝绳，臣用三色的丝绳。这里的玉石和缀玉的丝绳都可谓精美的艺术品。在首服中，还有笄和紘也是很讲究的装饰品。笄主要是用来固定冠的，但是事实上，它的装饰效果更加吸引人。笄首通常雕刻着精巧的小动物，如凤鸟、鸭子等来装饰。

这种细腻的审美追求还表现在鞋子的装饰上。周代贵族的鞋子除了鞋帮、鞋底之外，还有綦、絇、繶、纯等集实用与装饰功能于一体的部件。綦是鞋带。絇是鞋头上的一种装饰，其形状像翘起的鼻子，有孔，可穿系鞋带。繶是鞋牙（即今之鞋帮）与鞋底相连接处的缝里装饰的丝绦。沿着鞋口的镶边叫纯。据《仪礼》记载："爵弁纁屦，黑絇、繶、纯，纯博寸。"② 意思是爵弁服的鞋子是黑色的鞋头饰，鞋底与鞋帮相接处的丝绦，以及鞋口的边都是宽一寸的黑色镶边。如此关注服饰的色彩、纹饰，是贵族标明其身份的重要手段。

此外，车也是贵族身份和地位的标志。孔子就很看重自己

---

① 孙希旦：《礼记集解》，北京：中华书局1989年，第1382页。
② 杨天宇：《仪礼译注》，上海：上海古籍出版社2004年，第21页。

的车,即便是自己的儿子或心爱的弟子死了,没有棺椁,孔子也不舍得毁了自己的车来给他们制作棺椁。因为在孔子看来,没有车,自己也就失云了贵族的身份。

《礼记·玉藻》记载着周代贵族精美的车马饰:"君羔幦虎犆,大夫斋车;鹿幦豹犆,朝车;士斋车鹿幦豹犆。"① 意思是国君所乘的车上的帘子是用羔羊皮做的,并用虎皮镶边。大夫的斋车也是这种装饰。国君朝车的帘子是用鹿皮做的,用豹皮镶着边,士的斋车,也是这种装饰。看看这些车马饰就会明白,周代贵族对生活是怎样的热爱,最细微的地方,都能够成为他们审美关注的焦点,都能够引起他们特别的关注。

在周代贵族的器物中,旗子也是引人注目的审美对象之一。据《周礼·春官·司常》记载:"司常掌九旗之物名,各有属,以待国事。日月为常,交龙为旂,通帛为旃,杂帛为物,熊虎为旗,鸟隼为旟,龟蛇为旐,全羽为旞,析羽为旌。"② 即司常掌管着王的九种旗帜的名称,以及旗帜上所画的章物。画着日月的旗子为常,画着蛟龙的旗帜叫做旂。旗的正幅和正幅旁的饰物斿用同一色的帛制成的叫做旃。正幅与斿以不同色的帛制成的旗子叫做物。画有熊虎的旗子叫做旗。画有鸟隼的旗子叫做旟。画有龟蛇的旗子叫做旐。将每根羽毛都染为五彩,用来装饰旗杆的旗子叫做旞。将每根羽毛染成一种颜色,用不同色彩的羽毛装饰的旗子叫做旌。不难想象,这些精美的旗帜可以使贵族更加气宇轩昂。

贵族将自己的车旗、佩饰制作得非常精美,使这些器物成为区别贵族和平民的标志,也将这些精美的器物作为贵族才有资格享用的审美对象。没有一定的经济基础、制度保障,这些

---

① 孙希旦:《礼记集解》,北京:中华书局1989年,第786页。
② 孙诒让:《周礼正义》,北京:中华书局1987年,第2200页。

考究的器物是没有条件存在的。在物质资源匮乏的时代，只有贵族阶层才有资格享用这些精美的器物，因而这些华美的文饰就使贵族在心理上拥有优越感。这些文饰在当时是如此重要，如此稀少和珍贵，因而也成为当时人关注的焦点和审美对象。对生活的文饰，是贵族生活审美化追求的表现，也是贵族尊贵性的体现。

通过以上有关贵族程式化生活方式与贵族身份关系的分析，有关贵族文饰审美追求与其身份关系的分析，可以看到，周代贵族统治的合法性有赖于等级与爵位，但贵族的高贵性却有赖于其内在的文化修养来巩固。周代贵族在各种礼仪中显示出温文尔雅的精神气质，显示出一定的音乐艺术欣赏能力，他们的服饰用度等也呈现出精致华美的文饰风格。这些从不同的角度彰显出贵族的高贵性。换言之，礼乐审美使周代贵族的生活中有着超越实用功利目的之上的精神追求，涵养了他们的审美心态。但是精细化、文雅化、审美化、艺术化的礼乐文化一定程度上超越了实用目的，如果没有一定的限制的话，很容易发展成为奢侈性的文化追求，更何况礼乐文化本身就包含着一定程度的奢侈倾向，这正是礼乐文化不断遭到后人质疑的地方。可以说，法家和墨家都把礼乐文化中的审美性和艺术性视为奢侈享乐的标志，从而予以批判的。礼乐文化的实践需要一定的经济基础和贵族身份才能办到，随着贵族阶层的衰微，具有艺术性的礼乐文化自然遭到较多批判。

中 编
礼乐崩坏与先秦文艺美学思想

西周时期贵族掌握着祭祀权和统治权,并将礼乐文化作为统治策略,以达到人神沟通,以及人与人之间和谐的目的。但是从春秋时期开始,天神观念受到冲击,贵族的等级礼制开始衰微,到战国时期贵族及其礼乐文化的性质就发生了根本的改变。春秋战国时期,面对社会文化生活的剧变,各家各派展开了广泛的思考和辩论,力求提出更加完善、合理的社会治理策略,同时也对礼乐文化中的礼、仪关系,礼的奢侈化、礼仪与情感的关系等问题进行了新的思考,从而形成了早期文艺美学思想的萌芽。可以说,春秋战国时期礼乐文化的崩坏是促成各家美学思考的契机和各家讨论的核心问题。

第四章　礼崩乐坏与前诸子时代的文艺美学思想

在诸子百家有关礼乐文化的广泛讨论兴起之前，已经有一些有识之士开始了对礼乐文化的反思，形成了中国文艺美学思想的最早萌芽。这些思想多隐含在《左传》、《国语》等文献中。我们这里所说的前诸子时代不是一个时间概念，它主要是指关于文艺美学问题的思考还不具有完整体系，还停留在针对具体问题进行评论的阶段。

第一节　春秋战国时期的礼乐文化

一、礼乐文化的衰微

（一）礼的陌生化

当列国之间的斗争越来越激烈时，面临着生死存亡的斗争，人们无法过多地顾及礼仪规范的问题，同时也因为生产力的发展，生活节奏加快，礼的繁文缛节越来越不适合时代发展的需要了，礼仪渐渐不为人们所熟悉。宣公十六年冬，晋侯使士会调和周王室诸卿士间的矛盾，周定王享士会，周大夫原襄公相礼，士会竟不懂折俎之礼。当献上切碎的带骨肉时，士会不解其故，私下问这样做的缘故。周王听到后说：季氏，你没有听说过吗？王室宴请公侯用体荐，即将半个牲体置于俎上；王室宴请世卿用折俎，即将牲体切碎，连肉带骨置之于俎。天子招待诸侯则设享礼，招待诸侯之卿则设宴礼，这是王室的礼制。士会听了这番话感到很不好意思。士会不懂得周王献上体荐之意，这是将他作为世卿来招待，而他只是一介大夫。因为在盛大宴会上往往要按照比客人实际身份高一等的礼仪规格予以招待。《左传·昭公七年》记载鲁昭公云楚国，路过郑国，郑伯在都城门设宴慰劳鲁昭公一行，孟僖子作为鲁君的副手，竟不能协助鲁昭公行酬答主人之礼。到楚国后，楚灵王在都城郊外举行欢迎仪式，孟僖子又不懂得如何辅佐鲁君行答郊劳之礼。可见，到春秋后期，礼仪依然存在着，但是贵族对礼规已经相当陌生了。

由于对礼的无知，在礼仪活动中，人的行为就显得不再从容和协调。《左传·昭公十六年》记载，晋韩起聘于郑，郑伯举行享礼。郑国的大臣子张按礼本应先到场，他不但后于主宾到场，而且站到了宾客的位置上，受到阻拦后，不得已只好站在放置钟磬等乐器的地方。子张不懂礼仪的尴尬引来客人的嘲笑。子张失位是贵族礼仪活动中的一个不和谐的音符，它意味着贵族的生活中还有一定的礼仪秩序，但是也有一些人不懂礼仪，不能非常自然地融于贵族社会之中，从而显得萎缩和卑微。

礼仪在春秋时期的陌生化，使贵族的行为逐渐不再具有举手投足之间的优雅，贵族的礼乐文化在新的历史时期不再是审美的焦点。

（二）僭越礼制的审美活动

礼乐文化的衰微还表现为下级贵族对等级礼制的僭越。如金奏《肆夏》本来是天子用乐的标准。编钟和编磬以其宏大的音量和特有的音色交织成肃穆壮丽的音响效果，再加上鼓声的配合，强化了天子至尊、威严、高贵的文化地位。但到了春秋战国时期，礼乐形式与等级身份相脱离，僭越礼制的事件比比皆是。《左传·成公十二年》记载，晋国大臣郤至到楚国聘问，楚王竟然僭越天子之礼，金奏《肆夏》之乐。《左传·襄公四年》记载，鲁国的穆叔到晋国去，晋侯设享礼招待他，宴会上竟也僭用天子用来招待诸侯的《肆夏》之乐招待穆叔。再如按照西周的礼制，贵族舞蹈奏乐，依主人身份的高低确定舞蹈者的人数，八人为一列，称为"佾"。天子用八佾，诸侯用六佾，大夫用四佾。鲁国的贵族季孙氏、孟孙氏、叔孙氏，处于陪臣的地位，依其名分只能用四佾，这时却用"八佾舞于庭"，公然僭用天子之乐，并且在祭祀结束时，演奏只有天子才有资格享用的《雍》乐来撤俎。

鼎是商周时期的青铜重器，是国家王位和权力的象征，也是周人重要的审美对象，但到了春秋战国时代，因为礼乐制度的迅速崩坏，原本为礼制服务的青铜器也随之产生变化。青铜器的礼教成分减弱，渐渐走向生活化、艺术化。如九鼎是周天子权力的象征，但是在战国时期中山王国的陵墓中，就出土了按大小顺序一字排列的九鼎，这说明当时的中山国王已经自诩为一方天子。河南辉县琉璃阁60号墓主应是诸侯一级的贵族，竟然也用了九鼎。太原金胜村251号春秋晋墓，墓主是大夫一级的贵族，却僭用了诸侯之制的七鼎。按照礼制规定本应是上级贵族享受的审美特权，在礼崩乐坏的时期对崛起的下层贵族具有一定的诱惑力。僭越等级享受本该由上级贵族才有资格享受的美，就成为春秋时期普遍存在的社会现象。

二、礼乐文化衰微的原因

春秋时期是礼乐文化的鼎盛时期，也是礼乐文化走向衰微的转折时期。造成礼乐文化衰微的原因是多方面的。第一，"以德配天"的天命观为西周代殷的统治做了很好的理论铺垫，但是随着科学技术的进步，天的神圣性进一步遭到怀疑，周天子统治的合法性和核心统治地位也受到置疑；第二，自周平王东迁以后，周天子的权威开始下降，逐渐丧失了对天下的控制力。而各诸侯国内部，卿大夫的势力也逐渐强大起来，从而出现卿大夫控制诸侯国，而公室贵族降为士、庶的现象，最终造成贵族整体势力和地位的衰微；第三，春秋末期战国初期各国的变法，如魏国的李悝变法、楚国的吴起变法、秦国的商鞅变法极大地削弱了旧贵族的势力；第四，春秋时期铁器和牛耕的使用，使大面积的荒田得到了开垦。公元前594年鲁国开始实行初税亩，向土地私有者征税，这意味着对私有土地的承认，对"普天之下，莫非王土"这条旧规矩的破坏，也意味着新的封建制生产关系的萌芽和井田制的瓦解。井田制是西周贵族体制存在的基础，当土地成为可以自由买卖和赠送的私有物品时，就直接影响到贵族统治的经济基础；第五，商业的发达也是促使贵族礼乐文化衰亡的重要因素。以往商业由官方管理，现在官方失去强有力的统治权，商业得到了更为自由的发展。以前由分封才能获得的器物，现在成了可以自由买卖的商品。这在一定程度上对贵族文化的封闭性和等级性形成冲击。

第二节 礼乐文化的衰微与前诸子时代的文艺美学思想

当礼乐文化受到一定的冲击时，贵族中的官吏单靖公、史伯、伶州鸠等人，首先对礼乐文化进行反思，并形成了有关文艺和美学问题的初步思考。如关于"礼"、"仪"关系问题的思考，关于"度"的思考，关于文饰价值的思考，都直接来源于礼乐文化发展中所面临的具体问题。

一、关于仪式是否还具有审美性的思考

（一）礼与仪的分裂

严格来说，礼作为仪式的意义在春秋时期还存在着。如《国语·周语》记载，晋羊舌肸到周王室聘问，周王室的大臣单

第四章 礼崩乐坏与前诸子时代的文艺美学思想

靖公举行享礼宴请羊舌肸。在享礼中，单靖公的行为内敛而恭敬，一举一动、一言一行都符合礼仪规范。这引发了叔向的感慨和称赞。公元前651年齐桓公在葵丘会盟诸侯，并订立了一系列诸侯共同遵守的盟约。此次会盟时，周襄王还派宰孔赐给桓公祭祀文王、武王的祭肉、彤弓、矢和车辆等，并允许他接受赏赐时不必下拜，以示对桓公的褒奖。可见，春秋时期贵族的交往中还有着较为完备的外交礼仪活动，贵族外交礼仪中的行为举止基本都符合一定的礼仪规范。

但春秋时期，随着礼维护对象的变化，礼的含义发生了很大变化。在西周时期，礼所维护的是以天子为核心的贵族集团的利益，而到了春秋时期，礼维护的是诸侯国的利益，并成为诸侯霸主获得权威地位的砝码。与天子的天赋权力不同，霸主的地位是需要积极争取的，是需要不断维护的，礼在维护诸侯霸主和各诸侯国利益的过程中，逐渐演变为带有契约性质的理和信。如诸侯会盟时约定，大国要庇护小国，小国要侍奉大国，如果违背了这一原则，就会引发诸侯国之间的征战。《左传·僖公元年》记载："凡侯伯救患、分灾、讨罪，礼也。"[①] 就是约定诸侯国之间要救患、分灾、讨罪。由此可见，礼在新的历史时期是和信誉联系在一起的，具有诸侯国之间为维护共同利益而形成的契约的性质。《左传·成公十五年》记载，楚国准备攻打晋国，楚国的大夫子囊说，刚刚与晋国结盟，就违背盟约，这样做合适吗？子反说，对自己有利就进攻，不利就后退，和盟约有什么关系。申叔时听了后说，子反可能要倒霉了。诚信才能守礼，礼才能保护自己的利益，现在诚信和礼都没有了，想免于灾难，能行吗？从子囊、子反和申叔时三人的态度中，我们可以看出，礼在春秋时期具有契约性质，信就是礼，失信就

---

① 杨伯峻：《春秋左传注》，北京：中华书局1990年，第278页。

是无礼。礼开始从仪式逐渐演变为一种为人处世的原则。

（二）礼仪审美价值的思考

当礼与仪式的分离越来越多时，礼和仪的关系问题就成为人们讨论、思索的重要话题。《左传·昭公五年》就有关于礼与仪的讨论。鲁昭公到晋国去，从慰劳酬答到赠送礼品，全合乎礼仪，没有失礼的行为。但女叔齐却指出，鲁君哪里知道礼，鲁君所践行的只是仪式而已，而不是礼。在女叔齐看来，礼，就是能保守住自己的国家，推行政令，从而得到人民的拥护，这就是礼。至于从郊劳到赠贿的所有活动，都是礼仪而已，而不是礼。由此也可见举止行为上的符合礼仪已不受时人重视，举手投足，周旋揖让所表现出的文雅气质，不再被作为一种审美对象。《左传·昭公二十五年》还有关于礼与仪的讨论。当赵简子向子大叔问揖让、周旋之礼时，子大叔说，这是礼仪，而不是礼。接着子大叔大谈顺乎天地自然才叫礼的观点。《礼记·乐记》也提出："乐者，非谓黄钟大吕弦歌干扬也，乐之末节也，故童者舞之；铺筵席，陈尊俎，列笾豆，以升降为礼者，礼之末节也，故有司掌之。"这实际上是对礼作为仪式价值和审美核心地位的否定。由此可见，礼仪的分离已经引起了人们的广泛关注。

关于礼与仪的讨论意味着，一直为贵族所重视的行为规范性和仪式化的生活方式在春秋时期逐渐不为人们所看重。仪式化是周代贵族生活方式的重要特征，当礼与仪式不再是一回事时，当礼与一定的仪式相脱离，而侧重于"理"和"信"的含义时，由礼乐所烘托的贵族交往氛围逐渐失去诗化的境界之美，礼仪中的诗性精神就逐渐衰落，周代贵族的生活方式和思想观念也将发生较大的变化。

二、有关"度"的美学思考

随着礼乐文化在春秋后期的动摇,天神观念和等级礼制对人的约束力逐渐弱化,行为无度的事件屡屡发生,人们越来越大胆地放纵自己的欲望为所欲为。如周代贵族有着浓厚的敬畏意识,如果遇到丧事和天灾时,在行为举止和着装方面都要谨慎,一般要着素服。而且,"君子不履丝屦"[①],即不能穿丝帛制作的鞋子。但到了春秋时期,一些贵族开始追求无度的享受。据《晏子春秋·内篇谏下》记载,齐景公制作了一尺多长的鞋子,以黄金做鞋带,装饰以银,上面缀着珠子,并以上好的玉做鞋头上的装饰物,对周代贵族的服饰礼制规定进行了极大的僭越,服饰中所蕴涵的等级伦理观念和敬畏意识渐渐弱化。《左传·昭公二十年》记载,晏子批评无德之君,"从欲厌私,高台深池,撞钟舞女,斩刈民力,输掠其聚,以成其违,不恤后人。暴虐淫从,肆行非度,无所还忌,不思谤讟,不惮鬼神"[②],是说无德之君的行为表现出无所顾忌的放纵态势。

春秋时期,贵族也表现出对娱乐过度享受的趋势。周景王铸造"无射"钟就是审美发展史上过度追求声音之美的典型事件。《国语·周语下》记载,春秋末年,东周王室已经非常衰微,但君主的享乐要求有增无减。为了满足个人听觉上的审美欲求,周景王打算铸造一个合于"无射"音律的乐器,建成一套八枚以上具有八度以上音域的编钟。当周景王把这个打算对大臣单穆公说了之后,单穆公说:

> 且夫钟不过以动声,若无射有林,大钟声以为耳也,

---

① 孙希旦:《礼记集解》,北京:中华书局1989年,第955页。
② 杨伯峻:《春秋左传注》,北京:中华书局1990年,第1416页。

耳所不及，非钟声也。犹目所不见，不可以为目也。夫目之察度也，不过步武尺寸之间，其察色也，不过墨丈寻常之间。耳之察和也，在清浊之间，其察清浊也，不过一人之所胜。是故先王之制钟也，大不出钧，重不过石。律度量衡于是乎生，小大器用于是乎出，故圣人慎之。今王作钟也，听之弗及，比之不度，钟声不可以知和，制度不可以出节，无益于乐，而鲜民财，将焉用之！夫乐不过以听耳，而美不过以观目。若听乐而震，观美而眩，患莫甚焉。夫耳目，心之枢机也，故必听和而视正……①

单穆公对音乐之美的认识包含了两个要点：第一，音乐应该在一定的度之内，不可超过度的限制。而景王的无射钟已经超过"度"的界限；第二，在一定的"度"的范围内的乐曲，才能带给人们五声相和的审美感受。单穆公的劝谏表明周人做事和进行审美鉴赏都在遵循和维护一个美学原则，即对事物的"度"应予以很好的把握，不可过犹不及。但是在春秋晚期，因为形而上的行为约束力和来自礼乐制度的约束力都已经衰微，所以开始出现了过度放纵自己欲望的行为。

在单穆公之后，负责音乐的官吏伶州鸠也通过对周景王铸钟一事的评论而发表了对音乐美的认识。他说："臣闻之，琴瑟尚宫，钟尚羽，石尚角。匏竹利制，大不逾宫，细不过羽。""金尚羽，石尚角，瓦、丝尚宫，匏、竹尚议，革、木一声。""声以和乐，律以平声。""声应相保曰和，细大不逾曰平。""细抑大陵，不容于耳，非和也，听声越远，非平也。"② 即高低清浊不同的声音应当相谐和，无论"细"的羽声，还是"大"的

---

① 徐元诰：《国语集解》，北京：中华书局 2002 年，第 108—109 页。
② 徐元诰：《国语集解》，北京：中华书局 2002 年，第 111 页。

宫声，都要平和有度，不能越出五声音阶的范围。

就周景王铸钟一事的议论，单穆公和伶州鸠从不同的角度出发，都表达了声音应当有一定的限度，以及五音应相互和谐的美学思想。单穆公侧重于从接受者的感受出发，而伶州鸠更侧重于从五声相谐和的音律规律出发提出问题。

把握"度"的关键就在于对行为和欲望有所节制。《左传》昭公元年记载，晋侯求医于秦，秦伯使医和给其看病。医和从阴阳五行相生相克以及身体保养的角度提出了"乐节百事"的美学思想。医和对过多地近于女色的晋侯说：

> 节之。先王之乐，所以节百事也，故有五节；迟速本末以相及，中声以降。五降之后，不容弹矣。于是有烦手淫声慆堙心耳，乃忘平和，君子弗听也。物亦如之。至于烦，乃舍也已，无以生疾。君子之近琴瑟，以仪节也，非以慆心也。天有六气，降生五味，发为五色，征为五声。淫生六疾。六气曰阴、阳、风、雨、晦、明也，分为四时，序为五节，过则为灾：阴淫寒疾，阳淫热疾，风淫末疾，雨淫腹疾，晦淫惑疾，明淫心疾……①

医和认为晋侯的病症在于礼乐文化失去了对人的约束力，从而出现了过度淫乐的行为，导致了和谐生活秩序的紊乱，所以应当对行为有所节制，节制女色与节制音乐的道理是一样的。宫、商、角、徵、羽五声有缓有急，有本有末，彼此调和相融，而得中和之声，然后止息。五声止息之后，不可再弹奏。如果再弹奏就会出现繁复、过度的手法和过度的靡靡之音。所以应当对音乐和女色有所节制。

---

① 杨伯峻：《春秋左传注》，北京：中华书局1990年，第1221—1222页。

从以上分析也可以看出,西周乃至春秋时期贵族的美学思想来源于他们对自身生活状况的思考。当礼仪和伦理道德以及神秘的外在统治力量对周人的约束力逐渐弱化的时候,行为无度的事频繁发生,这促使一些有识之士开始思考生存之"度"的问题。

三、"和而不同"的美学思想

"和而不同"美学思想的提出,与以等级礼制来维系的社会和谐稳定结构发生动摇有一定的关系。春秋时期诸侯贵族力求使各诸侯国之间的关系重新得以协调,所以希望在君臣之间、各诸侯国之间能够建立一种新的和谐秩序。在君臣关系中、在诸侯霸主和同盟国的关系中,一方面要有独立的生存空间,要有独立性;另一方面也要有认同感。这就是"和而不同"美学思想提出的理论背景。

春秋时期,在统治阶级的审美观念中,影响最为深刻,也最为普遍的理论就是对立面之间和谐的思想。假如说《左传·桓公二年》鲁大夫臧哀伯对鲁桓公谈"文物昭德"体现了周代贵族审美的等级化特征,那么,《国语·郑语》中郑国的史官伯和郑桓公在谈论当时国际形势时提出的就是适应时代需要的"和而不同"的美学观点:

> 和实生物,同则不继。以他平他谓之和,故能丰长而物归之,若以同裨同,尽乃弃矣。故先王以土与金木水火杂,以成百物。是以和五味以调口,刚四肢以卫体,和六律以聪耳,正七体以役心,平八索以成人,建九纪以立纯德,合十数以训百体。出千品,具万方,计亿事,材兆物,收经入,形姟极。故王者居九畡之田,收经入以食兆民,周训而能用之,和乐如一。夫如是,和之至也。于是乎先

第四章 礼崩乐坏与前诸子时代的文艺美学思想

王聘后于异姓，求财于有方，择臣取谏工，而讲以多物，务和同也。声一无听，色一无文，味一无果，物一不讲。①

史伯认为，阴阳相生，异味相和，万物才能生长，所以先王以土与金木水火相杂，聘任异姓女子为后等，使世间万物能够在对立中相互协调。五声相杂，然后才有美妙的乐音，但是只有一种声音，就成不了音乐；五色相杂，能够形成美丽的文采，但是单一的色彩不成为文；五味和合，可以成为美味，但是只有一种味道则不成味矣。史伯表述了对立面和谐的思想。当然史伯和郑桓公谈论和而不同的美学思想，绝不是凭空而论，而是看到周王弃高明昭显，而好谗慝暗昧，恶角犀丰盈，而近顽童穷固，去和而取同，所以才有感而发。所以说，"和而不同"的美学思想是周代贵族面对生活进行观察和思考的结果。

在原有的和谐秩序被毁坏的情况下，"和而不同"就成为贵族的一种带有普遍性的呼声。《左传·昭公二十五年》记载，子大叔回忆子产关于礼的思想，也涉及社会生活中各种因素相互协调的美学思想：

> 则天之明，因地之性，生其六气，用其五行，气为五味，发为五色，章为五声。淫则混乱，民失其性。是故为礼以奉之，为六畜、五牲、三牺，以奉五味；为九文、六采、五章，以奉五色；为九歌、八风、七音、六律、以奉五声；为君臣上下，以则地义；为夫妇外内，以经二物；为父子、兄弟、姑姊、甥舅、婚媾、姻亚，以象天明；为政事、庸力、行务，以从四时；为刑罚威狱，使民畏忌……哀有哭泣，乐有歌舞，喜有施舍，怒有战斗；喜生

---

① 徐元诰：《国语集解》，北京：中华书局2002年，第470—472页。

于好，怒生于恶。是故审行信令，祸福赏罚，以制死生。生，好物也；死，恶物也。好物，乐也；恶物，哀也。哀乐不失，乃能协于天地之性，是以长久。①

子大叔转述子产的这段话，使赵简子颇受启发，赵简子愿终身守此言。这段话的精神实质是将整个社会看做一个有机的整体，认为天地自然、五章、五色、四时等各种因素之间相互影响，只有彼此之间和谐有序，社会才能向前发展。子产认为礼就是能起到协调作用的关键因素，有了礼，整个社会君臣、父子、夫妇之间就能上下有序。这一思想是针对当时社会的失序状态而言的，但隐含着对和谐美学思想的思考，并且指出只有各种因素和谐有序地发展，整个社会才能天长地久。天长地久的愿望是春秋时期提出和谐美学思想的最根本动机。这是注重族群利益、注重社会长久发展的贵族精神的体现。

《左传·昭公二十年》在谈论大臣与齐侯的关系时，晏子也论述了"和"与"同"的关系。晏子说：

和如羹焉，水、火、醯、醢、盐、梅，以烹鱼肉，燀之以薪，宰夫和之，齐之以味，济其不及，以洩其过。君子食之，以平其心。君臣亦然……声亦如味，一气，二体，三类，四物，五声，六律，七音，八风，九歌，以相成也；清浊、大小、短长、疾徐、哀乐、刚柔、迟速、高下、出入、周疏，以相济也。君子听之，以平其心……若以水济水，谁能食之？若琴瑟之专一，谁能听之？同之不可也如是。②

---

① 杨伯峻：《春秋左传注》，北京：中华书局1990年，第1457页。
② 杨伯峻：《春秋左传注》，北京：中华书局1990年，第1419—1420页。

晏子用味道和音乐的和谐做了恰当的比喻，说明君臣之间的关系，应当是"和而不同"，而不是一味附和，这与子产以及史伯的讨论如出一辙。从多人在不同的场合面对不同的事件不约而同地提出"和而不同"的思想，足见在一个原有的君臣关系失去平衡的时代，人们对新的和谐的人际关系的呼声是多么强烈。从史伯、子产以及晏子的谈论中可以看到，第一，"和而不同"美学思想的提出来源于对生活中出现的具体问题的思考和讨论；第二，当时人们所关注的是"五声"、"五味"等元素怎样协调才能够给人带来审美愉悦；第三，史伯、子产和晏子几乎无一例外地都从滋味、音乐等角度来比拟"和而不同"的社会关系，都是用日常生活中的简单事例作比喻，阐明抽象的哲理。这些都是周代美学的特征。

四、对文饰美的思考

（一）外在文饰之美与实际功用美之间的抉择

当等级礼制发生动摇时，当贵族的世袭统治地位发生危机时，贵族所追求的言谈举止之美，贵族所崇尚的仪式之中的仪态之美，贵族所追求的符合等级的器物文饰之美，就受到了质疑。什么是美就成为春秋时期贵族思考和讨论的美学焦点。

《国语·楚语下》记载，楚王孙圉出使晋国，晋定公设宴招待他，赵简子穿戴着华贵的衣服相礼。赵简子身上的佩玉发出优雅的碰击声，表现出贵族特有的高傲神情，并问王孙圉有关楚国之宝物白珩的情况。王孙圉的回答表明了一种审美观念。他说：

> 楚之所宝者曰观射父，能作训辞，以行事于诸侯，使无以寡君为口实。又有左史倚相，能道训典以叙百物……龟、珠、角、齿、皮、革、羽、毛，所以备赋以戒不虞者

也,所以供币帛,以宾享于诸侯者也。若诸侯之好币具,而导之以训辞,有不虞之备,而皇神相之,寡君其可以免罪于诸侯,而国民保焉。此楚国之宝也。若夫白珩,先王之玩也,何宝焉?圉闻国之宝六而已。圣能制议百物,以辅相国家,则宝之;玉足以庇荫嘉穀,使无水旱之灾,则宝之;龟足以宪臧否,则宝之;珠足以御火灾,则宝之;金足以御兵乱,则宝之;山林薮泽足以备财用,则宝之。若夫哗嚣之美,楚虽蛮夷,不能宝也。①

王孙圉的回答包含着这样几重意思:第一,明王圣人能治理百物,能辅佐国家,可为国宝;玉能庇荫谷物生长,使其不遭受水旱灾害,龟能辨别好坏,珠能防备火灾,金能防备战争兵乱,山川湖泽能产百物以备财用等等,这些东西都是因为具有实际的功用,所以可以视为宝物;第二,至于白珩,只不过是先王的玩物而已,因为不能带来实际的社会效益,所以不算什么宝物;第三,至于赵简子所自以为是的佩玉之和谐的碰击声,那只不过是华而不实、哗众取宠而已。即使是楚国为蛮夷之国,也不会将其当作宝物。王孙圉的话虽是外交辞令,但从中也可以看出,在当时,人们认为具有实用性的事物才具有审美价值。

王孙圉所讲的是一种实用主义的美学观,并且,这种实用性的美学观念与以赵简子为代表的旧贵族注重文饰和玩赏之物的有闲阶级的审美观念是针锋相对的。时代语境发生了变化,贵族那锵锵的佩玉之声,贵族那慢条斯理的仪式化举止,贵族那诗化的语言都不能适应时代发展的需要了,人们逐渐抛弃没有直接社会效益的繁文缛节,而追求当下的实用目的。这种实

---

① 徐元诰:《国语集解》,北京:中华书局2002年,第526—527页。

用主义的美学观念，对贵族艺术化的生活方式形成了巨大的冲击。

不仅举手投足、仪容情态、服饰器用等能表现出贵族独特精神气质的礼乐文化内容在春秋时期被看成虚设的文饰而遭到否定，而且，祭品也得到了简化。祭品的神圣性在于它蕴含着四时之灵气，天地之精华。但是在春秋战国时期的祭礼中，祭品的意义被打了折扣。《左传》隐公三年记载："苟有明信，涧、溪、沼、沚之毛，苹、蘩、蕰、藻之菜，筐、筥、锜、釜之器，潢、污、行潦之水，可荐于鬼神，可羞于王公……"[1] 意思是如果有着诚信的心，那么，即使山涧、水边的茅草，苹蘩之类的野菜都可以达到祭祀的目的。这里强调的是祭祀所要达到的最终目的，而不是祭品的外在形式。可以说这是一个没有了繁文缛节的时代，但也可以说这是一个缺乏情趣，而赤裸裸地暴露目的的时代。周代贵族统治者所设定的通过礼乐文化来达到社会和谐的统治艺术开始衰落了，同时，礼乐文化中所蕴含的天地四时之灵气也消失了。

（二）追求奢华之美还是以德行为美的抉择

春秋时期，许多贵族僭越等级礼制，表现出对个体欲望的放纵和对感观享乐的过度追求。在这种时代背景下，追求节俭有度之美，还是追求感观刺激之美，成为人们关注和讨论的又一美学问题。

鲁庄公不仅将桓公之庙的柱子漆成红色，也对桓公庙的椽子进行了细细的打磨。针对这件事情，匠师庆对庄公说，我听说汤、武、周公等圣王先公，给后世留下可以遵循的法度，使后人不至于陷于迷惘无度的境地。作为后世人，就应该将圣王先公的训导发扬光大，使它能长期地对后世人的行为起到监督

---

[1] 杨伯峻：《春秋左传注》，北京：中华书局1990年，第27—28页。

的作用，使后世的统治能够长久。但是，现在的状况是先君节俭而您奢侈，先君的德行在今天开始衰败了。庄公听了匠师庆的劝谏之后，不仅没有对自己的行为进行反思，反而说，他就是要不顾礼制规范而单纯追求美。在匠师庆和庄公的对话中存在着两种审美观念的冲突：一个是圣王先公遵循礼制、节俭有德的风范，一个是庄公所追求的外在感观之美。两种美学观念的冲突也是两种时代精神的冲突，它反映了一种摆脱外在约束、放任个体欲望的历史趋势正在蔓延。

关于台榭之美的讨论也包含着追求奢华之美还是追求节俭、有德之美的思考。台榭作为古代建筑的一种，开始时是军事防守和观天象的高台。但是进入春秋时期，追求台榭之高大华丽成为诸侯贵族审美享受的重要内容。各地的台榭不断涌现，台榭建筑大有蓬勃发展之势，如齐国有歇马台、雪台，楚国有章华台、荆台，晋国有九重台等。楚灵王为了召诸侯而盟，修建了章华之台，章华台成为当时规模最大的园林。《国语·楚语》中记载，楚灵王修建了章华台后请大夫伍举去参观。灵王与伍举登上章华台远望时，楚王禁不住兴奋地问，台美吗？伍举不以为然地回答说："吾闻国君服宠以为美，安民以为乐，听德以为聪，致远以为明。不闻其以土木之崇高彤镂为美，而以金石匏竹之昌大嚣庶为乐。不闻其以观大、视侈、淫色以为明，而以察清浊为聪也。"① 伍举否定了楚灵王的看法，指出君王因为有德行才受到尊敬，而不以把台阁修得高、漆得红、刻得精为美。伍举还指出："先君庄王为匏居之台，高不过望国氛，大不过容宴豆，木不妨守备，用不烦官府，民不费时务，官不易朝常。""先王之为台榭也，榭不过讲军实，台不过望氛祥。"② 意

---

① 徐元诰：《国语集解》，北京：中华书局2002年，第493—494页。
② 徐元诰：《国语集解》，北京：中华书局2002年，第494页。

思是楚庄王制造匏居之台是为了能看到阴阳相交的气象，台的高度和规模都符合礼制的规定，台的建造尽量不用城防战备的材料，费用不超过国库允许的限额，老百姓不因建台而荒废了农时，朝廷官吏不因建造台阁而耽误了正常政务。匏居之台虽无富丽堂皇的外表，却使人感到很美。伍举的这一段话，突出地反映了春秋时期贵族对美的思考，也反映出春秋时期正经历着一个美的转型阶段，存在着重视感观刺激的视觉之美，如器物的雕琢和宫殿台榭的高大、色彩的绚丽等，与政治上的清明、道德上的完美两种美的交融与冲突。接着伍举对美下了一个定义："夫美也者，上下、内外、大小、远近皆无害焉，故曰美，若周于目观则美，缩于财用则匮，是聚民利以自封而瘠民也，胡美之为？"① 这是一个以德行为美的定义，它反映了以礼仪规范为行为标准的美学观念发生动摇以后，人们寻找新的行为规范和新的审美价值的努力。

西周贵族虽然也有对德行的关注，但直接呈现出来的却是对器物服饰的华美和人的行为的文雅之美的关注。进入春秋时期，贵族无可怀疑的统治地位受到了冲击，这就使原有的以重视纹饰美为特征的审美观念受到冲击。因而整个春秋时期审美讨论的一个焦点问题就是，发展外在的文饰之美还是发展事关贵族存亡的德行和政治之美的思考。讨论的结果是人们逐渐认识到旧贵族所追求的举止言谈之美和文饰之美已经过时，在新的时代，应当将德行和才能以及人品之美作为根本。因为在西周时期，贵族尊贵与否的标准在于他们的行为举止是否谨慎适度，在于他们是否拥有周王赐予的华贵服饰和车马，以及在礼制的范围内所能建造的宫殿的高度和田产土地的多寡；但是到了春秋时期，这些都成为动态的东西，甚至是随时都有可能在

---

① 徐元诰：《国语集解》，北京：中华书局2002年，第495页。

激烈的争夺中失去的身外之物，于是人们将审美的焦点放在对德行的关注上。

五、人的自由与审美的自由

在商周审美活动中，人的审美权力不但被限定在等级范围之中，而且由于对神灵有着敬畏意识，因而对审美对象也有着敬畏感。但是到了春秋战国时期，随着科学技术的发展，人们对世界的解读越来越理性化、科学化，因而神灵对人的威慑力开始弱化。表现在审美领域，则是神秘恐怖色彩的弱化，以及人文精神的上升。如青铜器上的文饰从具有神秘气息的饕餮纹题材，开始演变为对宴乐、射猎、农事等生活场面的刻画。这表明青铜器作为沟通神人的礼器的价值的衰微，人们关注的焦点已经由神灵转移到人间生活和现世享乐方面。这是人的自由与审美的自由。

这种审美的自由境界在《左传》中也有记载。《左传·襄公十年》记载，宋公享晋侯于楚丘，宋国准备用桑林之舞来享晋侯。晋大夫荀罃知道晋侯不应该享用此乐，所以建议不要用桑林之乐，但荀偃和士匄表示愿意尝试。结果当拿着雉羽点缀着竿首，五色羽毛点缀着旌旗的乐队一入场，晋侯就被吓得退入房中。宋国乐师去掉了这些带有五色羽毛的旗子继续表演，可是，晋侯享用完这样的乐舞回国途中，经过著雍时，就病倒了。经过占卜发现是桑林之神在作怪。从这件事可以看出，当时的人已经不在乎艺术中的神性，已经没有敬畏意识了，审美享乐具有很大的自由度。但毕竟神灵还是存在的，并对人有一定的影响。这件被记载在《左传》中的故事，具有文化隐喻的性质，它说明审美的自由与神灵观念在春秋战国时期同时存在。

《左传·闵公二年》记载，冬十二月，狄人伐卫。卫懿公好鹤，甚至让爱鹤乘坐着轩车。战争前，国人都说，还是让鹤去参加战斗吧！鹤享有禄位，我们怎么能去战斗呢？卫懿公对鹤情有独钟，这是等级礼制社会中的一种超越于等级审美范畴之外的审美追求，但是卫懿公不仅仅是喜爱鹤，他是对鹤有着超乎寻常的爱，甚至给鹤饰以文秀，使其乘着轩车。轩车是大夫以上的贵族才可乘坐的车子。难怪将要上战场了，国人却了无斗志，还挖苦说"让鹤去打仗吧"，"鹤享受着人一样的优待，我们算什么呢？"果然，在狄人与卫的战争中，卫被打得大败。在诸侯争霸、狄人不断入侵的历史时期，难得卫懿公对鹤产生珍爱之情，这实在是审美追求的一个新的领域，表现了人和动物的平等对话关系。然而，这一自由审美情趣也因为不合时宜而给他带来了灭顶之灾，表现出审美脱离了一定的历史条件和背景的悲哀。

《国语·楚语》记载，楚国有个大臣屈到非常喜欢一种叫做芰的植物，在自己病重将要死去的时候，甚至嘱咐其家臣说，他死以后，就用芰来祭他。等到屈到死后祥祭之时，宗老根据屈到的遗愿要用芰来祭祀，却遭到了屈到的儿子屈建的反对。屈建命令去掉用来祭祀的芰。宗老解释说，这是夫子的遗愿。屈建说："不然。夫子承楚国之政，其法刑在民心，而藏在王府，上之可以比先王，下之可以训后世，虽微楚国，诸侯莫不誉。其《祭典》有之曰：'国君有牛享，大夫有羊馈，士有豚犬之奠，庶人有鱼炙之荐，笾豆脯醢则上下共之。'不羞珍异，不陈庶侈，夫子不以其私欲干国之典。"[①] 最后只好不用芰来祭祀。屈建宁愿违背父亲的遗愿，也要用符合礼仪规范的祭品来祭祀父亲，使屈到的审美追求成为永远的遗憾。这件事表明等级礼制与等级礼制之外的审美追求之间的矛盾冲突是相当尖锐的，人们处于自由审美与礼制范畴之审美两种审美趋向的纠结之中。

---

① 徐元诰：《国语集解》，北京：中华书局，2002年，第488页。

从以上前诸子时代，有关美的思考可以看出，礼乐文化的崩坏作为一个重要的社会事件，给人们的生活和思想带来很大冲击，在有关社会问题的讨论中，也涉及到了文艺和美的思考。而且从有关美的议论中，可以发现周人对美学思想并没有专门的论述，即没有将其抽象化为一种带有普遍性的理论，而是隐含在对具体的事件的评论之中。这是整个周代美学的一个特征。换句话说，周代有关于美的思考，但没有对美学规律的抽象概括和总结，审美观念隐含在对具体事件和现象的评论和分析。

第五章 儒家的礼乐文化情结及其文艺美学思想

春秋战国时期，面对着礼乐文化崩坏的现象，各家各派都表明自己的态度，并力求指出社会发展的方向。道家、墨家、法家等基本上都是以批判的态度来对待礼乐文化的，只有儒家有着深厚的礼乐文化情结，积极努力地揭起礼乐文化的大旗，弘扬礼乐文化的艺术精神。但是孔子、孟子、荀子身处不同的历史时期，面对不同的社会问题，对礼乐文化精神也有着不同的理解，从而形成了儒家学派中各家的差异。

第一节 没落贵族孔子对礼乐文化的态度

孔子作为没落的贵族，力求恢复礼乐体制和贵族的生活秩序。但是孔子作为没落贵族，没有世袭的贵族身份，没有尊贵的社会地位，加之到春秋晚期贵族文化大势已去，这使孔子处于尴尬的境地。孔子虽在积极维护礼乐文化，却没有能力真正恢复礼乐文化。

一、作为贵族的孔子及其礼乐文化情结

孔子有着贵族血统。《左传·昭公七年》记载，鲁国贵族孟僖子临死前终于认识到了礼对人的重要性，也想到了孔子，并对孔子的贵族血统进行了回顾："吾闻将有达者曰孔丘，圣人之后也，而灭于宋。其祖弗父何以有宋而授厉公。及正考父，佐

戴、武、宣，三命兹益共……"① 弗父何是孔子的第十代祖先。弗父何本可以作宋国的国君，但让位于他的弟弟，即宋厉公。正考父是孔子的第七代祖先，他曾连续辅佐宋国三公即戴公、武公和宣公。正考父在任时，不骄傲奢侈，谦逊俭朴。孔子的父亲叔梁纥立了两次战功，一次是在逼阳之战中，一次是在齐君围困防邑时。孔子三岁时，叔梁纥去世。孔子与母亲迁居到鲁国国都曲阜城内的阙里生活。孔子童年的生存环境因为资料的缺乏已不可知，但从《史记·孔子世家》的记载"孔子为儿嬉戏，常陈俎豆，设礼容"②可知，孔子童年时可能生活在一个贵族礼乐文化较为浓厚的氛围之中，所以有机会受到礼乐文化的熏陶。孔子7岁进入乡学学习。乡学是官办的学校，不收平民子弟入学，孔子因为先祖是贵族才有资格进入乡学学习。以上资料说明孔子有着贵族血统，受到过贵族文化的熏陶。

成年以后的孔子，虽没有世袭的封邑，不属于世袭贵族，但也曾跻身于贵族的行列。孔子是鲁国的大夫，并出任过司空、司寇。《史记·孔子世家》记载："定公以孔子为中都宰，一年，四方皆则之。由中都宰为司空，由司空为大司寇。"③尤其在孔子任大司寇期间，作为相礼，辅佐鲁君到夹谷参加鲁齐两国的盟会。孔子在复杂的诸侯国形势面前，能随机应变，以礼服人，为鲁国赢得了声誉。孔子后来周游列国期间，在卫国，卫灵公以粟六万礼遇孔子。在齐国，齐景公准备以尼谿之田封孔子。在楚国，昭王准备以书社之地七百里封孔子。虽然齐、楚两国封孔子田邑之事，因为种种原因都没有实现，但是这些事件都使孔子感觉自己在贵族社会中还是有价值的。从孔子的经历来看，孔子属于春秋晚期到战国时期依靠才能而进入贵族生活圈

---

① 杨伯峻：《春秋左传注》，北京：中华书局1990年，第1295页。
② 司马迁：《史记》，北京：中华书局1982年，第1906页。
③ 司马迁：《史记》，北京：中华书局1982年，第1915页。

第五章　儒家的礼乐文化情结及其文艺美学思想

的士阶层,但是由于他自己有着贵族的血统,甚至也有可能享受到封邑,尤其在当时贵族势力依然存在的情况下,这几个方面的因素使孔子也自认为是贵族,并且自视甚高。

同时,孔子从各个方面都以贵族的行为规范约束自己,他"非礼勿视,非礼勿听,非礼勿言,非礼勿动",① 时时处处表现出贵族的样子。《论语·乡党》记载孔子的行为举止:"入公门,鞠躬如也,如不容。立不中门,行不履阈。过位,色勃如也,足躩如也,其言似不足者。摄齐升堂,鞠躬如也,屏气似不息者。出,降一等,逞颜色,怡怡如也。没阶,趋进,翼如也。复其位,踧踖如也。"② 可以说,孔子的仪容仪态是礼仪的典范。尤其是孔子作为相礼出使他国,揖让周旋更是符合礼仪,表现出贵族气派。孔子日常饮食时,"鱼馁、肉败,割不正,不食。席不正,不坐。"③ 孔子践行的是贵族的饮食方式,饮食不但精细,而且注重饮食礼仪。

孔子希望自己在外在形象方面也像一个贵族。《论语·乡党》记载孔子关于服饰的认识:"君子不以绀緅饰,红紫不以为亵服。当暑,袗絺绤,必表而出之。缁衣,羔裘;素衣,麑裘;黄衣,狐裘……羔裘玄冠不以吊。吉月,必朝服而朝。"④ 不以绀色和緅色为饰,不以红紫为亵服。夏天,穿着葛制作的衣服出门,外面一定要再穿一件衣服等等,这些都是符合贵族着装标准的行为。《礼记·玉藻》记载:"孔子佩象环五寸而綦组绶。"⑤ 象环五寸,燕居佩之,非礼服之正佩。孔子燕居时,佩的是象牙制的环,用的是杂彩组绶,这也是符合礼仪规范的行

---

① 杨伯峻:《论语译注》,北京:中华书局1962年,第130页。
② 杨伯峻:《论语译注》,北京:中华书局1962年,第105页。
③ 司马迁:《史记》,北京:中华书局1982年,第1940页。
④ 杨伯峻:《论语译注》,北京:中华书局1962年,第106—107页。
⑤ 孙希旦:《礼记集解》,北京:中华书局1989年,第823页。

为。《论语·乡党》记载，孔子生病后躺在床上，国君去看望他，他头朝东，身上盖着朝服，拖着绅带。看来，即便是死神在召唤，孔子也要表现出贵族的做派。

因为孔子看重的是贵族的生活方式，所以对生产和劳作等体力活是看不上眼的。《论语·子路》中记载，樊迟请教种庄稼方面的事情，孔子说，"吾不如老农"，请教种菜方面的事情，孔子说："吾不如老圃。"等到樊迟出去了，孔子说，樊迟是个小人啊！孔子之所以痛斥樊迟，是因为在孔子看来，贵族式的教育所学习的内容应当是诗、书、礼仪，而不是工、农等阶层所应具备的实际生存能力。

二、生不逢时的没落贵族无法挽救礼乐文化崩坏的局面

虽然孔子有着贵族血统，但孔子出生时，家道早已衰落。在《论语·子罕》中，孔子讲自己："吾少也贱，故能多鄙事。"[①] 为了维持生计，孔子做过许多事情，如做过管牛羊的小官，做过仓库管理员。虽然孔子时时处处都表现得像一个贵族，也时常跻身贵族行列，但是事实上，却很难真正融入到贵族社会之中。《史记·孔子世家》记载："孔子要绖，季氏飨士，孔子与往。阳虎绌曰：'季氏飨士，非敢飨子也。'孔子由是退。"[②] 即孔子母亲死后不久，孔子还为母亲佩戴着腰绖之孝。鲁国贵族季孙氏请士一级的贵族飨宴。孔子也去了，但是遭到了季氏家臣阳虎的拒绝。可以说，这是孔子自以为是贵族，也试图进入贵族社会所遭受的一次打击。在毁三都失败后，孔子还幻想着季桓子能在鲁国有所作为，希望鲁国在举行郊祭之后，将祭祀的祭肉送给自己一块。孔子说："鲁今且郊，如致膰乎大夫，

---

① 杨伯峻：《论语译注》，北京：中华书局1962年，第95页。
② 司马迁：《史记》，北京：中华书局1982年，第1907页。

第五章 儒家的礼乐文化情结及其文艺美学思想

则吾犹可以止。"① 可以说,孔子将能否领到祭肉看成自己是否被鲁国贵族阶层认可的一个标志。但是国君终于"不致膰俎于大夫"②。孔子非常失望,只好离开了鲁国。

孔子虽然也像贵族一样地生活着,但是他不是世袭贵族,没有封邑,这就注定了孔子的悲剧命运,更何况他所处的是一个贵族统治本身已经衰弱、贵族文化呈现出衰微之势的历史时期。当时各诸侯国女乐流行,《史记·孔子世家》记载齐国在与鲁国夹谷会盟时奏"四方之乐",又有"优倡侏儒为戏而前",后来又"选齐国中女子好者八十人,皆衣文衣而舞《康乐》,文马三十驷,遗鲁君"③,鲁君终日沉迷于齐国送来的八十个歌舞女子之间,三日不听政,怠于政事。从这些记载可以看出,春秋时期音乐艺术逐渐摆脱了礼制的束缚,开始追求满足个体的声色之欲。从贵族的政治方面来说,齐国的大臣陈成子杀了国君简公,在孔子看来这简直是不得了的事情,所以孔子严肃认真地沐浴而朝,并请讨伐这种不仁不义的行为,但是,哀公却说"去报告给三桓吧"。这真是一个令人失望的时代。自认为是大夫的孔子,对陈成子弑君这种威胁到贵族等级秩序的事,还是不忍心不闻不问,最终还是到了三桓那里,再次申述:因为我名列大夫之后,所以不敢不将陈成子弑君之事告诉给你。孔子的言语中流露着无以复加的悲哀和无奈。处于一个贵族统治衰败的时代,孔子还自认为是个大夫,还对贵族社会抱着一丝幻想,依然在维护贵族的等级礼制,但是他的行为却显得是那样的不合时宜。

孔子是积极寻求入仕的,他说:"吾岂匏瓜也哉?焉能系而

---

① 司马迁:《史记》,北京:中华书局1982年,第1918页。
② 司马迁:《史记》,北京:中华书局1982年,第1918页。
③ 司马迁:《史记》,北京:中华书局1982年,第1918页。

不食？"①表示自己不愿意像个匏瓜一样没用地挂在那里。有一次子贡说，假如有一块美玉在这里，是把它放在柜子里藏起来呢，还是找一个识货的商人卖掉？孔子说："沽之哉！沽之哉！我待沽者也。"②孔子愿意积极参与到贵族政治中去。但是，更多的时候孔子还是处于无人问津的状态，甚至处于被嘲笑的尴尬境地。在周游列国时，有一次孔子与弟子们走散了，独自站立在郑国的东门。一位郑国人对子贡说，他看见一个人站在东门外，奔走疲惫，茫然无所适从，"累累若丧家之狗"。③"丧家之狗"成为孔子在春秋时期形象的象征。

然而如丧家之狗的处境和从小贫贱的出身也使孔子练就了对贫贱安然处之的心态，孔子说："富而可求也，虽执鞭之士，吾亦为之。如不可求，从吾所好。"④富贵是可以追求的，但是假如追求不到，就应当保持着超然处之的心态。尤其是当孔子被围困在陈蔡之间时，即使断了粮草，从者生病，孔子还能说出"君子固穷，小人穷斯滥矣"⑤这样的话。《论语·里仁》篇中，孔子说，一个人志于道，却又以自己吃粗粮穿破衣而为耻辱，这样的人，就不值得与他谈论了。子路感慨贫穷的悲哀，说父母在世时，自己没有钱财奉养，父母去世了，自己又没有钱财置办丧礼。孔子说："啜菽饮水，尽其欢，斯之谓孝。敛首足形，还葬而无椁，称其财，斯之谓礼。"⑥孔子的观点是，即使是吃豆粥，喝清水，只要能让老人开心，这就是对老人的孝敬。老人去世了，衣被能够遮盖头首四肢形体，入殓后就埋葬，

---

① 杨伯峻：《论语译注》，北京：中华书局1962年，第190页。
② 杨伯峻：《论语译注》，北京：中华书局1962年，第98页。
③ 司马迁：《史记》，北京：中华书局1982年，第1921页。
④ 杨伯峻：《论语译注》，北京：中华书局1962年，第74页。
⑤ 杨伯峻：《论语译注》，北京：中华书局1962年，第168页。
⑥ 孙希旦：《礼记集解》，北京：中华书局1989年，第278页。

没有外椁,只要办理丧事的花费和自己的财力相称,这就可以称作礼了。在贫贱的生活中,孔子有着对物质、名利和欲望的超越精神。这种生存理念与世袭贵族在优越和丰厚的物质财富中对符合等级礼制规范的美的欣赏有所不同,甚至可以说,因为贫穷,孔子在一定程度上否定了礼的仪式化特征。这种以求得心安为礼的作法是贫贱者的生存哲学和审美观念。所以说,孔子虽然极力遵循贵族的生活方式,虽然极力推崇礼乐文化,但是作为一个出身贫贱者,他又没有能力真正推行西周礼乐文化的礼仪程式,这样,礼乐文化"繁文缛节"的特点,注重形式的特点,一定程度上都不能得到很好地实现。

生于贫贱与生不逢时,造成了没落贵族孔子的悲剧命运。孔子是贵族文化在春秋末期的代表人物,孔子的命运也就是贵族文化在春秋末期的命运。贵族文化的衰败是孔子的悲哀,也是时代的悲哀。

第二节 没落贵族孔子的文艺美学思想

作为贵族,孔子力求维护贵族的审美趣味,坚持礼乐教化观念;但身处困境,孔子又一定程度上超越了礼乐文化的外在形式,而将礼乐文化欲达到的伦理教化目的放在更为重要的位置上,从而使礼乐文化所蕴含的艺术精神发生了变化。

一、贵族立场与孔子的诗学观念

(一)站在贵族的立场上言说诗的价值

对艺术和生活从审美的角度进行鉴赏,这是孔子本人作为贵族阶级所特有的对诗化生活的追求。反过来说,对挣扎在大田里的农民和常年身处手工作坊中的工匠而言,有的只是对食物的食用性的认识,不可能有更多的机会去对生活进行审美感悟。对生活的意义从审美的角度进行观照，对艺术进行审美鉴赏是贵族阶级所特有的行为方式。

孔子重视诗的学习，首先是因为在孔子的时代，诗是贵族外交能力的体现，诗在贵族生活中扮演着重要的角色，在外交场合中赋诗得当就会赢得诸侯的尊重；而不懂诗，则有可能造成尴尬的外交局面。这是因为，西周时期的贵族身份和地位具有先验的必然性，而春秋时期贵族统治的合法性以及自身的贵族身份却需要不断地证明，贵族的存在需要维护，而诗的修养以及外交中的赋诗应变能力是贵族身份的重要标志。因而孔子非常重视培养弟子的诗学修养。孔子说："诵《诗》三百，授之以政，不达；使于四方，不能专对；虽多，亦奚以为？"[1] 学习了诗却不能达到外交的目的，学诗有什么用呢？在孔子看来，诗之美首先在于有用，这是文艺工具化的理论主张。诗在当时的贵族生活中有着这样重要的作用，因而孔子非常重视子弟的诗学修养。孔子对伯鱼说："女为《周南》、《召南》矣乎？人而不为《周南》、《召南》，其犹正墙面而立也与？"[2] 一个没有受过正规诗乐训练的人，在贵族社会中，是没有立足之地的，就像面对着墙站着一样。孔子还对伯鱼说："不学诗，无以言"、"不学诗，无以立"[3]，不学诗，言说就失去了根据，不学诗，便没有立足社会的根据。

孔子之所以主张人们学习诗乐，另外一个目的是希望将每一个人都培养成懂得礼乐诗书的贵族。即学习诗乐的目的不在于满足个体耳目之欲和抒发个体的情感，而在于使每一个成员都成为懂得贵族行为规范的人。在《论语·泰伯》中孔子说：

---

[1] 杨伯峻：《论语译注》，北京：中华书局1962年，第142页。
[2] 杨伯峻：《论语译注》，北京：中华书局1962年，第192页。
[3] 杨伯峻：《论语译注》，北京：中华书局1962年，第185页。

"兴于诗，立于礼，成于乐。"① 这是说，诗、礼、乐都是人生修养的一个部分。《论语·阳货》中孔子说："小子何莫学夫诗，诗，可以兴，可以观，可以群，可以怨。迩之事父，远之事君；多识于鸟兽草木之名。"② 诗的几种主要功能兴、观、群、怨，无不指向贵族的统治利益。学诗的目的就是将人通过诗的方式规训为一个有修养的人，培养成一个懂得贵族礼乐文化规范的人。

孔子评论诗乐的标准也是明确地站在贵族立场上的。孔子认为衡量诗的标准就在于看其是否符合贵族的伦理秩序，是否利于贵族的统治。《论语·八佾》中讲："子谓《韶》，尽美矣，又尽善也。谓《武》，尽美矣，未尽善也"③，就是孔子对音乐的伦理道德功能的强调。《韶乐》是歌颂上古理想社会虞舜之乐舞，它所以得到孔子的青睐，是因为孔子认为它尽善尽美；而在孔子看来，《武乐》虽然威武雄壮，但是从伦理观念来讲，毕竟有以下犯上、篡弑君主之嫌，不利于维护贵族社会的等级制度，所以就显得不够善。

（二）张扬贵族的文饰美

注重文饰是周代贵族生活方式的重要特征。文饰既是贵族行为符合仪节的周旋揖让之美，也是贵族的车服器用之美。文饰既丰富着贵族的生活世界，又是贵族等级的标志。孔子对文饰之美的喜好是对周代贵族文饰审美观念的继承，孔子说："郁郁乎文哉！吾从周。"④ 在孔子看来，"文"就是人类的文化，既包括典章制度和礼、乐、射、御、书、数等人的生存技能，又包括文章的文采和人的服饰等。所以孔子说，周代的文化"郁

---

① 杨伯峻：《论语译注》，北京：中华书局1962年，第87页。
② 杨伯峻：《论语译注》，北京：中华书局1962年，第192页。
③ 杨伯峻：《论语译注》，北京：中华书局1962年，第36页。
④ 杨伯峻：《论语译注》，北京：中华书局1962年，第30页。

郁乎文哉"。而周代的文饰又是以夏商两代为根据的。孔子说尧是很伟大的，"巍巍乎其有成功也，焕乎其有文章"[1]，说禹把对鬼神的祭品办得极丰盛，把祭祀的衣冠做得极华美。并且文饰是在基本生活得以保障的基础之上才有能力进行的活动，因而"文"具有贵族性，正如《论语·学而》中所说："行有余力，则以学文。"[2]只有那些生活条件优越、无衣食之忧的人才适合学文。

但是到了春秋时期，一方面礼仪逐渐与礼的精神实质相脱离，另一方面车服器用之美逐渐与贵族的身份不相称了。针对这些问题，孔子积极主张"名实相称"，"文质相称"。在《论语·雍也》中，孔子说，"质胜文则野，文胜质则史。文质彬彬，然后君子"[3]，就是说，朴实多于文采，就未免粗野；文采多于朴实，就未免虚浮。只有文采和朴实相得益彰，才是君子风度。后人更多的时候用这段话来说明文章的内容和形式的关系，事实上孔子在这里说的是人的文饰和人的实际名分以及精神实质的关系问题。在春秋时期，有很多人单纯追求车子和服饰的华美，而不懂得礼仪，这样的人，在孔子看来就是文饰太多，而没有内在的贵族精神气质。如庆封生活奢华放荡，好田猎且嗜酒，乘着华美的车子却不懂得礼仪，反倒遭到贵族社会的嘲笑。反过来讲，像晏平仲那样，在祭祀祖先时祭品小到盖不住豆，穿着洗涤过多次的衣服去上朝，这同样是对礼制之美的违背。质朴胜于文饰，就显得粗野，所以孔子认为只有文质彬彬的人才是君子。《论语·颜渊》篇中也有对这个问题的讨论。当卫国大夫棘成子说，君子只要有好的本质便够了，要那些外在的文采、仪节、形式干什么时，子贡就说，先生这样谈论君子是不

---

[1] 杨伯峻：《论语译注》，北京：中华书局1962年，第90页。
[2] 杨伯峻：《论语译注》，北京：中华书局1962年，第5页。
[3] 杨伯峻：《论语译注》，北京：中华书局1962年，第65页。

对的。文采和质地应当是一回事。虎豹和犬羊的区别既在外在的文采,又在内在的本质,可见文采装饰也是很重要的。换句话说,君子的行为是否符合仪节之美以及君子是否有内在的贵族精神气质,这两个方面同样很重要。

二、礼崩乐坏文化语境下孔子的礼乐审美观念

(一)在批判违礼现象中建构自己的艺术观念

在文艺思想方面,礼乐文化的崩溃已经呈现不可挽回之颓势,但是孔子依然在张扬着贵族的礼乐文化。然而从生存境域来看,孔子与西周时期的贵族已大不相同。西周时期,天子是统治的中心,礼乐规范就是贵族普遍遵循的行为规范,贵族的行为大多体现了礼制的要求,所以显得悠然自得;但是到了孔子所处的春秋晚期,贵族的礼乐文化受到巨大冲击,孔子虽力求恢复礼乐文化,但他的心境已不能像西周和春秋前期的贵族那般平和与悠然。与西周贵族相比,孔子的言说中多了一些愤愤不平之气。如对季氏僭用天子八佾之舞的现象,孔子愤愤不平地评论说:"八佾舞于庭,是可忍也,孰不可忍也?"[1] 孔子看到鲁国仲孙、叔孙、季孙三家大夫在祭祀祖先时,唱着《雍》这首诗来撤除祭品,就说,《雍》中的话"相维辟公,天子穆穆"与三桓的祭祀在哪一点上是相符合的呢?看到臧文仲雕刻斗拱和藻饰梁上的短柱,孔子说:"臧文仲居蔡,山节藻棁,何如其知也?"臧文仲的这种作法怎么能称得上聪明呢?因为对音乐的社会功用的强调,所以孔子多次对等级礼制之外的郑卫新声进行抨击,力主"放郑声,远佞人"[2],认为"恶紫之夺朱也,恶郑声之乱雅乐也,恶利口之覆邦家者。"[3] 紫色、郑声、利口

---

[1] 杨伯峻:《论语译注》,北京:中华书局1962年,第25页。
[2] 杨伯峻:《论语译注》,北京:中华书局1962年,第171页。
[3] 杨伯峻:《论语译注》,北京:中华书局1962年,第194页。

这三者都不属于周代贵族正统文化的范畴，在孔子所处的时代，它们以不可阻挡之势对正统的礼乐体制形成巨大的冲击。这对于推崇西周礼乐文化的孔子来讲，自然是不能接受的。孔子所倡导的是像《关雎》中"乐而不淫，哀而不伤"①那样的贵族正统文化，孔子对礼乐文化的理解就是："行夏之时，乘殷之辂，服周之冕，乐则《韶舞》。"②春秋晚期，人们对三代以来的文化体制进行了更多的反思，所以与西周贵族相比，孔子更深地认识到了礼乐文化的意义不仅仅在于外在形式符合贵族行为规范，更重要的是礼乐文化对整个社会秩序的稳定具有重大的意义。也是因为有这样的深刻认识，孔子才积极维护礼乐体制，甚至到了知其不可为而为之的地步。

在礼乐文化逐渐衰微的历史时期，孔子担当着维护礼乐文化的重任，不断在对不合礼仪的现象的批评中建构着自己的文化理想，力求恢复西周礼乐文化。

（二）反思礼仪中情和礼的矛盾问题

遵循礼制虽然有利于群体之间的相互约束，但是礼对个体情感的确具有一定的禁锢作用。春秋时期，礼乐文化衰败，个体的生命存在逐渐受到关注，当个体欲望逐渐觉醒萌动之时，礼与情的关系就成为人们普遍关注的一个焦点。

孔子对礼与情的关系也有一定的思考，但是从孔子的言论中可以看出，孔子对礼与情的理解也处于一种矛盾状态之中。如《礼记·檀弓上》记载，鲁国有个人为父母服丧期满，早上举行了除丧的祭礼，脱掉了祭服，晚上就唱起歌来。孔子的弟子子路听到后就嘲笑这个人。孔子说，子路你责备别人就没完没了了吗？人家能服三年之丧，时间已经够久的了。但是，等

---

① 杨伯峻：《论语译注》，北京：中华书局1962年，第32页。
② 杨伯峻：《论语译注》，北京：中华书局1962年，第171页。

到子路出去以后，孔子又慨叹说，其实也等不了多久了，过一个月再唱歌不是更好吗？从孔子对这件事情的态度中，可以感觉得到孔子在情与礼之间的徘徊心态。按礼的规定来说，脱掉丧服就可以弹琴唱歌了，但从情的角度来看，真的脱掉丧服心里就高兴到能大声歌唱的地步了吗？从人的自然情感来说，三年的丧期太长，但从礼的规定来说，小孩子三年才可以离开父母的怀抱，等到父母老死，按礼就应当为他们服三年之丧。《礼记·檀弓上》还记载，子路为姐姐服丧，到了可以解除丧服的时候，他还没有脱掉丧服，孔子就问，为什么不解除丧服呢？子路说，我的同胞手足少，不忍心到期就解除丧服。孔子听了后说，为已经出嫁的姐姐服丧九个月，这是先王规定的礼法，要说不忍心，实行礼法的人都不忍心了。子路听了这话，也就把丧服脱了。这里所涉及的问题还是情与礼的矛盾和冲突。还有孔子的妻子死了，他的儿子伯鱼在母亲丧期已满一年时还在哭泣，孔子知道了就说，这也太过分了吧！因为按礼法规定，如果父亲已经不在世，母亲死了，儿子就可以为母亲服丧三年；但是如果父亲还在世，母亲死了，儿子就只能为其服丧一年。伯鱼的母亲死了，但是作为父亲的孔子还在世，所以孔子批评了伯鱼的做法。这实际上还是情与礼的一次冲突。伯鱼哭母亲，这是对母亲的真情流露，但这种自然情感是不合礼的。还有一次，弁邑有个人的母亲死了，他像小孩子一样地放声哭泣，孔子说："哀则哀矣，而难为继也。夫礼，为可传也，为可继也，故哭踊有节。"[1]孔子认为，从情感的角度看，悲哀是够悲哀的，不过别人很难跟着做。作为礼规来讲，是为了能够普及传布，是为了人人都可以随着去做。所以丧礼中的呼号和跳脚，要有一定的节度。但是有时候孔子又表现出对真情的重视，甚至认

---

[1] 孙希旦：《礼记集解》，北京：中华书局1989年，第210页。

为情可以重于礼。据《礼记·檀弓上》记载,有一天孔子在卫国看到有人送葬,就称赞说,好哇,这位送葬的,可以当作遵循礼规的标准了。学生子贡就问他为什么这么说,孔子说,那个孝子前往墓地去送柩车的时候,就像小孩子追随父母一样地啼哭依恋;埋葬后返回时,又像担心老人家的灵魂是否能够随自己返回似的迟疑不前。子贡说,那还不如赶紧回家举行安魂祭呢!孔子说,你们记住他吧,他那是内心真情的自然流露,我还做不到呢。在这件事情中,孔子将情感看得比礼制规定更加重要。孔子的时代,面临着许多情与礼相冲突的情况,在情和礼的张力中,人的自然情感和欲望正在解构着礼制规定。孔子也时常面对着这样一些不容回避的时代问题。

从总体上说,礼就是对人的自然性的约束,并且,力求通过约束人的自然情感而使人具有社会性。正如《礼记·曲礼上》所说:"鹦鹉能言,不离飞鸟,猩猩能言,不离禽兽。今人而无礼,虽能言,不亦禽兽之心乎!夫唯禽兽无礼,故父子聚麀。是以圣人作为礼以教人,使人以有礼,知自别于禽兽。"[①] 禽兽虽能言,但所有的行为都是出于本能,没有礼的约束。人别于禽兽,就在于人的行为受到礼的约束。人在群体生活中,要遵循一定的行为规范,而要建立一种共同遵循的行为规范,就必然要对个体的情感和欲望有一定的限制。但是要从情感正常抒发的角度对礼进行改进,那么,整个礼的体系也就面临着被否定和瓦解的可能性。春秋晚期,社会正面临着一种服从情欲还是服从礼制的抉择。以老庄为代表的道家学派主张从人的自然情欲出发,自自然然地生活;而以孔子为代表的儒家学派则坚持认为,人的存在应当关注到群体的和谐,而要关注到群体的和谐相处,自然就应当有一些相互约束的行为规范,礼就是这

[①] 孙希旦:《礼记集解》,北京:中华书局1989年,第10—11页。

样的行为规范,在礼的面前情与欲自然要受到一定的限制。正如《礼记·檀弓上》中记载的,当曾子对子思说,他为父亲守丧,七天里没有喝一口水,没有喝一口米汤时,子思说:"先王之制礼也,过之者,俯而就之;不至焉者,跂而及之。故君子之执亲之丧也,水浆不入于口者三日,杖而后能起。"[①] 子思指出,礼的意义在于让情感过重的人俯下身来迁就礼的规定,让情感淡漠的人,努力一下达到礼的标准,礼起到一种调节群体行为,使其趋于一致、协调的作用。

从情与礼的关系的讨论中,我们可以看到,春秋时期的许多美学原则虽然引起了人们的关注和讨论,但是因为社会处于一个新旧交替的时代,所以有很多问题都没有最后的答案。当然也可以说,所有的问题都是值得进一步思考的,都没有趋于僵化。

(三)生活的困境与孔子诗乐审美价值观念的嬗变

孔子不具有世袭的贵族身份,因而孔子不需要外在的力量来维护世袭的贵族身份。而且孔子所处的历史时期,生产力发展,神灵观念弱化,这也是孔子不关注天神的时代原因。《论语·述而》篇中讲到孔子"不语怪力乱神",《论语·八佾》篇中孔子讲"未知生,焉知死",从总体上表现出对鬼神观念的超越。孔子对于艺术的理解也受到了这一思想的影响。在孔子的诗论中并未提及诗的祭祀作用。关于诗的价值,孔子一方面将其作为贵族言说方式和外交能力的标志大力提倡,另一方面则更多地关注其修身养性的价值。所以说,孔子的文艺观念中基本没有神的位置。

作为没落贵族,孔子没有世袭贵族优越的社会地位,甚至在处于困境时连基本生活都无法保障,这促使孔子超越物质条

---

① 孙希旦:《礼记集解》,北京:中华书局1989年,第189页。

件的局限，表现出精神的富足。这种超越于外在功利束缚之上的生存态度是一种诗意的人生境界。这样的生活状态本身就是艺术化的人生境界，但已经不同于经济地位优越的西周贵族的艺术化的生活方式了。《论语·雍也》篇中孔子说："贤哉，回也！一箪食，一瓢饮，在陋巷，人不堪其忧，回也不改其乐。贤哉，回也！"①《论语·述而》篇中孔子讲："饭疏食饮水，曲肱而枕之，乐亦在其中矣。不义而富且贵，于我如浮云。"② 一箪食、一瓢饮之类的简单饮食，孔子认为只要精神富足，就是一个真正的君子。孔子对颜回的称赞也表明了自己对物质欲求的超越。这种安贫乐道、视富贵如浮云流水的人生态度使他成为一个精神贵族。而在《论语·子罕》篇中，孔子说："麻冕，礼也；今也纯，俭，吾从众。拜下，礼也；今拜乎上，泰也。虽违众，吾从下。"从这段话可以看出，孔子本着从俭、从简的原则来对待礼，这实际上是对礼的繁文缛节特征的颠覆。礼乐文化在孔子的内心深处是以具有文饰性为特征的，《论语·八佾》中讲："周监于二代，郁郁乎文哉，吾从周！"这是对周代礼乐文化精神的最高概括，然而，当面临困境时，孔子抛弃的恰恰是礼的这种文饰性特征。

这种诗化的生存态度也突出地表现在孔子对音乐的态度方面。孔子曾向师襄子学习鼓瑟，会演奏多种乐器。《论语·阳货》记载：有一次，一个叫孺悲的人想见孔子，孔子托言有病，拒绝接待。传话的人刚出门，孔子就鼓瑟而歌，故意让孺悲听见，表示自己不愿意见他。从这件事可以推知孔子是会鼓瑟的，而且在日常生活中常鼓瑟为乐。《礼记·檀弓上》记载："孔子既祥，五日弹琴不成声，十日而成笙歌。"③孔子为母亲服丧举

---

① 杨伯峻：《论语译注》，北京：中华书局1962年，第63页。
② 杨伯峻：《论语译注》，北京：中华书局1962年，第76页。
③ 孙希旦：《礼记集解》，北京：中华书局1989年，第182页。

行大祥祭后，按礼制规定过五日，就可以弹琴了，但是他拿起琴却弹不成声调，十天以后吹笙，才可以吹出乐调。这件事从一个侧面也说明孔子的生活中经常有着琴瑟之音。拥有音乐修养是当时贵族身份的一种标志。

但是，孔子对音乐的喜好，有两点值得注意：第一，在困顿的生活中，孔子通过音乐暂时摆脱了世俗生活的烦扰，进入艺术之境，获得了心灵的慰藉。如孔子被围困在陈蔡之间，却能超越困顿的生活，依然"讲诵弦歌不衰"[1]。《论语·宪问》记载："子击磬于卫，有荷蒉而过孔氏之门者，曰：'有心哉，击磬乎？'"[2]在艰难困顿中，孔子还能有心击磬，这在别人的眼里简直是不可想象的，所以荷蒉而过孔氏之门者，不解地说，还有心击磬？在这里，我们应该注意到，孔子所喜好的音乐已经不是辉煌的礼乐，而是心灵的音乐，是使孔子超越困顿生活的窘境而获得心灵慰藉的音乐；第二，孔子沉浸在艺术之境中，进入到一种诗化生活的境界，欣赏的是纯粹的音乐之美，他所关注的已不是贵族礼乐的意识形态功能。《论语·泰伯》载："师挚之始，《关雎》之乱，洋洋乎盈耳哉！"[3]即从太师开始演奏，直到结束时演奏《关雎》，孔子一直深深地被音乐的美感动着，他说，"多么美盛啊！那充盈在我耳朵中的乐曲！"孔子更加关注的是音乐悦耳的审美价值。又如《论语·八佾》中孔子对鲁国的乐官谈音乐的美："始作，翕如也；从之，纯如也，皦如也，绎如也，以成。"[4]从开始演奏，到乐曲演奏完的整个过程，孔子都是用心去领会和感受的，并且孔子对音乐有着深刻的理解。《论语·述而》篇讲："子与人歌而善，必使反之，而

---

[1] 司马迁：《史记》，北京：中华书局1982年，第1930页。
[2] 杨伯峻：《论语译注》，北京：中华书局1962年，第165页。
[3] 杨伯峻：《论语译注》，北京：中华书局1962年，第89页。
[4] 杨伯峻：《论语译注》，北京：中华书局1962年，第35页。

后和之。"① 这就是孔子对待音乐的态度,当他与人唱歌,唱到尽兴处,一定要求反复唱叹,然后自己又与他人唱和一遍。这时,音乐给孔子带来的是较为纯粹的审美体验和精神愉悦。

进一步说,孔子非常重视音乐的社会功用性,孔子的音乐理论就始于对维护贵族统治的雅乐的关注,但是在困顿的生活和艰险的处境中,音乐成为孔子摆脱生活烦扰的精神寄托。孔子从强调人的心理情感的合理调节,取得心态的均衡这一角度出发,不再关注外在于人、与个体生存和情感颇有距离的礼乐,而关注能给个体带来精神愉悦的音乐。音乐的这一超出于功利之外的意义,甚至连孔子都感到来得意外。《论语·述而》篇讲:"子在齐闻《韶》,三月不知肉味,曰:'不图为乐之至于斯也。'"② 三月不知肉味的音乐感受,我们是比较清楚的,问题的关键是,"不图为乐之至于斯也",即连孔子也没有想到《韶》乐有如此震撼灵魂的魅力。前面我们说过,周代贵族的艺术和审美是等级礼制之中的审美,是对作为贵族等级标志的美的鉴赏和追求。孔子一直在维护的就是贵族的这种等级礼乐体制,但是,音乐在不经意间成为他困窘生活中的心灵慰藉,成为他摆脱世俗烦扰的精神寄托。音乐对孔子的意义已经不是礼仪中的一个程序,而是一个有修养的人的心灵音乐。从艺术的意识形态出发,最后孔子将音乐当成了心灵的音乐。至此,我们可以说,贵族的等级礼乐在此暂时被悬置起来了,对贵族文化的张扬也暂时被悬置起来了。在春秋晚期,肃雍和鸣的贵族礼乐文化已经失去了存在的现实空间,即使是有孔子这样自以为是贵族,也对西周以来的贵族文化非常推崇的仁人志士的极力张扬,但是它的衰亡也是不可阻挡的。

---

① 杨伯峻:《论语译注》,北京:中华书局1962年,第81页。
② 杨伯峻:《论语译注》,北京:中华书局1962年,第75页。

第五章 儒家的礼乐文化情结及其文艺美学思想

同样，虽然孔子有着积极参与贵族社会治理的人生理想，但是，由于时常游离于贵族统治阶层之外，所以，感受诗意的人生，寻求精神寄托，对孔子来说，也是必然之事。《论语·先进》记载着孔子与弟子们在一起谈论各自志向的情景。子路、冉求、公西赤等几位弟子的理想都是对国家进行治理，使人们知礼仪，这三位弟子的理想也是孔子终生所追求和努力的方向。但是当曾点悠然地鼓着瑟，然后舍瑟而作，说自己的志向是"暮春者，春服既成，冠者五六人，童子六七人，浴乎沂，风乎舞雩，詠而归"[①]时，引起了孔子的共鸣。孔子对曾点远离世俗功利计较的生存境界表示由衷的欣赏。《论语·子罕》篇中，牢也转述孔子的话说："子云，'吾不试，故艺。'"[②] 意思是孔子说他不曾被国家所用，所以有机会习得一些技艺。不能够实现社会治理的理想，就在政治生活之外，开辟出一块精神的栖息之地，这就是一个没落贵族不知不觉间的人生抉择。但是值得注意的是，这块精神的栖息之地，已经不具有西周贵族生活艺术化的精神特征。这与周代贵族对现实生活之中具有政治意识形态的生活艺术的鉴赏已经不是一回事了，它是对意识形态审美一定程度的背离，是在政治意识形态之外享受光风霁月。

孔子的出发点是维护和张扬贵族的礼乐文化，但是当礼乐仅仅成为一种没有精神实质的外在礼仪形式时，孔子说："礼云礼云，玉帛云乎哉？乐云乐云，钟鼓云乎哉？"[③] 如果没有礼的精神实质，只剩下失去意义的空洞行为模式，要那些外在的礼仪有什么用呢？言外之意，礼的精神重于外在的形式，外在的形式是可以忽略的，但礼的内在精神是不可以没有的。《论语·

---

① 杨伯峻：《论语译注》，北京：中华书局1962年，第127页。
② 杨伯峻：《论语译注》，北京：中华书局1962年，第95页。
③ 杨伯峻：《论语译注》，北京：中华书局1962年，第192页。

八佾》篇中孔子还讲道:"人而不仁,如礼何?人而不仁,如乐何?"① 如果没有仁的精神,要礼有什么用?要乐有什么用?《礼记·仲尼燕居》中,孔子表示,如果一个人不仁不义,要外在的礼乐形式有什么意义呢?当子张问礼时,孔子说:"尔以为必铺几、筵,升降,酌、献、酬、酢,然后谓之礼乎?尔以为必行缀兆,兴羽籥,作钟鼓,然后谓之乐乎?"② 你以为具备了外在的几筵、钟鼓之类生活的文饰,或酌献酬酢的礼仪形式,这就是礼乐文化了吗?礼的本质应当是外在的文饰和内在的精神实质的一致。针对礼乐仪式流于外在形式的现象,孔子还强调说:"无声之乐,气志不违;无体之礼,威仪迟迟;无服之丧,内恕孔悲。无声之乐,气志既得;无体之礼,威仪翼翼;无服之丧,施及四国……"③ 孔子超越礼乐形式的思想在《说苑·修文》篇中也有相应记载:"孔子曰:'无体之礼,敬也;无服之丧,忧也;无声之乐,欢也。不言而信,不动而威,不施而仁,志也。钟鼓之声,怒而击之则武,忧而击之则悲,喜而击之则乐。其志变,其声亦变。其志诚,通乎金石,而况人乎?'"④ 在孔子看来,礼可以超越言语,超越钟鼓,超越服饰,礼就是内在的敬让精神,礼就是仁的精神。

孔子的目的是强调礼的精神实质和礼的外在艺术形式的统一,但是在多次对礼的精神的强调中,孔子在不经意间使西周贵族所追求的玉帛钟鼓、酌献酬酢的礼仪形式之美的重要性被忽视。时代的需要使人们有必要在礼的精神实质和礼的形式之间选择其一,孔子偏重于礼的精神实质,这实际上是对周代贵族诗意化的礼仪生活方式一定程度的超越,无形中使周代贵族

---

① 杨伯峻:《论语译注》,北京:中华书局1962年,第26页。
② 孙希旦:《礼记集解》,北京:中华书局1989年,第1273页。
③ 孙希旦:《礼记集解》,北京:中华书局1989年,第1276页。
④ 向宗鲁:《说苑校正》,北京:中华书局1987年,第497页。

第五章 儒家的礼乐文化情结及其文艺美学思想

的文饰之美被礼的精神实质所代替。正如侯外庐《中国思想通史》中所讲的："他（孔子）把礼、乐更观念化了，并且从道德情操方面出发，把礼、乐发展成为一套有系统的思想，批判了礼、乐的形式，强调了其中思维的内容。他虽然依据了诗、书、礼、乐的全盘西周形式，但从积极的意义上讲来，他具有改良古代宗教的精神。"① 孔子站在维护原有贵族等级制的角度，如此慨叹礼乐意义的沦丧，并力求维护贵族的礼乐文化，但是又有谁能阻挡贵族等级制的崩溃，又有谁能够阻拦音乐挣脱等级礼制的附庸地位而成为独立的、自由的审美领域？

（四）弘扬礼乐文化的象征艺术精神

礼乐文化的象征艺术精神和器物的道德伦理蕴含，在孔子这里最为集中地体现在他对玉的审美评价方面。《礼记·聘义》记载了孔子对玉石之美的认识：

> 温润而泽，仁也。缜密以栗，知也。廉而不刿，义也。垂之如队，礼也。叩之其声清越以长，其终诎然，乐也。瑕不掩瑜，瑜不掩瑕，忠也。孚尹旁达，信也。气如白虹，天也。精神见于山川，地也。圭璋特达，德也。天下莫不贵者，道也。②

这里将一切玉的自然之美都与人的道德精神联系起来。玉的色泽温润、柔和，这就像君子有仁；质地细密而坚固，这就像君子的智慧；棱角廉正而不伤人，这就像君子身上义的品质；佩戴整齐而垂下，这是君子知礼的表现；声音清越而长远，这就是乐的品质；瑕不掩瑜，瑜不掩瑕，这就是君子坦坦荡荡的

---

① 侯外庐：《中国思想通史》第一卷，北京：人民出版社1957年，第41页。
② 孙希旦：《礼记集解》，北京：中华书局1989年，第1466页。

精神气度；文采旁达而没有隐藏，好比是信誉；精气如白虹，好比是天；光彩露于山川，就像大地一样；精制成圭和璋，以及天下人莫不以玉为贵，这就好比是道。

从孔子对玉石之美的评价可以看出，孔子将玉石的自然之美与人的道德理念联系起来，使玉石的自然美转换成道德审美。这是中国审美历程中艺术的功利性演进的一个步骤。可以说，人们开始从关注玉器的身份等级标志，转而关注玉器的道德伦理蕴涵。礼乐文化本身就对德有所看重，但是礼乐文化关注的侧重点在于礼作为行为规范和等级划分标志的意义，而在孔子的时代，等级制已经衰微，因而孔子对作为贵族身份标志的玉器的关注，就转移到玉中所蕴含的伦理道德层面了。这是礼乐文化崩坏时期，器物审美观念的一次转型。然而到汉代时，这种"比德"的美学观念就更进一步变得牵强附会。尤其是在谶纬神学中"比德"美学观念与祥瑞思想结合在一起，使中国美学发展到僵化、死板的境地。

从以上分析可以看出，孔子是站在贵族的立场上言说的，他推崇的是贵族的礼乐文化和西周贵族的行为方式、精神修养。但是孔子出身贫贱，又处于一个贵族阶级和贵族生存方式走向没落的历史阶段，所以他表现出对个体心灵安顿的重视，积极追求超越于困顿生活境遇之上的诗意境界。尤其是孔子在张扬贵族礼乐文化的同时却将音乐当成心灵慰藉的栖息地。所以说孔子的思想和行为方式具有多层面性，孔子的思想中存在着西周和春秋两个时代的双重投影，存在着贵族和平民两重人格形成的张力。从孔子的思想和行为方式以及审美观念中，我们可以看到，西周贵族的生活境遇和贵族生活方式虽然得到一些没落贵族的极力张扬和维护，但是由于时代境域的变迁，贵族的生活方式和贵族的文化也会在张扬中趋于衰亡，孔子在维护贵族文化的同时却使贵族文化平民化、大众化，这些都说明在孔子的时代，贵族文化已经失去其存在的土壤，已经显现出不可挽回的颓势。

第三节 礼乐文化与孟子的文艺美学思想

一、孟子受到礼乐文化的熏陶

孟子（约前385年—前302年），名轲，战国中期邹人。孟子是春秋时期鲁国公室宗亲孟孙氏的后人，其父早逝，孟子从小得益于母亲的教导和环境的熏陶。《列女传·母仪篇》记载了孟母三迁的故事。《韩诗外传》卷九第一章也记载：孟子小时候，东边邻家杀猪，他就问母亲，邻居家杀猪干什么？孟母随口说，杀猪是为了给你吃肉。话一出口，孟母就意识到自己失言，然后反思自己"吾怀妊是子，席不正不坐，割不正不食，胎教之也。今适有知而欺之，是教之不信也。"① 于是，孟母买了东家的猪肉给孟子吃，以表示自己说的是真话。这则故事中不仅透露出孟母言传身教为孟子建立诚信人格的信息，也从一个侧面透露出，在孕育孟子时，孟母就能够以"席不正不坐，割不正不食"的行为规范约束自己。孟母显然是一位受礼乐文化影响较深的女性，这自然对孟子的思想和行为有一定的影响。

孟子曾受业于子思门人，而子思是孔子之孙，可以说孟子得到了孔子学说的真传。大约四十岁以前，孟子主要是在家乡聚徒讲学和为邹鲁等小国之君出谋划策。之后到齐国、宋国、滕国、梁国等国游历讲学，推行礼乐文化。孟子在滕国时，推行三年丧制、井田制，以及世卿世禄制等治国方案，富有一定的成效，引起了各学派的关注。

孟子在政治上发展了孔子的思想，形成了系统的"仁政"

---

① 许维遹：《韩诗外传集释》，北京：中华书局1980年，第306页。

学说。但是在当时,各国改革的目的都是为了富强称霸,都以为孟子的言论迂远而不切合实际,并不器重他。孟子认可礼制的等级特征,如《孟子·万章下》中,孟子说,召唤不同级别的人应当用不同的方式:"庶人以旃,士以旂,大夫以旌。"但是孟子不像孔子那样非要亦步亦趋地去践行礼乐文化对行为方式的规定。孟子对于天命也是认可的,但孟子更多的是在说到尧舜的统治权时,提到天命问题。《孟子·万章上》认为,舜主持祭祀,百神都来享用祭品,这表明天认可了他的统治;舜主持政事,老百姓对他放心,这意味着舜的统治获得了天和民的双重肯定。《孟子·万章上》还讲尧舜禹之间的禅让,也是天意使然。孟子虽然关注了天对人的作用,但更多的时候,将人的本能作为立论的根据。

二、良知良能学说与孟子美学思想的建构

孟子生活的时代,新兴地主在经济领域已获得重要地位。孟子在维持等级制和宗法制的基础上,把礼的适用范围扩充到新兴地主阶层,从理论上就打破了传统贵族世袭身份的合理性,甚至打破君权神授的神话,并进一步关注个体的人格修养。

孟子推翻君权神授和贵族世袭的理论根据是,人人都有良知良能。《孟子·公孙丑上》说,忽然看见小孩将要掉到井里,人人都会不由自主地产生一种惊骇之情。这并不是因为与这个小孩的父母有交情,也不是因为要在乡党朋友那里获得声誉,而是来自一种人的本能。由此,孟子推知人人均有恻隐之心、羞恶之心、辞让之心、是非之心。《孟子·告子上》中讲:"恻隐之心,人皆有之。羞恶之心,人皆有之。恭敬之心,人皆有之。是非之心,人皆有之。恻隐之心,仁也。羞恶之心,义也。恭敬之心,礼也。是非之心,智也。仁义礼智,非由外铄我也,

我固有之也，弗思耳矣。"① 这就是孟子所谓的"四端"。如同人人都具有四肢一样，"四端"之心，人天生而具有，无需验证，无需外来灌输。庶民与君子的分野也只在于是保存了还是丢弃了这"四端"之心。舜居于深山之中，与木石居，与鹿豕游，当此之时，舜与野人几乎是一样的；然而，舜能存此"几希"的"善端"，并扩充之，所以能"明于庶物，察于人伦"②。而庶民一旦能存此"几希"的"善端"，并扩充它，也可以成为圣人。这样，孟子就打破了旧贵族的世袭尊贵地位，大胆宣称："人皆可以为尧舜"，只要存善端，都可以成为圣王。孟子的这一观念打破了世袭贵族独享尊贵地位的美梦。

孟子这样立论的结果之一是将伦理道德奠基在人的本能之上，从而将外在的伦理道德约束变成人的内在本能欲求。《孟子·尽心上》指出："人之所不学而能者，其良能也。所不虑而知者，其良知也。孩提之童，无不知爱其亲者；及其长也，无不知敬其兄也。亲亲，仁也，敬长，义也。无他，达之天下也。"③年幼的孩子，没有不知道要爱他们的父母的，长大以后，没有不知道要尊敬兄长的。爱父母就是仁，敬兄长就是义，这没有别的原因，只是因为仁和义是通行于天下的本能。这样孟子就将伦理道德与人的本能联系起来，而在孟子那里本能具有形而上的、先验的性质。孟子认为，亲爱兄弟、仁义等都是生来就具有的，既不用后天学习，也不用思考判断。这样，伦理道德就变成了人的一种发自内心的欲求。所以他又说："君子所性，仁义礼智根于心，其生色也睟然，见于面，盎于背，施于四体，四体不言而喻。"④ 仁、义、礼、智"根于心"，就像四肢

---

① 焦循：《孟子正义》，北京：中华书局1987年，第757页。
② 焦循：《孟子正义》，北京：中华书局1987年，第568页。
③ 焦循：《孟子正义》，北京：中华书局1987年，第897—899页。
④ 焦循：《孟子正义》，北京：中华书局1987年，第906页。

之与人的身体一样，是一种天然的联系。由于仁、义、礼、智根于心，它们所产生的气色是纯正和润的，显现在脸上，充满在体内，延伸到四肢，四肢不必等它的吩咐，便明白该怎样做了。运用这种来自本能的欲求来治理国家，政治就变成了一种"不忍人之政。"《孟子·公孙丑上》讲："人皆有不忍人之心。先王有不忍人之心，斯有不忍人之政矣；以不忍人之心，行不忍人之政，治天下可运之掌上。"[1] 可见孟子将"不忍人之心"作为施行仁政的前提。孟子认为统治者只要有了"不忍人之心"，就能统一天下。《孟子·梁惠王上》中记载，梁惠王问他能否保民，孟子回答说，可以。孟子的根据就是某一日，王坐于堂上，有牵牛者过于堂下，当王知道将要用这头牛衅钟时，流露出了不忍人之心。孟子认为有了这样的仁慈之心，就可以实行仁政王道。

孟子这样立论的直接结果之二是否定了世袭贵族的权利和地位，提出臣可以反叛君主，甚至可以弑君的观念。孟子在齐国时，燕王哙把君位让给了相国子之。子之在国内实行了一些改革，沉重地打击了燕国贵族的势力，遭到了以太子平为首的燕国贵族的反对。燕国发生了内乱。齐宣王征求孟子的意见，问孟子是否可以伐燕。孟子认为，平定燕国内乱可以安抚燕国的百姓，为燕国选择一个贤明的君主，从而实行仁政，因而同意伐燕。在《万章下》中，孟子指出有贵戚之卿，有异姓之卿。贵戚之卿面对君主的大过，反复劝谏，君不听，则易君之位，更立圣贤之君。异姓之卿谏君不听，就可以离开，而投奔别的国家。这显然是一种新型的君臣关系，它动摇了君权的神圣不可侵犯性。孟子认为，如果君主不能够施行仁义之政，臣下就有权弑君。《梁惠王下》中记载，齐宣王问孟子，汤放桀，武王

---

[1] 焦循：《孟子正义》，北京：中华书局1987年，第232页。

伐纣,有这么回事吗?孟子回答说,于传有之。齐宣王进一步问,如果是这样,臣就可以弑君了?孟子回答说:"贼仁者谓之贼,贼义者谓之残,残贼之人,谓之一夫。闻诛一夫纣矣,未闻弑君也。"[①] 在孟子看来,武王伐纣是诛一夫,而不是弑君。这种诛不仁义之君的观念极大地冲击了君权神授的传统观念。

良知良能人人都有,因而人人均可为尧舜,在这样的思想观念的影响下,孟子的文艺美学思想也表现出新的特色。

(一) 大丈夫人格审美风范

当君权神授的神话被颠覆之后,作为个体的精神气质就得到了凸显,孟子提出了大丈夫精神,提出了新的时代对人的新的审美标准。《滕文公下》指出,所谓"富贵不能淫,贫贱不能移,威武不能屈"[②] 就是大丈夫人格典范。这种大丈夫经历了困苦磨炼,具有吃苦耐劳的品质,但人格高贵。《告子下》指出:"舜发于畎亩之中,傅说举于版筑之间,胶鬲举于鱼盐之中,管夷吾举于士,孙叔敖举于海,百里奚举于市。故天将降大任于斯人也,必先苦其心志,劳其筋骨,饿其体肤,空乏其身,行拂乱其所为,所以动心忍性,曾益其所不能。"[③] 在这一段话中,孟子指出那些能够成大器的人,如舜、傅说、管夷吾、孙叔敖等都有着低贱的出身,经历了艰苦的生活磨炼,但却能在艰难困苦中练就坚强的意志。这种大丈夫的精神还意味着保持独立的人格与尊严,能够超越物质欲求之上追求精神生存,超越生死之上恪守道义。《告子上》写道:"一箪食,一豆羹,得之则生,弗得则死。嘑尔而与之,行道之人弗受。蹴尔而与之,乞人不屑也。万钟则不辩礼义而受之,万钟于我何加焉。"[④] 一箪

---

① 焦循:《孟子正义》,北京:中华书局1987年,第145页。
② 焦循:《孟子正义》,北京:中华书局1987年,第418页。
③ 焦循:《孟子正义》,北京:中华书局1987年,第864页。
④ 焦循:《孟子正义》,北京:中华书局1987年,第784页。

食,一豆羹,以舍弃人格尊严而得之,那宁可不得。由此可见,在孟子看来,君子未必是那些出身高位的世袭贵族,甚至君子往往是那些经历了艰难困苦的人,但拥有坦荡的情怀、坚强的意志、高贵的人格,这才是大丈夫的形象。大丈夫是孟子所处时代的人格审美风范。大丈夫身处贫贱的地位,但有着做人的尊严。这已不是一出生就拥有世袭的贵族地位,以举止言谈的文雅为美的审美范式了。

(二)个体精神价值的突显与养气说的提出

西周礼乐文化统治的基础是形而上的天神观念。神是超验的,无可论证,因而神的意志也无可论证。但是到了孔子生活的时代,天神已经遭到了怀疑,因而孔子不语怪力乱神,对天神采取悬置的态度。孟子继承了孔子的天命思想,进一步剔除了其中残留的人格神的含义,把天想象成为具有道德属性的精神实体。进一步讲,在礼乐文化体制中所关注的是群体的价值,是整个宗族的发展,个体只是族类文化的一个组成部分而已,而到了孟子生活的时代,对个体自由和欲望进行限制的天神观念已经弱化,个体价值得到关注。这一点折射到孟子的哲学思想中则表现为"养气说"。

孟子从人的自身修养的角度出发,对大丈夫人格之美的形成采取了更积极的态度,用"我善养吾浩然之气"来加以概括。《孟子·公孙丑上》中指出:"夫志,气之帅也。气,体之充也……持其志,无暴其气……我善养吾浩然之气……其为气也,至大至刚,以直养而无害,则塞于天地之间。其为气也,配义与道,无是,馁也。是集义所生者,非义袭而取之也。行有不慊于心,则馁矣。"[①] 孟子说,大丈夫要有一种浩然之气。这种浩然之气,最为盛大,最为刚强,充塞于天地之间。根据孟子

---

① 焦循:《孟子正义》,北京:中华书局1987年,第196—202页。

的描述，这种浩然之气，可以理解为人的一种内在的精神气质的外显，而这种精神气质又是以内在的伦理道德修养来涵养的，即通过自觉的身心修养，使人的内心充实，获得独特的崇高精神品质，使个体人格得以充实和完善，呈现出一种向上发展的生命的阳刚之美。换句话说，孟子所说的浩然之气，是一种外在的表现形式，其渊源却在于内心深处对于"义"与"道"的涵养。因而，孟子所说的气应当是人的一种精神气质，而不是自然生命之气。浩然之气的美感价值与孟子所说的"充实之谓美，充实而有光辉之谓大"①，在内在精神上是一致的，即都是认为人具有高尚的内在精神品质，就会在外表上显得坦坦然，显出一种人格境界之美。可以看出，孟子所说的美，已经摆脱了天神观念和等级的框架，而以人的精神作为审美对象。

（三）人人平等与共同美感问题

孟子以"良知"、"良能"、"四端"人人固有，"人皆有不忍人之心"等为理论前提，推论出人人平等的观点。孟子说："故凡同类者举相似也，何独至于人而疑之？圣人与我同类者"②。在孟子看来，圣人与我是平等的。在这种人人平等的观念基础之上，孟子进一步提出共同美感的问题。

在孟子看来，人与犬、马等动物是不同的类，凡是人，就有共同的人性，就具有口、耳、目、心等共同的感官，能使人产生共同的生理快感，这是产生共同美感的生理基础。孟子通过对日常事物的观察，看到生活中有许多被人们公认为美的东西。如齐桓公的厨师易牙所调的味道，天下人都认为是美味；晋国著名音乐家师旷所演奏的音乐，天下人人都乐意听，认为是美的音乐；古代美人子都，天下人看了，人人都说是美人。

---

① 焦循：《孟子正义》，北京：中华书局1987年，第994页。
② 焦循：《孟子正义》，北京：中华书局1987年，第763页。

因此他得出美具有共同性、普遍性的结论,说:"故曰口之于味也有同耆焉,耳之于声也有同听焉,目之于色也有同美焉。"①有了共同美感,就可以解决美的普遍性问题,美也就不仅仅停留在完全主观随意的层面上。

(四)将理义提升到审美层面

孟子在共同美感问题上的最大理论贡献是将伦理道德精神引入到审美领域。孟子不仅承认人的自然属性具有共通性,而且进一步论证了伦理道德感的共通性。他说:"口之于味也,目之于色也,耳之于声也,鼻之于臭也,四肢之于安佚也,性也。有命焉,君子不谓性也。仁之于父子也,义之于君臣也,礼之于宾主也,智之于贤者也,圣人之于天道也,命也。有性焉,君子不谓命也。"②孟子认为口辨味,目辨色,耳听声,鼻辨臭,四肢贪图安佚,这些都是人的天性,孟子虽然承认人有自然属性,但他并不把它作为人的本质规定性,而是认为道德属性才是人的本质属性。孟子从本能出发认为,同情心,人人都有;羞耻心,人人都有;恭敬心,人人都有;是非心,人人都有。同情心就是仁;羞耻心就是义;恭敬心就是礼;是非心就是智。可见,仁、义、礼、智也不是由外界赠予的,而是人本来就具有的,只是人们不去思考这些罢了。这样,耳目口鼻的感觉,仁义礼智的伦理道德对人而言就是一样的,都是人的本能。

在论证了口、耳、目是共同美感形成的生理基础之后,孟子进一步指出:"至于心,独无所同然乎?心之所同然者何也?谓理也义也。圣人先得我心之所同然耳。故理义之悦我心,犹刍豢之悦我口。"③孟子认为,人的口、耳、目等感觉器官,生来就有分辨感知味、声、色等外界刺激的本能,同时,人作为

---

① 焦循:《孟子正义》,北京:中华书局1987年,第765页。
② 焦循:《孟子正义》,北京:中华书局1987年,第990—991页。
③ 焦循:《孟子正义》,北京:中华书局1987年,第765页。

同类，又对味、声、色有同样的要求，对判别美味、美声、美色有共同的标准。孟子进一步指出，心也与口、耳、目等一样，也可以产生共同美感。心的审美对象是"理义"，"理义"作用于心，就像美食作用于口一样，也可以产生同样的审美愉悦。这样，孟子就将感觉与伦理理性等同起来，就将伦理快感与生理快感等同起来了。

孟子反复论证的是，伦理道德来自于人的本能，而当人能够遵循本能生活时，也就能够达到遵循伦理道德的境界，也就能够获得快乐。孟子指出当道德精神上升到一定境界时便具有了审美意味，他将道德目标、人格精神和审美愉悦联系在一起，将伦理道德精神引进到审美领域。孟子从良知良能出发，将外在约束的礼变成了人的内在自觉要求。

三、民本思想与与民同乐的美学思想

孟子认为民是统治得以实现的基础，只有保民才可以称王，因而应当重视民的存在价值。《孟子·离娄上》讲："桀纣之失天下也，失其民也。失其民者，失其心也。得天下有道，得其民，斯得天下矣。得其民有道，得其心，斯得民矣。得其心有道，所欲与之聚之，所恶勿施，尔也。"[1] 即得民心才能得民，得民才能得天下。《孟子·尽心上》讲："民为贵，社稷次之，君为轻。"[2] 这些大都体现了孟子积极的民本思想和济世情怀。

有了这样的认识，孟子认为应该关注民生。《孟子·梁惠王上》中孟子指出："老吾老，以及人之老；幼吾幼，以及人之幼。天下可运于掌。"[3] 这是推己及人地强调民与国家治理有着密切关系。为了民的利益，孟子认为，"五亩之宅，树之以桑，

---

[1] 焦循：《孟子正义》，北京：中华书局1987年，第503页。
[2] 焦循：《孟子正义》，北京：中华书局1987年，第973页。
[3] 焦循：《孟子正义》，北京：中华书局1987年，第86页。

五十者可以衣帛矣。鸡豚狗彘之畜，无失其时，七十者可以食肉矣。百亩之田，勿夺其时，八口之家可以无饥矣。谨庠序之教，申之以孝悌之义，颁白者不负戴于道路矣。老者衣帛食肉，黎民不饥不寒，然而不王者，未之有也。"[1] 在孟子看来，劳动的目的是为了民能过上好日子，而民能过上好日子的最终目的是天下太平，统治者就可以称王称霸。

在这里孟子的言说立场已经与西周贵族阶层的言说立场发生了很大的变化。礼乐文化是贵族文化，维护的是贵族的利益，而那时的贵族有着世袭的身份地位，因而其地位不需要刻意去争取，但到了孟子生活的时代，世袭贵族的地位已经衰微，要实现统治的目的，就要争取统治地位，孟子看到了民在统治中的重要作用，因而大倡"民为贵，社稷为次，君为轻"的论调。

基于此，孟子从不同的角度和层次论证了与民同乐的问题。《梁惠王上》讲，孟子见梁惠王，王立于沼上，顾视鸿雁麋鹿，然后问孟子："贤者亦乐此乎？"孟子回答说："贤者而后乐此，不贤者，虽有此不乐也。诗云：'经始灵台，经之营之，庶民攻之，不日成之。经始勿亟，庶民子来。王在灵囿，麀鹿攸伏；麀鹿濯濯，白鸟鹤鹤。王在灵沼，于牣鱼跃。'文王以民力为台为沼，而民欢乐之，谓其台曰灵台，谓其沼曰灵沼，乐其有麋鹿鱼鳖。古之人与民偕乐，故能乐也。《汤誓》曰：'时日害丧？予及汝偕亡！'民欲与之偕亡，虽有台池鸟兽，岂能独乐哉？"[2] 在这里孟子提出了与民同乐才能有长久的快乐的观点。他将周文王和商纣王进行比较，认为前者能与民同乐，且能德及禽兽，因而其苑囿中，麀鹿濯濯，白鸟鹤鹤，于牣鱼跃，一派生机勃勃的景象，老百姓快乐地称文王的苑囿为灵台。而商纣王不能

---

[1] 焦循：《孟子正义》，北京：中华书局1987年，第95页。
[2] 焦循：《孟子正义》，北京：中华书局1987年，第45-50页。

与民同乐，因而人民恨不得与其同归于尽。

《孟子·梁惠王下》中孟子又从齐国的苑囿与文王的苑囿比照的角度，进一步论证了与民同乐的观点。齐宣王问，文王的苑囿方圆七十里，人民却以为其小，而自己的苑囿仅有四十里，而人民以为太大，这是为什么？孟子分析说："文王之囿方七十里，刍荛者往焉，雉兔者往焉，与民同之；民以为小，不亦宜乎？臣始至于境，问国之大禁，然后敢入。臣闻郊关之内有囿方四十里，杀其麋鹿者如杀人之罪；则是方四十里为阱于国中。民以为大，不亦宜乎？"① 在这里，孟子指出文王的苑囿虽然大到有七十里，但具有很大的包容性，取刍薪的贱人可以前往取薪，捕获雉兔的猎人可以前往捕获雉兔，这是一个可以与民共享的乐园，因而人民不觉得它大。而齐宣王的郊关虽然只有四十里，但是如果谁杀了苑囿中的麋鹿，其罪等同杀人，因而这是一个处处布满陷阱的地方，是一个不能给人民带来轻松和愉悦的地方，因而人民觉得它太大了。

《孟子·梁惠王下》中，孟子与齐宣王谈论，不能与民同乐则一切娱乐都会遭到人民的质疑，能够与民同乐则能够获得人民的爱戴。孟子讲：

> 今王鼓乐于此，百姓闻王钟鼓之声，管籥之音，举疾首蹙頞而相告曰：'吾王之好鼓乐，夫何使我至于此极也！父子不相见，兄弟妻子离散。'今王田猎于此，百姓闻王车马之音，见羽旄之美，举疾首蹙頞而相告曰：'吾王之好田猎，夫何使我至于此极也？父子不相见，兄弟妻子离散。'此无他，不与民同乐也。今王鼓乐于此，百姓闻王钟鼓之声，管籥之音，举欣欣然有喜色而相告曰：'吾王庶几无疾

---

① 焦循：《孟子正义》，北京：中华书局1987年，第108—110页。

病与,何以能鼓乐也?'今王田猎于此,百姓闻王车马之音,见羽旄之美,举欣欣然有喜色而相告曰:'吾王庶几无疾病与,何以能田猎也!'此无他,与民同乐也。今王与百姓同乐,则王矣。①

在孟子看来,如果能与民同乐,王的钟鼓之声,管籥之音,羽旄之美,就成为人民知道王平安无事的信号,就能使百姓欣欣然有喜色。

齐宣王见孟子于雪宫,又一次讨论了与民同乐的问题。当齐宣王问孟子是否也喜欢有这苑囿台池、禽兽之饶的雪宫时,孟子回答说:"乐民之乐者,民亦乐其乐;忧民之忧者,民亦忧其忧。乐以天下,忧以天下,然而不王者,未之有也。"② 因此,与民同乐所乐的内容,不仅仅是音乐,还包括田猎、宫室、苑囿等。

孟子与民同乐的思想,与西周礼乐文化体系下的娱乐思想,已经有了质的不同。礼乐是周代贵族身份的标志,有着一定的封闭性,而"与民同乐"的思想中,音乐已经变成了人人都有权利享受的"大众"文化。因而说,孟子虽然也强调具有集体性的礼乐之美,但在他的理论中,音乐艺术的审美对象已经发生了重大变化。

四、礼的权变性与礼乐文化精神的嬗变

孟子坚持礼乐文化,但是并不要求机械、死板地遵循礼乐规范,将礼乐规范僵死化。例如"男女授受不亲",这是礼乐文化背景下处理男女关系的一条根本原则。但孟子认为,在特殊

---

① 焦循:《孟子正义》,北京:中华书局1987年,第102—106页。
② 焦循:《孟子正义》,北京:中华书局1987年,第119页。

情况下是可以变通的。《离娄上》中说:"男女授受不亲,礼也。嫂溺援之以手者,权也。"① 男女授受不亲,自然是礼的规定,但是当其嫂将要溺水而死的时候,仍要坚持"男女授受不亲"的礼节原则而不去援救,这就违背了儒家提倡的最起码的"亲亲而仁民"的人道原则。所以嫂溺不援的话,简直就等于是豺狼。这就是对礼的变通。在这一思想观念的影响下,孟子对传统的礼乐之美进行了很大程度的改造。

(一) 取消雅乐与俗乐的界限

在礼乐文化体系中,乐具有沟通天地神人的作用,乐是贵族各种典礼中的固定曲目。乐要达到的是和谐社会的作用。但是到了孟子所生活的时代,俗乐大量流行,新贵们大都喜爱"今之乐"、"世俗之乐",即"新声",而抛弃了"古乐"、"先王之乐",即"雅乐"。魏文侯就曾说过:"吾端冕而听古乐,则唯恐卧;听郑卫之音,则不知倦。敢问古乐之如彼何也?新乐之如此何也?"② 齐宣王也说:"寡人非能好先王之乐也,直好世俗之乐耳!"③ 在这样的时代背景下,孟子对雅乐与新声的关系也作了变通性的理解。齐宣王以为孟子将会给他讲一大套尊重先王之乐、反对世俗之乐的大道理,没料到孟子并未固执地坚守传统礼乐,而是提出,无论什么音乐,只要能够达到治理社会的目的,都算是好的音乐。孟子提出"今之乐,由(犹)古之乐也"④ 的观点,认为无论什么音乐只要能与民同乐就是好的音乐。

孟子判断音乐的标准,虽然也是政治标准第一,但更重要的是看统治者能不能"与民同乐",而不是拘泥于是否是雅乐和

---

① 焦循:《孟子正义》,北京:中华书局1987年,第521页。
② 孙希旦:《礼记集解》,北京:中华书局1989年,第1013页。
③ 焦循:《孟子正义》,北京:中华书局1987年,第99页。
④ 焦循:《孟子正义》,北京:中华书局1987年,第100页。

古乐，这在一定程度上是对礼乐文化的改造。这与孔子极力维护礼乐文化传统、批评郑卫淫声、批评一切不符合礼制的做法的态度已经大不相同。也可以说，孟子继承了以乐为治国之大道的思想，但又能适应时代的需要，发掘了礼乐文化与社会治理之间的内在关系，对礼乐的外在形式进行了很大的改造。

（二）物的审美价值的转换与孟子对水之美的认识

物在礼乐文化中有着重要的价值和地位，青铜器、玉器、车马饰、服饰、棺椁等既是贵族社会普遍追求的审美对象，又是贵族身份和地位的标志。但是到了春秋战国时期，作为礼器的青铜器、玉器的价值纷纷衰落，僭越等级的审美享受，或者在等级之外重新开辟新的审美空间的现象比比皆是。随着个体人格的突显，物与伦理道德的联系进一步被强化。孔子就已经对玉与人的内在精神品格的关系进行了论述，孟子则进一步将水中所蕴含的伦理道德美进行了发挥。

在《离娄下》中，孟子说："源泉混混，不舍昼夜，盈科而后进，放乎四海。有本者如是，是之取尔。苟为无本，七八月之间雨集，沟浍皆盈，其涸也，可立而待也。故声闻过情，君子耻之。"[①] 在这里，孟子对水源源不断、浩浩荡荡、气势雄壮之美进行了肯定，并指出水之所以美，是因为它有源源不断的源头，如果没有本源的话，就会像七八月间的雨水，顷刻就将沟浍注满，但是其干涸也可立待。孟子紧接着将水的这一自然属性与人应有积累的品德联系起来。孟子认为，人若没有善行，只拥有好名声，也像七八月间的雨水一样，其声誉是不可长久的，所以君子以之为耻。

《告子上》中，孟子通过和告子辩论来进一步说明山水的伦理品性之美。告子说："性犹湍水也，决诸东方则东流，决诸西

---

① 焦循：《孟子正义》，北京：中华书局1987年，第563—564页。

方则西流，人性之无分于善不善也，犹水之无分于东西也。"孟子反驳说："水信无分于东西，无分于上下乎？人性之善也，犹水之就下也。人无有不善，水无有不下。今夫水，搏而跃之，可使过颡；激而行之，可使在山。是岂水之性哉？其势则然也。人之可使为不善，其性亦犹是也。"① 在这段对话中孟子指出，人性趋善，就像水性趋下一样。但是水并不总是趋下的，它可以过颡，可以在山上，这难道是水的本性吗？这是形势使然。在这里，孟子表现出对水之柔顺、随物赋形之美的认同，同时指出，人在一定情况下，也有可能违背本性，作出不善的事情，这就像水也有可能被改变本性一样。

孟子对"观水之术"的阐述更是他自然美思想的集中展现。《尽心上》中孟子讲："孔子登东山而小鲁，登泰山而小天下。故观于海者难为水，游于圣人之门者难为言。观水有术，必观其澜。日月有明，容光必照焉。流水之为物也，不盈科不行。君子之志于道也，不成章不达。"② 这段话的意思是，孔子登上了东山，以为鲁国变小了，登上了泰山，以为天下变小了，所以看过大海的人，就难以被别的水吸引了，在圣人门下学习的人，就难以被别的言论吸引了。观赏水有一定的方法，一定要观赏它的波澜。孟子指出了水的几种美的品质：一是其波澜之美，二是映照日月之光之美，三是流水"不盈科不行"（即不灌满洼地不会向前流淌）的精神之美。孟子从流水"不盈科不行"的品德联想到君子的品德，因而他以"比德"的方式表达其观点，以"不盈科不行"比君子修道"不成章不达"（即不取得一定的积累，不再前行），比喻君子厚积渐进的品德。

从孟子对山水之美的认识中可以看到，到了孟子的时代，

---

① 焦循：《孟子正义》，北京：中华书局1987年，第735—736页。
② 焦循：《孟子正义》，北京：中华书局1987年，第913—914页。

人们关注的更多的是人的道德品质，因而山水的自然之美几乎被忽视，而关注的焦点在于山水的自然品性与人的伦理道德品质的关系方面。

五、诗的衰亡与"以意逆志"、"知人论世"文艺美学思想的提出

诗原来是与贵族的祭祀和燕饮仪式结合在一起的，是在一定的氛围中，伴随着音乐而吟唱的，是仪式化生活的一个组成部分，体现了周代贵族的雅化生活追求。但是到了春秋战国时期，诗不但脱离了祭祀礼仪和燕饮礼仪的场合，变成了贵族表现自己身份的言说方式，而且外交中的引诗、赋诗也大有将诗歌工具化的倾向。

春秋时期赋诗都在运用诗的引申意，或言外之意，甚至是断章取义。如《左传》记载，襄公八年晋国范宣子来聘，答拜襄公对晋国的朝聘，同时，也宣告将要对郑国用兵，因为郑国本是晋国的同盟国，此时背叛晋国而与楚国结盟。鲁襄公享范宣子。在享礼中，宣子赋《摽有梅》，希望鲁国及时出兵。季武子说，晋侯相对于鲁襄公而言，就像花果树木之于香味，是情同一体的，自然会同仇敌忾，怎敢不及时出兵。并且，鲁国将会随时欣喜地承担命令。享礼结束，范宣子将出，季武子赋《彤弓》，意在晋怀公将继续晋文公的霸业。范宣子领会了季武子的意思，说晋文公受彤弓于周襄王，自己的先祖是晋文公的守官，自己怎敢不承命？从这一次赋诗活动可以看出，所赋的诗都不是在诗原本的意义上运用诗，而只是取其中的一点相通之处而已。如《摽有梅》本是讲男女之间的婚姻应当及时，在这里，范宣子引申了其中婚姻应当及时这一层含义，而表示晋国希望鲁国能在对郑国的征伐中及时出兵。《彤弓》的本意是周襄王赐晋文公以彤弓。季武子赋诗中的《彤弓》,则引申出祝愿晋国依然享有霸业的含义。可见,赋诗基本不是在诗的原本意义上来用诗的。

春秋时期贵族言谈中的引诗现象也存在着将诗肢解化和断章取义的弊端。如《小雅·常棣》虽然也表达了兄弟应当相亲相爱的意思,但是原诗中兄弟的和谐关系是在"傧而笾豆,饮酒之饫。兄弟既具,和乐且孺。妻子好合,如鼓琴瑟"的和乐氛围之中映衬出来的,而不是直接的理性化概括。但在《左传·僖公二十四年》的记载中,周大夫富辰引《常棣》中的诗句"常棣之华,鄂不韡韡。凡今之人,莫如兄弟"和"兄弟阋于墙,外御其侮"两句劝谏周襄王不要弃郑国亲狄,实际上,是将原诗中的艺术境界予以涤除,而只留下了其中生硬的说理成分,使诗中丰富而深厚的艺术氛围消失了。引诗使诗脱离上下文语境,从而将诗从有机整体中肢解出来。这是春秋战国时期普遍存在的现象。

赋诗断章取义的现象,带有春秋时代的文化特征。《左传·襄公二十八年》记载庆舍将女儿许给同姓的卢蒲癸,庆舍的家臣问:"男女辨姓,子不辟宗,何也?"① 卢蒲癸回答说:"宗不余辟,余独焉辟之?赋诗断章,余取所求焉,恶识宗?"② 从卢蒲癸的话中可以看出,时人已经认识到了赋诗断章取义的特点,已经认识到外交活动中对文化的功利主义态度,即更重诗的功用性,而不再具有诗写作时代对生活的感悟态度。同时,卢蒲癸的话中也隐含着这样的意思:赋诗中的断章取义现象与对同姓不婚的礼制规定的僭越具有同样的性质,都是为了一种功利的目的而改变原有的文化意味。因而,赋诗的断章取义与对礼

---

① 杨伯峻:《春秋左传注》,北京:中华书局1990年,第1145页。
② 杨伯峻:《春秋左传注》,北京:中华书局1990年,第1145—1146页。

制的僭越是同一时代背景下,性质相同的文化现象。正是在赋诗的断章取义之中,诗失去了原有的艺术性。春秋时期的贵族赋诗活动虽然还追求着诗化的言说方式,贵族的言说方式中虽然还留存着一定的诗性精神,但是,赋诗的形式中已经没有了原创诗时期贵族对生活的诗意化感悟,同时,也使诗内在的艺术蕴涵更多地流失掉了。因而,孟子说:"王者之迹熄而诗亡,诗亡然后《春秋》作。"①

孟子"以意逆志"和"知人论世"思想的提出与这种断章取义的赋诗和引诗现象有着一定的关系。

《孟子·万章上》讲道:"咸丘蒙曰:舜之不臣尧,则吾既得闻命矣。《诗》云:'普天之下,莫非王土;率土之滨,莫非王臣。'而舜既为天子矣,敢问瞽瞍之非臣,如何?曰:'是诗也,非是之谓也,劳于王事而不得养父母也。曰此莫非王事,我独贤劳也。故说诗者,不以文害辞,不以辞害志,以意逆志,是为得之。如以辞而已矣,《云汉》之诗曰:'周余黎民,靡有孑遗。'信斯言也,是周无遗民也。"②咸丘蒙的意思是:舜没有把尧当作臣,我已领教了您的意思了。《诗经》上说:"普天之下,莫非王土;率土之滨,莫非王臣。"但是舜已经做了天子了,瞽瞍却不是他的臣民,请问这又该怎么解释呢?孟子对咸丘蒙的疑问做了解释,他说:这首诗,不是说的这个意思,而是说作这首诗的人,因为公事劳碌以至于不能奉养父母。意思是说,"没有一件不是公事,却只有我最劳碌"。所以解说诗的人,不能因为字面的意思而损害词句的意思,不能因为词句的解释而损害全诗的意思,要用自己的体会去揣度作者的原意,这样才能把握住诗意。如果只拘泥于词句的解释,那么,《云

---

① 焦循:《孟子正义》,北京:中华书局1987年,第572页。
② 焦循:《孟子正义》,北京:中华书局1987年,第637—638页。

汉》这首诗说:"周朝剩下的百姓,没有一个留存的。"相信了这句话,就成了周朝没有一个人还活着了。

孟子认为只有设身处地全面地去推测诗的本意,才能真正理解诗的内涵。像咸丘蒙那样只拘泥于个别字句,而不从全诗内容出发,就不能正确领会诗的含义,就会以文害辞,以辞害意。为此,孟子还进一步举了《大雅·云汉》中的两句诗来做说明。这里,孟子是体会到了诗歌是一种形象的描写,不能把艺术夸张当作真实事实来理解,否则,把诗解得太死、太实了,反而不能把握诗的真正含意。孟子提出"以意逆志",就是主张要在对诗歌全篇内容正确理解的基础上,去分析诗人写诗的目的和意图,而不能断章取义。

进一步讲,孟子认为要做到"知人论世",就要了解诗人的情况和写诗的时代背景。《孟子·万章下》中,孟子对万章说:"一乡之善士斯友一乡之善士,一国之善士斯友一国之善士,天下之善士斯友天下之善士。以友天下之善士为未足,又尚论古之人,颂其诗,读其书,不知其人可乎?是以论其世也,是尚友也。"[①] 如果同一乡、一国乃至天下所有的善士交朋友仍感到不满足,就要同古人交朋友,而要和古人交朋友,最好的办法就是"颂其诗,读其书",即通过诵读古人的作品与古人意通心知,求得助益。但要正确理解古人的思想,还必须了解古人的生平思想及其所处政治、经济、文化背景,也就是要知其人,论其世。显然,孟子对诗的理解,针对春秋时期贵族断章取义的赋诗、引诗现象,提出应当全面理解诗的意思,这实质上是对贵族文化的一种反驳。

综上所述可以看到,孟子虽然积极维护等级制度,维护劳心者与劳力者的身份差别,也倡导西周贵族的礼乐文化,但是,

---

① 焦循:《孟子正义》,北京:中华书局1987年,第725—726页。

对民的地位和价值的重视，以及对个体心性的关注成为孟子重新思考传统文化的立足点和出发点。由此出发，孟子提出了与民同乐的思想，对乐做了新的解释，认为只要利于统治，无论是传统的雅乐，还是今天的新乐都没有关系。这样，传统礼乐文化中乐的贵族性，以及对雅乐的关注，就被人民大众同享的俗乐所代替。同样，基于人人具有良知良能的认识，孟子提出人人平等，人人都可以为尧舜的观念，否定了帝王、君主权力的神圣性，并在此基础上提出养气说，将道德精神内化为个体胸中之气。在对春秋以来断章取义的用诗风气观察和思考的基础上，孟子提出了"知人论世"和"以意逆志"的论诗原则。孟子的哲学和美学思想是对新的时代问题的理论回应，但其内在精神简直就是对礼乐文化的颠覆。可以说，孟子的文艺美学思想以礼乐文化为契机，但是最终几乎是对礼乐文化艺术精神的完全颠覆。

第四节 礼乐文化与荀子的文艺美学思想

荀子（约前313年—前238年），名况，字卿，战国末期赵国人。荀子五十岁到齐国游学，曾三次担任稷下学宫祭酒，之后受到齐人的迫害，到楚国为兰陵令。荀子是儒家学派在战国时期的主要传承者和重要代表人物。荀子文艺美学思想的核心是倡导礼乐文化。但是战国末期，时代已经发生了重大变化，因此荀子的礼乐文化观念的侧重点和理论根据以及出发点也都发生了相应的变化。

一、荀子强调了礼乐文化的文饰化特征和社会作用

礼乐文化的突出特点是将上下尊卑的统治理念具体落实到言谈举止、周旋揖让的生活细节之中，使内在目的与外在形式

得到统一，礼乐文化的艺术精神正体现在它的外在形式中。如《孔子家语·论礼》篇再现了贵族交往中的艺术性：两国国君相见，要迎宾于门外，互相作揖谦让后进入大门，入门后钟鼓等乐器齐奏，两人又互相作揖谦让后登堂，登堂后乐声停止。这时堂下管乐奏起《象》乐，执籥的人跳起《大夏》之舞和各种舞蹈。接着摆设笾豆与牲俎，按顺序安排礼乐，备齐各种执事人员。客人离开时，堂下奏起《雍》乐，撤去席上食具时，奏《振羽》之乐。这就是礼乐文化背景下贵族的交往艺术，自始至终都有礼乐的伴奏，自始至终都展现着贵族文质彬彬的艺术气质。

礼乐文化正是通过这些优雅的外在形式使敬让、谦和的礼的内在精神得以潜移默化的实现，从而维持了周代社会的长久昌盛。这些富有诗性特征的外在形式也成为后世人对礼乐文化最美好的想象。孔子感慨说："郁郁乎文哉，吾从周。"（《论语·八佾》）现代国学大师钱穆先生说，周代的贵族文化发展到春秋时期达到了"极优美、极高尚、极细腻雅致"[1]的程度。这些优雅的礼乐形式需要平和、宁静的社会环境，以及悠闲和优越的贵族心态才能实现。

然而，到了春秋战国时期，生产力发展了，生活节奏加快了，尤其是面临列国之间激烈的竞争环境，节奏缓慢、有着繁琐形式的礼乐文化就受到了巨大冲击，出现了礼乐崩坏的局面。孔子力求恢复礼乐文化，他努力按照贵族的生活模式来生活，对不合礼仪的社会现象进行了尖锐的批判。但是由于他没有世袭贵族的身份和优厚的经济条件，也没有不可动摇的社会地位，自身生活尚且经常陷于窘迫境地，因而在实践和理论上常常放弃礼乐文化的外在艺术形式而片面强调礼乐文化所要达到的内

---

[1] 钱穆：《国史大纲》，北京，商务印书馆 2005 年，第 71 页。

在目的。墨子从狭隘的小生产者的利益出发，以奢侈、浪费人力物力等为理由，从理论上否定了礼乐文化外在艺术形式的价值和意义。

针对这些否定礼乐文化的外在艺术形式的观点，荀子重新强调指出繁复华美的礼乐文化能够显示出人的威严和统治的尊严。在《富国》篇中，荀子指出："知夫为人主上者不美不饰之不足以一民也，不富不厚之不足以管下也，不威不强之不足以禁暴胜悍也。故必将撞大钟、击鸣鼓、吹笙竽、弹琴瑟以塞其耳，必将雕琢、刻镂、黼黻、文章以塞其目，必将刍豢稻粱、五味芬芳以塞其口。"① 荀子认为只有辉煌的礼乐、繁缛的文饰才能显示出统治的威严，才能具有震慑人的统治力量。《王霸》篇中荀子指出："重色而衣之，重味而食之，重财物而制之，合天下而君之，饮食甚厚，声乐甚大，台榭甚高，园囿甚广，臣使诸侯，一天下，是又人情之所同欲也，而天子之礼制如是者也。"② 色彩鲜艳的服饰，丰厚的饮食，宏大的音乐，高大的台榭，广大的园囿等等，这些天下人人都想拥有的东西，天子根据礼制而拥有它们，这正是天子的至高权力的体现。在《正论》篇中荀子肯定了天子文饰化的生活特点：

> 天子者，势至重而形至佚，心至愉而志无所诎，而形不为劳，尊无上矣。衣被则服五采，杂间色，重文绣，加饰之以珠玉；食饮则重大牢而备珍怪，期臭味，曼（万）而馈，代睪而食，《雍》而撤乎五祀，执荐者百人待西房；居则设张容，负依而坐，诸侯趋走乎堂下；出户而巫觋有事，出门而宗祝有事，乘大路，趋越席以养安，侧载睪芷

---

① 王先谦：《荀子集释》，北京，北京：中华书局1988年，第186页。
② 王先谦：《荀子集释》，北京，北京：中华书局1988年，第216页。

以养鼻，前有错衡以养目，和鸾之声，步中《武》、《象》，驱中《韶》，《濩》以养耳。三公奉軶持纳，诸侯持轮挟舆先马，大侯编后，大夫次之，小侯元士次之，庶士介而夹道，庶人隐窜，莫敢视望。居如大神，动如天地。①

天子穿五彩文绣，佩戴着珠玉香草；饮食时，重大牢而备珍馐，表演万舞，以《雍》撤俎；出门时，有大路、越席以养安，有和鸾之声以养耳。这就是天子至尊至贵也最富有文采的生活。

在礼乐文化崩坏的战国时期，荀子深深认识到礼乐文化的文饰之美的社会效应，因而积极提倡和张扬礼乐文化。也正因为如此，荀子批判墨子："蔽于用而不知文"②（《荀子·解蔽》），并认为墨子的非乐思想，"犹瞽之于黑白也，犹聋之于清浊也，犹欲之楚而北求之也"③（《荀子·乐论》）。在荀子看来，墨子非乐的主张简直就像瞎子不辨黑白，就如同南辕北辙。

荀子在礼乐文化的外在形式与内在精神相互脱钩的转折时期，指出礼乐文化的文饰化效果的社会意义，虽然不是对孔子忽视礼乐文化的外在艺术形式这一做法的直接批判，但是却对儒家思想具有补偏救弊的作用。试想礼乐文化中没有了周旋揖让、没有了礼乐的点缀、没有了青铜礼器，那么，礼乐文化的独特性还有多少？实际上，礼乐文化的内在精神正是通过外在的艺术化形式，即通过周旋揖让的礼仪、温文尔雅的言谈、幽雅的礼乐等外在形式得到体现的。

荀子对礼的文饰化特征进行了反复论述。《论礼》篇中，荀

---

① 王先谦：《荀子集释》，北京，北京：中华书局1988年，第333—335页。
② 王先谦：《荀子集释》，北京，北京：中华书局1988年，第392页。
③ 王先谦：《荀子集释》，北京，北京：中华书局1988年，第380页。

子指出,"凡礼,始乎梲,成乎文,终乎悦校"①,强调的就是礼的文饰特点。《劝学》篇中讲,"礼之敬文也,乐之中和也,《诗》、《书》之博也,《春秋》之微也,在天地之间者毕矣"②,强调了礼对文饰之美的追求。《富国》篇中,荀子再次强调礼节对文饰审美效果的追求,他说:"礼节将甚文,珪璧将甚硕,货赂将甚厚。"③《君道》篇中,荀子指出文饰之美的具体表现:"修冠弁、衣裳、黼黻、文章、雕琢、刻镂皆有等差,是所以藩饰之也。"④即在礼乐文化中,冠弁、衣裳、黼黻、雕琢、刻镂等,都是文饰美的具体表现。丧葬礼仪是中国礼仪文化最集中和典型的形态,也是礼的文饰性特征最集中的表现,荀子指出丧礼具有"称情而立文"的特点,即丧礼根据人情的轻重而有不同的礼仪,是对人自然生存状态的文饰。如果能服丧三年,那就是"人道之至文者也"。《大略》篇中,荀子指出:"人之于文学也,犹玉之于琢磨也。《诗》曰:'如切如磋,如琢如磨',谓学问也。和之璧,井里之厥也,玉人琢之为天子宝。子赣、季路故鄙人也,被文学,服礼义,为天下列士。"⑤有了纹饰,和氏之璧,井里之厥,可以成为天子之宝。子赣、季路是鄙野之人,学习了文学、礼义,就能成为列士。这足以见出文饰之美的重要性。

荀子对礼乐文化文饰特征的强调,一定程度上是对礼乐文化的艺术形式和美学精神的强调。当然,也是对礼乐文化的贵族精神的强调,因为在周代社会,贵族是有闲阶层,只有他们才能有更多的机会超越于物质利益的直接欲求之上追求服饰、

---

① 王先谦:《荀子集释》,北京,北京:中华书局1988年,第355页。
② 王先谦:《荀子集释》,北京,北京:中华书局1988年,第12页。
③ 王先谦:《荀子集释》,北京,北京:中华书局1988年,第198页。
④ 王先谦:《荀子集释》,北京,北京:中华书局1988年,第238页。
⑤ 王先谦:《荀子集释》,北京,北京:中华书局1988年,第508页。

器用的审美价值。孔子以平民身份在张扬礼乐文化的过程中，对礼乐文化的艺术性有所忽视，荀子补偏救弊强化了礼乐文化的艺术性，从而使礼乐文化能够沿着更为纯正的路子发展下去。

二、欲望时代荀子对礼乐文化的传承

殷商时期有着浓厚的宗教迷信思想，认为在人之上有着无形的统治力量，因而殷商时代重祭祀和占卜。西周以后，天命和鬼神观念虽然一定程度上受到怀疑，但天和各种神灵依然是周人进行统治的形而上根据，并在周人的生活中占有重要地位。礼乐文化就是在天命观念的基础上构建起来的。以天命观念为背景，以礼乐文化为行为规范，这样周代贵族的举手投足、周旋揖让都表现出敬畏、谦恭、典雅和高贵的精神气质。相应的，在天命观念和礼乐文化的制约下，个体的情感欲望也受到了一定的限制。可以说，周代是一个以关注群体利益而压抑个性为主要特征的时代。

从春秋时期开始，这种状况发生了较大改观。科学实证观念对神秘的统治意志产生的巨大冲击力。随着天神观念的弱化和礼乐文化的衰微，个性情感得到张扬，甚至人的本能和欲望得到放纵。在荀子所生活的战国末期，"郑卫之音"、"夷俗邪音"大肆流行，并代替了优雅但节奏舒缓的西周礼乐。

在这样的时代背景下，荀子否定了天有意志的观点，明确指出："天行有常，不为尧存，不为桀亡。应之以治则吉，应之以乱则凶。强本而节用，则天不能贫，养备而动时，则天不能病，修道而不贰，则天不能祸。故水旱不能使之饥渴，寒暑不能使之疾，祆怪不能使之凶。"[①] 荀子认为天有自己的运行规律，不以人的善恶、人世的治乱为转移。天道也不能主宰人事，人

---

① 王先谦：《荀子集释》，北京，北京：中华书局1988年，第307页。

的吉凶祸福，国家的治乱兴亡，都和天无关，并不是什么天的意志的表现。荀子解构了天的神秘性，去除了不可实证的天对人的控制，摆脱了宗教神秘主义，使天具备了实践理性的品格。没有了形而上的哲学根据。荀子的礼乐文化根据只能在人间寻找。

在没有天作为形而上根据的历史时期，荀子给礼乐文化寻找的根据就是，人与动物一样，有着许多本能欲望。《荣辱》篇中讲："饥而欲食，寒而欲暖，劳而欲息，好利而恶害，是人之所生而有也，是无待而然者也，是禹、桀之所同也。目辨白黑美恶，耳辨音声清浊，口辨酸咸甘苦，鼻辨芬芳腥臊，骨体肤理辨寒暑疾养，是又人之所常生而有也，是无待而然者也，是禹、桀之所同也。"①"人之情，食欲有刍豢，衣欲有文绣，行欲有舆马，又欲夫余财蓄积之富也，然而穷年累世不知不足，是人之情也。"② 饥而欲食，寒而欲暖，劳而欲息，穷年累世不知不足，这些是任何人都会有的本能欲望，即便是圣人也是如此。喜欢好看的颜色，好听的声音，好吃的美味，好闻的气味，也是人和动物共同拥有的自然本能。荀子反复论证人性之恶，以及人与动物同源的观点，《王霸》篇中讲道："夫人之情，目欲綦色，耳欲綦声，口欲綦味，鼻欲綦臭，心欲綦佚。此五綦者，人情之所必不免也。养五綦者有具，无其具则五綦者不可得而致也。"③ 意思是人与动物一样，对色、声、味、臭、佚有着共同的追求。

荀子认为礼乐文化就是为满足人的这些本能欲望而存在的。礼的目的就是疏导人的各种欲望，这就是礼的"养"的作用。"故礼者，养也。刍豢稻粱，五味调香，所以养口也；椒兰芬

---

① 王先谦：《荀子集释》，北京，北京：中华书局1988年，第63页。
② 王先谦：《荀子集释》，北京，北京：中华书局1988年，第67页。
③ 王先谦：《荀子集释》，北京，北京：中华书局1988年，第211页。

第五章　儒家的礼乐文化情结及其文艺美学思想

芯，所以养鼻也；雕琢、刻镂、黼黻、文章，所以养目也；钟鼓、管磬、琴瑟、竽笙，所以养耳也；疏房、檖庿、越席、床笫、几筵，所以养体也。"[1] 礼具有涵养人的生命存在的意义，它不仅满足了人的自然欲求，还满足了人们对于雕琢、刻镂、黼黻、文章、钟鼓等的精神需求。荀子所生活的战国末期，西周礼乐文化对个体存在的约束力已经消失，个体和个性的自由发展得到了重视，人的生命受到普遍关注。在此背景下，荀子肯定了礼乐文化对个体欲望的涵养作用，这是具有时代眼光和前瞻性的选择，一方面肯定了个体欲望，另一方面又传承了礼乐文化。

荀子承认人有本能，但如果人永远处于这种自然和本能状态，人类将会争斗不断，混乱无章。在《性恶》篇中，荀子分析说："今人之性，生而有好利焉，顺是，故争夺生而辞让亡焉；生而有疾恶焉，顺是，故残贼生而忠信亡焉；生而有耳目之欲有好声色焉，顺是，故淫乱生而礼义文理亡焉。然则从人之性，顺人之情，必出于争夺，合于犯分乱理而归于暴。"[2] 即如果任由人的自然欲望去发展，社会必然混乱。《礼论》篇中荀子也谈到了这个问题："人生而有欲，欲而不得，则不能无求；求而无度量分界，则不能不争；争则乱，乱则穷。"[3] 放纵欲望就必然造成社会混乱的结果。

人比动物高明的地方在于人能够制定相关的条款来平息争端和混乱，而礼仪是平息争端和混乱的绝好选择。反过来讲，"故人之所以为人者，非特以其二足而无毛也，以其有辨也。夫禽兽有父子而无父子之亲，有牝牡而无男女之别，故人道莫不

---

[1] 王先谦：《荀子集释》，北京，北京：中华书局1988年，第347页。
[2] 王先谦：《荀子集释》，北京，北京：中华书局1988年，第435页。
[3] 王先谦：《荀子集释》，北京，北京：中华书局1988年，第346页。

有辨。辨莫大于分,分莫大于礼,礼莫大于圣王。"① 因为遵循礼仪,人与其他动物的不同不仅仅在于形体的差异,不仅仅在于人是能够直立行走的动物,还在于人是文化的存在,人的行为遵循着礼的规定,人有着父子之亲,夫妇之别。礼对整个社会的发展非常重要,在荀子看来礼是实现社会发展的根本途径。《乐论》指出:"故制《雅》、《颂》之声以道之,使其声足以乐而不流,使其文足以辨而不諰,使其曲直、繁省、廉肉、节奏足以感动人之善心……"②荀子认为音乐的目的不只是满足人的享乐欲望,而在于使其行为、思虑符合一定的规范。可见荀子将音乐的基点定位于满足人的情欲,涵养人的本能欲求,但最终礼乐还是要促进社会和谐,并使人成为文明的人、社会的人。

有了礼仪,人的生活就不同于动物的自然状态,人的欲望和争夺的本能等就受到了限制,这就是"伪"。"伪"的实质是以外在的服饰、礼节等具有美感的形式来文饰人的生活状态。荀子对"性"、"伪"关系做了辩证的分析。荀子说:"性者,本始材朴也;伪者,文理隆盛也。无性则伪之无所加,无伪则性不能自美。性伪和,然后成圣人之名一,天下之功于是就也。"③在这里,荀子强调了"伪"具有"文理隆盛"的特点,而"文理隆盛"又是礼乐文化的突出特点,因而可以说"伪"具有礼乐文化的文饰化特点。与"性"和"伪"相对应,荀子进一步指出,"文"与"野"的辩证关系:"食欲、衣服、居处、动静,由礼则和节,不由礼则触陷生疾;容貌、态度、进退、趋行,由礼则雅,不由礼则夷固避违,庸众而野。"(《荀子·修身》)如果遵循了礼仪,人的行为就具有"文"和"雅"的性质,反

---

① 王先谦:《荀子集释》,北京,北京:中华书局1988年,第79页。
② 王先谦:《荀子集释》,北京,北京:中华书局1988年,第379页。
③ 王先谦:《荀子集释》,北京,北京:中华书局1988年,第366页。

之，其行为就是庸俗和粗野的。粗野的行为是最自然的生命存在状态，但是如果人处于这样一种低级的存在状态，那么，人就与动物没有什么两样了。人之所以能成其为人，是因为人懂得礼仪，人有文饰化的生活。

就这样，荀子从天人相分出发，否定了礼乐文化的形而上根据，从而为人的动物性，以及人的本能欲望的合理性奠定了基础，而礼乐文化就是为了满足人对声色、美味的欲求而存在的。为了满足人的本能，社会上可能争斗不断，但是人又不完全同于动物，因为人有礼乐文化来限制自己的行为，以避免动物性的冲突。因而，在一个尊重个体生命和情感的时代，荀子赋予礼乐文化以情感欲望的基础，但又指出对欲望进行限制是有必要的，因而礼乐文化一方面联系着本能和欲望，另一方面又有着社会治理的目的，这就是欲望放纵的时代，荀子审时度势对礼乐美学内涵的改造。

三、法制时代荀子对礼乐文化的传承

荀子生活的历史时期，各诸侯国为了称霸中原、统一天下，满足权力和财富的卑劣贪欲，彼此展开了连绵不绝的兼并战争，形成了齐、楚、燕、韩、赵、魏、秦七雄并争的局势。各个诸侯国内部等级秩序混乱，尤其是贵族等级礼制被不断僭越。等级礼制不仅体现在各种祭祀和典礼中，还体现在日常生活的方方面面，包括城庙、器用、衣食住行、穿戴配饰、举手投足、交游嬉戏等都表现出明显的等级特征。但到了春秋战国时期，对平等和新秩序的渴望促进了法制的发展。各诸侯国的改革是重建新秩序的努力，而改革的重要手段是以"法"的形式——而不是旧贵族的天神宗教观念来治理国家。改革的目的是彻底摧毁旧贵族的特权，建立新的社会关系。《左传·昭公六年》记载，郑国子产改革的主要举动之一，就是"铸刑书"，即把刑法铸在鼎上，公诸于众，一改过去旧贵族临时随意制定律令、不公开刑法的作法。鲁昭公二十九年，晋国赵鞅铸刑鼎一事，同样具有触犯旧贵族利益的性质。推行法制成为一种时代潮流。法制对贵族礼乐文化有着巨大的冲击力。

荀子倡导的是礼乐文化，但在法制背景下，荀子推行礼乐文化竟也选择了法制的渠道。荀子强调了礼的法制意义："故绳墨诚陈矣，则不可欺以曲直；衡诚悬矣，则不可欺以轻重；规矩诚设矣，则不可欺以方圆；君子审于礼，则不可欺以诈伪。故绳者，直之至；衡者，平之至；规矩者，方圆之至；礼者，人道之极也。"① 荀子认为礼就像方圆规矩一样有客观规律和标准，在国家生活中，具有与法律一样的作用。《劝学》篇中，荀子说，"礼者，法之大分，类之纲纪也"②，谈的也是礼和法的关系。如果能对衣服、宫室，以及每一个人的职责等各个方面进行严格规定，那么，天下就会有一定的秩序。《王霸》篇中，荀子指出："国无礼则不正。礼之所以正国也，譬之犹衡之于轻重也，犹绳墨之于曲直也，犹规矩之于方圆也，既错之人而莫之能诬也。"③ 在荀子看来，礼就是国家大法，就是人们的行为准则，有了礼，国家的治理就有了标准。

礼法所维护的是贵族的等级秩序。《富国》篇讲："礼者，贵贱有等，长幼有差，贫富轻重皆有称者也。"④《大略》篇以法的方式强调了礼在各个方面的等级制，如在服饰方面，"天子山冕，诸侯玄冕，大夫裨冕，士韦弁，礼也。天子御珽，诸侯御荼，大夫服笏，礼也。天子雕弓，诸侯彤弓，大夫黑弓，礼

---

① 王先谦：《荀子集释》，北京，北京：中华书局1988年，第356页。
② 王先谦：《荀子集释》，北京，北京：中华书局1988年，第12页。
③ 王先谦：《荀子集释》，北京，北京：中华书局1988年，第209页。
④ 王先谦：《荀子集释》，北京，北京：中华书局1988年，第178页。

也。"① 在丧礼方面,"君于大夫,三问其疾,三临其丧;于士,一问一临。"②

但是荀子并不极端地维护贵族的等级制,他说:"虽王公士大夫之子孙,不能属于礼仪,则归之庶人。虽庶人之子孙,积文学,正身行,能属于礼仪,则归之倾向士大夫。"③ 在荀子所处的时代,礼的法制意义得到了强化,而世袭贵族依靠亲情血缘关系来维持礼的做法已经不能适合法制时代的需要了。所以说,西周礼仪所维护的是世袭贵族的等级秩序,战国时期荀子所倡导的礼仪维护的是一个人人都有平等参与机会的等级秩序。世袭贵族温情脉脉的礼乐文化,也就开始向法制文化过渡了。

荀子的礼毕竟还不是法,因为法具有强制性,而荀子所倡导的礼,第一,有文饰化的外在形式,这一点前文已有论证。第二,礼作用于人的情感,这主要表现在礼乐对人的陶冶和对矛盾的调和方面。《荀子·乐论》讲:"君子以钟鼓道志,以琴瑟乐心,动以干戚,饰以羽旄,从以磬管。故其清明象天,其广大象地,其俯仰周旋有似四时。故乐行而志清,礼修而行成,耳目聪明,血气和平,移风易俗,天下皆宁,美善相乐。故曰:乐者,乐也。"④ 礼乐作用于人心,给人带来身心愉悦,进而达到移风易俗,治理天下的目的,这是不同于法的地方。

综上,在礼乐文化的外在形式和内在关系的讨论中,荀子的文饰美学思想恰好弥补了孔子礼乐文化发展过程中对礼的内在精神的强调和对礼的外在形式的忽视,荀子强调了揖让周旋的礼仪化行为,以及礼乐、礼器的重要性,这是对礼乐文化诗性特质的发扬。荀子对墨子非乐思想的批判,实质上是肯定了

---

① 王先谦:《荀子集释》,北京,北京:中华书局1988年,第486页。
② 王先谦:《荀子集释》,北京,北京:中华书局1988年,第494页。
③ 王先谦:《荀子集释》,北京,北京:中华书局1988年,第148页。
④ 王先谦:《荀子集释》,北京,北京:中华书局1988年,第381—382页。

礼乐文化的审美化特征和非功利色彩。荀子的根本目的是张扬礼乐文化，然而在礼崩乐坏的时代语境下，荀子对礼乐文化的重建却是从承认人和动物同样有着本能欲望开始的。这是一种"欲扬先抑"的策略，只有首先肯定人是欲望的动物才能获得战国时期人们的文化认同，然后在此基础上指出如果只有欲望的放纵，整个社会将会一片混乱。可以看出，荀子对礼乐文化的推行不是从高处往低处走的，而是从低处往高处走，即荀子推行礼乐文化的根据在于人的本能欲望的满足，而不在于神秘的外在统治力量。在各诸侯国纷纷推行法制的时代背景下，荀子强化了礼乐文化的法制意义，这是与时俱进的做法。荀子在诗意性消失的时代背景下，能够审时度势地重构礼乐文化的审美特性，传承礼乐文化的艺术精神，其传承传统文化的方式和方法是值得借鉴的。

儒家学者以复兴礼乐文化为己任，但由于孔子、孟子、荀子所处的时代不同，各自的身份地位不同，因而对礼乐文化的理解也不同。孔子作为没落的贵族，力求践行文质彬彬的行为方式，认为赋诗是贵族特有的言说方式，但由于能力所限，不能张扬礼乐文化的艺术化形式。孟子从良知良能的角度出发，否定了旧贵族文化的世袭性，提出"与民同乐"的音乐思想，打破了音乐为贵族独享的局限。荀子继续倡导礼乐文化的艺术形式，但将礼乐文化法制化。可见儒家学者在矛盾和冲突中，从不同角度对礼乐文化进行了修正，并在此基础上提出了各自不同的文艺美学思想。

第六章　礼乐文化与道家、墨家、法家的文艺美学思想

《汉书·艺文志》指出：儒家出于司徒之官，道家出于史官，阴阳家出于羲和之官，法家出于理官，墨家出于清庙之官。可见，诸子百家，观念各异，但他们都与周代的王官有着渊源关系，自然与礼乐文化有着内在关系。但他们所处的社会地位不同，因此对礼乐文化的态度不同。而礼乐文化到春秋战国时期，很大程度上演变为脱离了实用目的和宗教色彩的准文艺娱乐形式，因而诸子百家对于礼乐文化的不同理解，也就形成了他们各自不同的文艺美学思想。

第一节　老子的文艺思想及其对礼乐文化的否定

老子（约前580年—前500年），姓李，名耳，字聃，楚国苦县人，曾做过周朝"守藏室之史"，管理王朝图书秘籍。孔子曾向老子问礼，这意味着老子对礼乐文化是较为熟悉的。但老子的思想是以批评礼乐文化为出发点的。《老子》一书大约是战国时人根据老子的思想而编定的。

一、天命观的衰落与"道"的提出

作为至上神的天神在中国文化中有着悠久的历史。西周时期，虽然天神观念出现了一定程度的动摇，但是天依然是人们行为的形而上根据。孔子时代，虽然不语怪、力、乱、神，但依然信奉"天命"，宣称"死生有命，富贵在天"（《论语·颜

渊》），墨子认为天有意志，能行赏罚，"顺天意而得赏，反天意而得罚"（《墨子·天帝上》）。子产虽然说过"天道远，人道迩"这样的话，但并不是彻底的唯物主义者。只有老子提出，在天地之上，还有一个最高的存在——"道"。

老子的"道"具有本体论的意义，它无形、无状、无物，却能生成万物。老子说："有物混成，先天地生，寂寞！独立不改，周行不殆，可以为天下母。吾不知其名，字之曰道，吾强为之名曰大。大曰逝，逝曰远，远曰反。"①"道冲，而用之久不盈。深乎！万物宗。"② 老子所说的"道"，比天更为根本，它先天地而生，又是生成万物的依据。

"道"生成万物之后，又作为天地万物存在的根据而蕴涵于天地万物之中，无间不入，无所不包。"道"在于天地万物之中，但它不同于可感觉的具体事物，又是视之不见、听之不闻、搏之不得的，是抽象中的具体，又是具体中的抽象。这就是"道"的神奇之处。

老子把"道"作为宇宙万物生命的本源，从本末、源流意义上来追溯"道"的存在，认为"道"是自然的，没有意志，没有目的的存在。"道"产生宇宙万物，处于天地万物的生长变化和永恒运动之中。因而，"道"既是宇宙万物的本体，又是宇宙万物发展变化的原因。从这个角度出发，老子认为世界上任何事物都是"道"的体现，都有自身的发展变化规律，是不以人的主观意志为转移的。因此，不应该以人为的力量去改变万物的这个自然法则。老子的"道"打破了殷周以来长期统治着人们头脑的宗教神学观念，否定了天是有意志的决定着人类命运的迷信思想。老子从"道"自然无为出发，否定了礼乐文化

---

① 朱谦之：《老子校释》，北京：中华书局1984年，第100—102页。
② 朱谦之：《老子校释》，北京：中华书局1984年，第18—19页。

积极有为的社会治理思想。

二、提倡素朴，反对礼乐文化

春秋末期，正是社会发生大变革的时期，社会各阶层矛盾空前激化。统治者的生活豪华奢侈，争权夺利，残酷压榨掠夺。老百姓却含辛茹苦，饥寒交迫，朝不保夕。老子认为造成这种社会弊端的原因，就在于有了礼仪。《老子·三十八章》指出："夫礼者，忠信之薄，而乱之首"①，认为礼仪是祸乱的开端。从这一社会弊端出发，老子否定社会的发展，提倡回到小国寡民的状态。《老子·八十章》说："小国寡民，使有什伯之器而不用，使人重死而不远徙。虽有舟舆，无所乘之；虽有甲兵，无所陈之。使民复结绳而用之。甘其食，美其服，安其居，乐其俗，邻国相望，鸡犬之声相闻，民至老死，不相往来。"② 老子认为回到小国寡民的社会状态，就没有舟车、甲兵等于人生而言多余的东西，人民甘其食，美其服，安居乐业，这样就能避免奢华和淫靡生活，回到了素朴、本真的生命状态。

这一思想折射到审美观念上，则是对素朴之美的提倡和对礼乐文化的否定。儒家所传承的礼乐文化是贵族文化，它追求奢侈，追求文饰之美，将文饰作为贵族等级的标志，认为文饰可以增强统治者的威严感。老子从小国寡民的角度出发，强调素朴、稚拙之美，反对追求表面、外观的繁缛华丽和感官享受，要求返璞归真，追求一种朴拙之美。朴，即不加雕饰，拙是朴的外在表现形态，朴拙即是要求事物自然而然地呈现自身。朴拙的事物在色彩上的表现则是淡雅、清纯，这与礼乐文化所崇尚的缤纷色彩和浓重装饰风格是完全不一样的。礼乐文化以繁

---

① 朱谦之：《老子校释》，北京：中华书局1984年，第152页。
② 朱谦之：《老子校释》，北京：中华书局1984年，第307－309页。

文缛节而著称，老子反其道而行之，提倡简淡，反对繁琐。

基于此，老子从根本上否认文艺的价值。《老子·第十二章》指出："五色令人目盲；五音令人耳聋；五味令人口爽；驰骋畋猎，令人心发狂；难得之货，令人行妨。是以圣人为腹不为目。故去彼取此。"[1] 在这里，缤纷的色彩，纷杂的音调，山珍美味，驰骋田猎，难得之货，等等，都是上层贵族生活中所崇尚、所追求的。老子认为这些感官能的刺激会使人的心灵激扰不安。他认为正常的生活是为"腹"不为"目"，务内而不逐外，只要能求安饱，就不用纵情于声色之娱了。老子认为，当农田荒芜，仓库十分空虚时，还"服文采，带利剑，厌饮食，财货有余，是谓盗夸"[2]。即穿着锦绣的衣服，佩戴着宝剑，饱食终日，搜刮多余的货财，这简直就是强盗头子的作为。在老子看来，西周以来的礼乐文化是以声色之美在扰乱人的自然宁静的生存状态，是统治者穷奢极欲的表现。

从言说方式来看，贵族追求文雅的言说方式，追求华美的语言，老子反对这一点，认为："信言不美，美言不信"[3]，即信实的言辞是质朴的，华丽的辞藻往往是不可信的。贵族统治者追求各种乐器演奏的礼乐，老子却说："大音希声，大象无形。"[4] 在老子看来，用人为的色彩、线条创作的绘画；用声音、节奏创造的音乐；用语言文字创作的文章，都是破坏了自然之美，都是不好的、没有价值。世界上最美的音乐是没有声音的天籁之音。

老子反对礼乐文化的根本出发点是，提倡自然，反对人为。

---

[1] 朱谦之：《老子校释》，北京：中华书局1984年，第45—46页。
[2] 朱谦之：《老子校释》，北京：中华书局1984年，第212页。
[3] 朱谦之：《老子校释》，北京：中华书局1984年，第311页。
[4] 朱谦之：《老子校释》，北京：中华书局1984年，第171页。

老子认为："人法地，地法天，天法道，道法自然。"① 他反对人为地破坏自然秩序。而在这一点上恰好与礼乐文化通过限制人的自然本能欲望，从而达到社会秩序的和谐的观念相矛盾。

第二节 庄子的文艺思想及其对礼乐文化的否定

庄子（约前369年—前286年），名周，战国中期宋国蒙人，家贫，靠编织草鞋等维持生计，曾做过漆园吏，后辞官隐居，蔑视功名利禄。战国时期的楚宋文化有着浓厚的殷周遗风，同时因为迈入文明社会门槛较迟，因而保留了较多的原始宗教习俗，其特征是重淫祀，巫风盛行，对外在世界多采用直观的把握方式，想象力极为丰富，重视人的自由精神。正如李泽厚《中国美学史·第一卷》中所讲："由于中国古代经济发展的不平衡，庄子及其学派的主要活动地区江淮一带还大量存在着原始村社共同体的礼仪，因而保有对原始氏族社会的历史传统的更多的回忆。"②《庄子》一书中有很多地方都带有原始巫术遗风和神秘文化色彩。老庄之间固然有一定的不同之处，但是在否定礼乐文化方面是一脉相承的。

一、庄子认为仁义礼乐破坏了人的自然纯朴生活

庄子思想的出发点也是"道"。"道"是宇宙万物的本体，又是宇宙展变化的根源。庄子在《大宗师》中说"夫道，有情有信，无为无形；可传而不可受，可得而不可见；自本自根，未有天地，自古以固存；神鬼神帝，生天生地；在太极之先而不为高，在六极之下而不为深，先天地生而不为久，长于上古

---

① 朱谦之：《老子校释》，北京：中华书局1984年，第103页。
② 李泽厚：《中国美学史》，北京：中国社会科学出版社1987年，第232页。

而不为老。"① 意思是"道"真实地存在着，但它没有作为，也没有痕迹，可以心传而不能口授，可以体会而无法看见。它自为本根，天地产生之前，就已经存在了，是它产生了鬼神上帝，产生了天地。它在太极之上却不算高，在六合之下却不算深，先天地存在却不算久，长于上古却不算老。庄子的"道"代替了礼乐文化的天地鬼神观念。

"道"的状态是自然无为，因而庄子所谓的自然之道是与人为的礼乐文化相抗衡的。《田子方》篇指出："夫水之于汋也，无为而才自然矣。"②《骈拇》篇中讲："且夫待钩绳规矩而正者，是削其性者也；待绳约胶漆而固者，是侵其德者也；屈折礼乐，呴俞仁义，以慰天下之心者，此失其常然也。天下有常然。常然者，曲者不以钩，直者不以绳，圆者不以规，方者不以矩，附离不以胶漆，约束不以纆索。故天下诱然皆生而不知其所以生，同焉皆得而不知其所以得。故古今不二，不可亏也。则仁义又奚连连如胶漆纆索而游乎道德之间为哉！使天下惑也！"③庄子所崇尚的是自然的状态，因而认为，依靠钩绳规矩来修正的，削损了事物的本性；依靠绳索胶漆来固着的，损害了事物的本性。用礼乐来周旋，用仁义来劝勉，以慰天下之心者，违背了事物的本然真性。曲者不以钩，直者不以绳，圆者不以规，方者不以矩，不用胶漆黏合，不用绳索捆缚，这才是事物的天然本性。

庄子多次以牛马来说明自然之道。《秋水》篇指出"牛马四足，是谓天；落（络）马首，穿牛鼻，是谓人。故曰，无以人灭天，无以故灭命，无以得殉名。谨守而勿失，是谓反其真。"④

---

① 朱谦之：《老子校释》，北京：中华书局1984年，第246页。
② 郭庆藩：《庄子集释》，北京：中华书局1961年，第716页。
③ 郭庆藩：《庄子集释》，北京：中华书局1961年，第321页。
④ 郭庆藩：《庄子集释》，北京：中华书局1961年，第590页。

这里的"天",指天然;"真",指自然的本性。它们的对立面就是善为巧故,贪得无厌。牛马生来有四足,人却破坏了这种天然本性,用镳头络在马头上,用缰绳穿过牛鼻子。庄子呼吁不要人为地毁灭天然,不要用造作去摧残性命,不要贪恋名声,这样才能保全天真本性。

《马蹄》篇指出:"马,蹄可以践霜雪,毛可以御风寒,龁草饮水,翘足而陆,此马之真性。"① "夫马,陆居则食草饮水,喜则交颈相靡,怒则分背相踶。"② 蹄践霜雪,毛御风寒,龁草饮水,翘足而跳,喜则交颈,怒则分背相踢,这些都是马的天性。反过来,给马加上横木颈轭,给马额上戴上月形的装饰,让马住进高大的宫殿,就会使马失其真性,也是没有必要的。

《至乐》篇中讲,从前有只海鸟飞落在鲁国的郊外,鲁侯把它迎进太庙,为它"奏九韶以为乐,具太牢以为膳",海鸟目眩心悲,不敢吃一块肉,不敢饮一杯酒,三天就死了。庄子猛烈地抨击这种做法,认为这是"此以己养养鸟也,非以鸟养养鸟也。夫以鸟养养鸟者,宜栖之深林,游之坛陆,浮之江湖,食之鳅鲦随行列而止,逶迤而处。"③ 对于人性而言,自然之道体现为去伪存真,回归天然本性。庄子认为,人本与宇宙精神契合无间,与万事万物浑然无分,但是人们在欲望的支配下将会失去自然的本性。《咸池》、《九韶》之乐,在洞庭的野外演奏,鸟听了会飞走,兽听了会逃跑,鱼听了会沉入水下,然而人听了,却会围过来观赏。鱼在水里才能得生,人在水里就会淹死,人和鱼的禀性各别,所以好恶也就不同了。所以先圣不求才能的划一,不求事物的相同。只有遵循自然之道,才能各得其所。

就人而言,人本来也是纯朴自然的,尤其是在三代之前的

---

① 郭庆藩:《庄子集释》,北京:中华书局1961年,第330页。
② 郭庆藩:《庄子集释》,北京:中华书局1961年,第338页。
③ 郭庆藩:《庄子集释》,北京:中华书局1961年,第621页。

小国寡民时期，人民的生活处于淳朴自然的状态。庄子多处对远古时期人民素朴、自然的生活状态进行描述。《胠箧》篇中讲："昔者容成氏、大庭氏、伯皇氏、中央氏、栗陆氏、骊畜氏、轩辕氏、赫胥氏、尊卢氏、祝融氏、伏羲氏、神农氏，当是时也，民结绳而用之，甘其食，美其服，乐其俗，安其居，邻国相望，鸡狗之音相闻，民至老死而不相往来。若此之时，则至治已。"①《缮性》篇也讲："当是时也，阴阳和静，鬼神不扰，四时得节，万物不伤，群生不夭，人虽有知，无所用之，此之谓至一。"② 这是一片安乐祥和、安居乐业的景象。

但是后来出现了圣人，出现了仁义礼乐，就破坏了人的自然天性。《马蹄》篇讲："夫至德之世，同与禽兽居，族与万物并，恶乎知君子小人哉！同乎无知，其德不离；同乎无欲，是谓素朴；素朴而民性得矣。及至圣人，蹩躠为仁，踶跂为义，而天下始疑矣；澶漫为乐，摘僻为礼，而天下始分矣。故纯朴不残，孰为牺尊！白玉不毁，孰为珪璋！道德不废，安取仁义！性情不离，安用礼乐！五色不乱，孰为文采！五声不乱，孰应六律！"③ 至德之世，山上没有路径通道，水上没有船只桥梁。万物众生，比邻而居；禽兽众多，草木滋长。因而禽兽可以拉着游玩，鸟鹊的窠巢可以攀缘上去随意去看。人和鸟兽同居，与万物并生，没有君子和小人的区别，大家的本性也没有遗失，不需要智巧，也没有贪欲，所以都纯真素朴。然而，等到圣人出现了，急急于求仁，汲汲于求利，天下才开始迷惑。纵逸求乐，繁琐为礼，天下才开始分离。上古帝王赫胥氏的时代，也是人民安居无为，悠游无所往，口含食物嬉戏，挺胸饱腹遨游的时代。但是等到圣人出现了，用礼乐周旋来匡正天下人的形

---

① 郭庆藩：《庄子集释》，北京：中华书局1961年，第357页。
② 郭庆藩：《庄子集释》，北京：中华书局1961年，第550页。
③ 郭庆藩：《庄子集释》，北京：中华书局1961年，第336页。

态，用仁义作标榜来安慰天下人的心，人民才开始奔竞用智，汲汲争利而不可止，这些都是圣人的过失。

进一步讲，完整的树木不被雕刻，怎会有酒器；洁白的玉不被毁坏，怎会有珪璋；道德不被废弛，怎会有仁义；真性不被离弃，怎会有礼乐；五色不散乱，怎会有文采；五声不错乱，怎会有六律。因而所谓的礼乐文明在庄子看来整个都是建立在毁坏纯朴自然天性的基础之上的。毁坏原木来做器具，这是工匠的罪过；毁坏道德来求仁义，这是圣人的过失。所以说"礼者，道之华而乱之首也"①，"礼乐遍行，则天下乱矣"②。人们失去本性的原因在于将自己的德性强加于人，礼乐遍行天下，就是用一个模式来规范天下人。用一种德性来约束别人的德性，自然会造成天下大乱。因而，礼的推行，其实质是使人"丧己于物，失性于俗"。所以，礼乐广泛地流行，那天下就大乱了。

二、否定礼乐文化的声色之美

庄子美学思想的提出很大程度上是以明确否定礼乐文化为出发点的。庄子认为儒家的礼乐是束缚人性的钩、绳、规、矩、索、胶、漆，使人乱其耳、伤其性、害其神，不仅不能发展与完善人性，反而损害了人的本性，使人丧失"常然之性"。《天道》篇认为："钟鼓之音，羽旄之容，乐之末也；哭泣衰绖，隆杀之服，哀之末也。"③ 钟鼓之音，羽旄之容，哭泣衰绖，隆杀之服，这些都是礼乐文化中至为重要的审美对象，但在庄子看来，它们都是"乐之末"、"哀之末"。庄子指出："静而圣，动而王，无为也而尊，朴素而天下莫能与之争美。夫明白于天地之德者，此之谓大本大宗，与天和者也，所以均调天下，与人

---

① 郭庆藩：《庄子集释》，北京：中华书局1961年，第731页。
② 郭庆藩：《庄子集释》，北京：中华书局1961年，第548页。
③ 郭庆藩：《庄子集释》，北京：中华书局1961年，第468页。

和者也。与人和者，谓之人乐；与天和者，谓之天乐。"① 在庄子看来，与天地相合自然而然的音乐才是最好的艺术，而礼乐则是人为造作之物，只能戕害人的本性。《马蹄》篇讲："五色不乱，孰为文采！五声不乱，孰应六律！夫残朴以为器，工匠之罪也。"② 认为人为的"文采"、"六律"搅乱了自然的"五色"、"五声"，一块璞玉，本来包含了天然之美，工匠把它做成玉器，有了玉器之美，但却丧失了它的天然之美，庄子认为这正是工匠之罪。

《天地》篇讲："且夫失性有五：一曰五色乱目，使目不明；二曰五声乱耳，使耳不聪；三曰五臭熏鼻，困惾中颡；四曰五味浊口，使口厉爽；五曰趣舍滑心，使性飞扬。此五者，皆生之害也。"五色、五声、五臭、五味等诉诸人的感官，满足人的视听口腹之欲，是为世俗所追求的声色货利，非庄子所谓大美；并且，五色紊乱眼目，使得眼睛不明；五声扰乱听觉，使得耳朵不灵；五臭熏人嗅觉，使得鼻腔受激扰；五味败坏口舌，使得味觉丧失；好恶迷乱心弦，使得性情浮动。这五种东西都是生命的祸害，在他们的刺激下，人将失去本性。《渔父》中说："礼者，世俗之所为也；真者，所以受于天也，自然不可易也。故圣人法天贵真，不拘于俗。"③ 庄子认为礼是世俗的行为，人要谨慎修身，保持本真，归之于自然。

否定礼乐文化声色之美，这一思想在《庄子》中得到了反复论证。如《骈拇》篇中说："是故骈于明者，乱五色，淫文章，青黄黼黻之煌煌非乎？而离朱是已。多于聪者，乱五声，淫六律，金石丝竹黄钟大吕之声非乎？而师旷是已。"④ 传说离

---

① 郭庆藩：《庄子集释》，北京：中华书局1961年，第458页。
② 郭庆藩：《庄子集释》，北京：中华书局1961年，第336页。
③ 郭庆藩：《庄子集释》，北京：中华书局1961年，第1032页。
④ 郭庆藩：《庄子集释》，北京：中华书局1961年，第314页。

第六章　礼乐文化与道家、墨家、法家的文艺美学思想　171

朱是黄帝时代眼睛最明亮的人,能够在百里之外洞察秋毫;师旷是晋平公时的乐师,精通音律。青与赤为"文",赤与白为"章";白与黑为"黼",黑与青为"黻"。五色、五声、文章、六律、青黄黼黻等,这些是儒家礼乐文化所看重的美的范畴,但在庄子看来,纵情于色彩,迷乱于五色,混淆于文采,岂不像色彩华丽的服饰一样耀人眼目?离朱就是这类人的代表。纵情于听觉,混乱于五声,放任于六律,金石丝竹和黄钟大吕不正是这样吗?师旷就是这类人的代表。

《骈拇》篇还指出:"属其性于五味,虽通如俞儿,非吾所谓臧也;属其性乎五声,虽通如师旷,非吾所谓聪也;属其性乎五色,虽通如离朱,非吾所谓明也。"① 臧,善也。俞儿,是古时善于识味的人。庄子从推崇自然本性出发,认为如果改变本性而从属于五味,虽然像俞儿那样知味,却不是他所认为的完善;改变本性从属于五声,虽然像师旷那样精通音律,却不是他所认为的聪明完善;改变本性去从属于五色,虽然像离朱那样精通色彩之美,却不是他所认为的明达。所以,庄子认为,俞儿、师旷和离朱的聪明才智,都只是人为的,和"道"比较起来,他们的智慧不仅有限,而且是有害于人的眼睛和耳目的。因而,庄子反对俞儿,反对离朱,反对师旷,反对人为的音乐和色彩。有了人为造作的艺术,人们就不懂得什么是真正的艺术之美了,就会把这些不全的艺术当作是最美的艺术。师旷、离朱、工倕这些有很高技巧的音乐家、美术家、工艺家,创造出的均是从人为造作的角度来说水平很高的艺术品,他们的存在将使人们忘记什么是天然的艺术之美。

《胠箧》篇中,庄子干脆直接指出:"擢乱六律,铄绝竽瑟,塞瞽旷之耳,而天下始人含其聪矣;灭文章,散五采,胶离朱

---

① 郭庆藩:《庄子集释》,北京:中华书局1961年,第327页。

之目，而天下始人含其明矣；毁绝钩绳而弃规矩，攦工倕之指，而天下始人有其巧矣。"① 庄子认为搅乱六律，销毁竽琴，塞住师旷的耳朵，天下的人才能显出真正的聪慧；消灭文饰，拆散五采，粘住离朱的眼睛，天下的人才能显出真正的明敏；毁坏钩绳，抛弃规矩，折断工倕的手指，天下的人才能隐匿他们的技巧。

《至乐》篇中庄子批评了世俗纵情于官能之乐，从而疏离生命的状况。"夫天下之所尊者，富贵寿善也；所乐者，身安厚味美服好色音声也；所下者，贫贱夭恶也；所苦者，身不得安逸，口不得厚味，形不得美服，目不得好色，耳不得音声。若不得者，则大忧以惧，其为形也亦愚哉！"② 身体的安适，丰盛的饮食，华丽的装饰，美好的颜色，悦耳的声音，这些被礼乐文化所追求的东西，在庄子看来正是伤害人本性的东西，追求这些东西，简直是愚蠢之举。

庄子反对虚假矫情，赞赏自然无伪之真性情："真者，精诚之至也。不精不诚，不能动人。故强哭者虽悲不哀，强怒者虽严不威，强亲者虽笑不和，真悲无声而哀，真怒未发而威，真亲未笑而和。真在内者，神动于外，是所以贵真也。"对自然性情的推崇，使礼乐文化中刻板的行为和性情方式显得可笑。所以，在《渔父》篇中，庄子还讲："饮酒则欢乐，处丧则悲哀。忠贞以功为主，饮酒以乐为主，处丧以哀为主，事亲以适为主。功成之美，无一其迹矣。事亲以适，不论所以矣；饮酒以乐，不选其具矣；处丧以哀，无问其礼矣。礼者，世俗之所为也；真者，所以受于天也，自然不可易也。故圣人法天贵真，不拘于俗。"③ 以真性真情为生活的标准，那么饮酒便欢乐，处丧则

---

① 郭庆藩：《庄子集释》，北京：中华书局1961年，第353页。
② 郭庆藩：《庄子集释》，北京：中华书局1961年，第609页。
③ 郭庆藩：《庄子集释》，北京：中华书局1961年，第1032页。

第六章 礼乐文化与道家、墨家、法家的文艺美学思想

悲哀，事亲则适意，一切都变得简单、简洁，而不会像礼乐文化那样滋生出多余的繁文缛节。

在礼仪文化中丧葬之礼更多的时候带有钳制人的情感的因素，因而庄子反对外在的丧葬之礼，主张任性任情。在礼仪文化中至为重要的丧葬礼仪，在庄子看来也是有损人的自然天性的，因而应予以否弃。《大宗师》篇讲到，孔子听说子桑户死了，就让子贡前去助理丧事。子贡去后，发现子桑户的朋友中孟子反和子琴张，一个在编歌曲，一个在弹琴，二人合唱着："子桑户啊，子桑户，你已经回归本真，而我们还在这里做着凡人的事情。"子贡赶上去问："你们这样对着尸体歌唱，合礼吗？"二人相望而笑说，他哪里懂得礼的真意！子贡回去后，将见到的情况告诉孔子，并问，他们是什么人啊？不用礼仪来修饰德行，而置形骸于度外，对着尸体歌唱，无悲哀之色，简直无法形容。这就是儒道两家对于生命和礼仪的不同认识。儒家以美饰棺椁，哭泣辟踊为死去的亲人送葬。道家却认为人死是回归自然，因而当歌唱赞美。《至乐》篇讲，庄子的妻子死了，惠子去吊丧，看到庄子正鼓盆而歌。庄子指出，之所以这样，是因为人本来是没有生命的，不仅没有生命，而且也没有形体，不仅没有形体，而且也没有气息。在若有若无之间，生变而成气，气变而成形，形变而成生命，现在又变而为死，这就是生命的自然运行变化。在庄子看来，生命如同春夏秋冬四季的运行一样，是自然规律，所以应坦然处之。这恰是对礼乐文化以丧葬为契机，传达孝敬谦让观念等做法的否定。

庄子否定礼乐文化，也进一步否定了孔子所代表的儒家学说。《列御寇》中，当鲁哀公问颜阖，他将仲尼当做栋梁，国家是否有救时，列御寇说：危险啊！仲尼喜欢雕琢文饰，运用华丽的文辞，以细枝末节为主旨，矫情夸饰而不知道自己不信实，这样的心性主宰着精神，怎能领导人民呢？让他领导人民，那

一定会耽误事的。在庄子看来，孔子喜欢雕琢文饰，致力于华丽的文辞，以枝节为主旨，矫饰性情以夸饰，因而不可以为国家的栋梁。

由儒家文化所延续下来的礼仪文化关注存在物的价值，追求物的美饰，以及物与道德伦理的相通之处。但是庄子认为，礼乐声色都是毁坏人本性的东西，因而予以否定。《缮性》篇指出："古之所谓得志者，非轩冕之谓也，谓其无以益其乐而已矣。今之所谓得志者，轩冕之谓也。轩冕在身，非性命也，物之傥来，寄也。寄之，其来不可圉，其去不可止。故不为轩冕肆志，不为穷约趋俗，其乐彼与此同，故无忧而已矣！今寄去则不乐。由是观之，虽乐，未尝不荒也。故曰：丧己于物，失性于俗者，谓之倒置之民。"[1] 庄子认为，古时所谓的快意自适，并不是指享有荣华富贵，而是指无可复加的欣悦而已。而现在所谓的得志者，关注的只是高冠轩冕。然而，高冠轩冕，这些外物并不是真性本命，而是偶然来寄托的外物。外物来不可抵御，去不可阻止。所以不要为外在的东西而恣纵心志，不要因穷困紧迫而趋附世俗。丧失自己于外物，迷失本性于世俗，就是本末倒置。

庄子认为"道"的状态是自然而然，没有人工斧凿的痕迹。在这一点上，庄子的思想与礼乐文化精神形成矛盾和对立状态。礼乐文化推崇人为之美，将美纳入到人的生活体系之中，而老庄崇尚素朴、简淡之美，否定了礼乐文化的声色情貌之美。老子讲"大音希声，大象无形"[2]，庄子说："视乎冥冥，听乎无声。冥冥之中，独见晓焉；无声之中，独闻和焉。"[3] 又说："夫

---

[1] 郭庆藩：《庄子集释》，北京：中华书局1961年，第558页。
[2] 朱谦之：《老子校释》，北京：中华书局1984年，第171页。
[3] 郭庆藩：《庄子集释》，北京：中华书局1961年，第410页。

恬淡寂漠虚无无为，此天地之平而道德之质也。"[1] 道不仅无形无象，而且虚静恬淡、寂寞无为，这与礼仪文化所崇尚的人为的声色之美有着很大的不同。

庄子否定了礼乐之美，而推崇自然天籁之乐。《齐物论》将声音分为人籁、地籁、天籁。用丝竹管弦吹弹出来的是人籁，它是要靠人的技术来完成的。而人的能力毕竟是有限的，当然不可能把声音之美全部表现出来。地籁是风吹众窍而发出的声音，它是要依赖于风的大小，也不可能把声音之美全部表现出来。而天籁则是众窍自鸣，不依赖于任何外物。庄子认为人籁、地籁都是有所依待的，也就是说是不完全自由的，而天籁是完全自发的。

在《天运》篇中，北门成问黄帝说，你在洞庭之野所奏的咸池之乐，才听使人害怕，继而使人恐惧，使人迷迷糊糊，最后才能悟出玄理，达到"坐忘"境界，这是什么原因呢？为什么能有那样的艺术感染力？黄帝说这就是"天乐"，然后对天乐进行了解释，认为天乐所表达的既不是世俗常人的哀乐之情，也不是儒家的仁义道德，它在时间上无始无终，空间上无极无垠，"充满天地，包裹六极"。儒家的礼乐文化侧重于社会教化，道家的天乐则超出社会伦理而上升到自然宇宙的层面，具有一种自由和浪漫的美学精神。天籁与天乐都是大自然的音乐，在庄子看来这才是最美的音乐。

综上所述可以看出，庄子从自然无为的道出发，反对人为的礼仪文化，进而否定了儒家世俗的文艺思想，反对儒家的声色、雕琢之美。庄子的文艺思想是对以儒家为代表的礼乐文化的彻底否定。可以说老庄在反驳礼乐文化的过程中，建立了自己的美学体系。

---

[1] 郭庆藩：《庄子集释》，北京：中华书局1961年，第538页。

第三节　礼乐文化与墨家的文艺美学思想

墨子（约前468年—前376年），各翟，鲁国人。墨子出身贫寒，可能当过工匠，大概属于当时的庶民阶级，自称是"贱人"，后来，墨子上升为"士"阶层中的一员。墨子曾经从师于儒者，学习孔子之术，称道尧舜大禹，学习《诗》、《书》、《春秋》等儒家典籍。但后来逐渐对儒家繁琐的礼乐感到厌烦，最终放弃了儒学，形成墨家学派。墨子要求上层统治阶级要任用贤人，打破世卿世禄制度，让一些出身贫贱而有才能的人，也能参与政治。墨子的思想代表了当时农民与小工商业者的利益，在政治上具有反对上层贵族阶级压迫、剥削的进步意义。

一、墨子的天志鬼神观念

墨子延续了原始文化中的天命鬼神观念，设定有一个最高主宰神的存在，设定它能统治自然界和人类，从而借宗教教义的形式去表达政治的要求。

墨子设定天的目的是，以天的不可实证性和权威性来约束人的行为，来作为处理社会事务的一个砝码。《墨子·天志》篇讲："我有天志，譬若轮人之有规，匠人之有矩。轮匠执其规矩，以度天下之方圆，曰：中者是也，不中者非也。"[1] 天志如果规矩一样，成为衡量事物的标准。天会奖赏那些"兼相爱"之人，会对那些"别相恶"之人予以惩罚。《墨子·尚同上》指出："天下之百姓皆上同于天子，而不上同于天，则灾犹未去也。今若天飘风苦雨，溱溱而至者，此天之所以罚百姓之不上

---

[1]　吴毓江：《墨子校注》，北京：中华书局2006年，第290页。

同于天者也。"① 百姓不能以天为行为根据，而以天子的旨意为根据，在墨子看来这是会受到天惩罚的。《尚同中》也指出："天下既尚同乎天子，而未上同乎天者，则天灾将犹未止也。故当若天降寒热不节，雪霜雨露不时，五谷不孰，六畜不遂，疾灾戾疫，飘风苦雨，荐臻而至者，此天之降罚也，将以罚下人之不尚同乎天者也。"②《天志中》更为明确地指出："天子为善，天能赏之；天子为暴，天能罚之；天子有疾病祸祟，必斋戒沐浴，洁为酒醴粢盛，以祭祀天鬼，则天能除去之。"③ 不敬天，会受到天的惩罚。反过来，若敬天，天可以帮天子去除疾病祸祟。

由此可见，墨子的思想倾向有三个方面：第一，认为天的地位高于天子，天子应当遵从天意；第二，如果人不能遵循天的意志，就会受到天的惩罚。正是因为担心受到天的惩罚，因而，古代的圣王，"齐戒沐浴，洁为酒醴粢盛，以祭祀天鬼。其事鬼神也，酒醴粢盛不敢不蠲洁，牺牲不敢不腯肥，珪璧币帛不敢不中度量，春秋祭祀，不敢失时机，听狱不敢不中，分财不敢不均，居处不敢怠慢。"④ 第三，墨子天命观念的提出，意味着天下人人平等，人类都是天的儿子，在最高主宰"天"的面前，天子和庶民都是平等的，同时，一切人都可以平等地去奉祀自己的祖先。这就是"天意"。从这一点来看，墨子的"天意"与周代统治者的天意是有区别的，统治者的天意主要是维护人天生的等级贵贱地位，墨子的天意出发点是天下人人平等。

墨子还通过天的无上地位来推行其"兼爱"和"非攻"思想。在墨子看来，天最高最大，无论大国小国，都是天的属国；

---

① 吴毓江：《墨子校注》，北京：中华书局2006年，第109页。
② 吴毓江：《墨子校注》，北京：中华书局2006年，第116页。
③ 吴毓江：《墨子校注》，北京：中华书局2006年，第297页。
④ 吴毓江：《墨子校注》，北京：中华书局2006年，第116页。

人不分贵贱，都是天的臣民。"天之意，不欲大国之攻小国也，大家之乱小家也。强之暴寡，诈之谋愚，贵之傲贱，此天之所不欲也。"①在这里墨子将"兼爱"思想赋予天意，天希望天下人相亲相爱，不要互相残杀。

墨子也论证了鬼神的存在。鬼神和天都是约束人的外在力量。《非攻下》中，墨子将武王伐纣的根据，建立在神灵启示的基础之上，认为武王伐纣的合理性是因为看到了"赤鸟衔珪，降周之岐社，曰：'天命周文王伐殷有国。'"②武王牧野之战打败殷商后，天又"赐武王黄鸟之旗"，足见，在墨子看来，武王伐纣是天命鬼神意志的体现。《明鬼》篇反复论证了鬼神能够"赏贤而罚暴"，并且举例说明鬼神是确实存在的，如周宣王杀害了无辜的大臣杜伯，杜伯说："吾君杀我而不辜，若以死者为无知，则止矣；若死而有知，不出三年，必使吾君知之。"③过了三年，周宣王合诸侯，在圃田打猎，数百乘车，数千人，浩浩荡荡，布满田野。日中时，杜伯"乘白马素车，朱衣冠，执朱弓，挟朱矢"，追周宣王，且将周宣王射死在车上。当时，跟从的人没有不看见这一幕的。这件事被记载在《春秋》之中。之后，为君者教导臣下，为父者警戒其子，都会以此为戒，不杀无辜。因为杀无辜，将会遭到鬼神的惩罚。墨子说，由此看来，鬼神是确凿无疑地存在的了。

墨子证明鬼神之存在，其目的是将鬼神作为监视和赏罚的形而上根据，从而约束和限制人的行为。《明鬼》篇讲："古者圣王必以鬼神为务，其务鬼神厚矣。又恐后世子孙不能知也，故书之竹帛，传遗后世子孙。咸恐其腐蠹绝灭，后世子孙不得

---

① 吴毓江：《墨子校注》，北京：中华书局2006年，第297页。
② 吴毓江：《墨子校注》，北京：中华书局2006年，第217页。
③ 吴毓江：《墨子校注》，北京：中华书局2006年，第331页。

而记，故琢之盘盂，镂之金石，以重之。"① 当鬼神的意志被刻之盘盂，镂之金石，书之竹帛时，就变成了约束人的行为的法典，而当各个诸侯国的君主能遵循天命鬼神的意志，进行祭祀和统治时，"天鬼"就会支持他为"政长"，并且赐福于统治者。墨子为其行为找到了形而上的理论根据，因而，墨家的信徒都有一种为革命而牺牲的伟大精神，能够赴火蹈刃，死不旋踵。可见，在天神观念已经衰落的春秋战国时期，墨子延续了形而上的鬼神观念，并使其发挥了一定的社会效力。

既然相信天命鬼神的存在，就要进行祭祀。《墨子》中多处讲到对天的祭祀活动。如《天志中》说，如果天子有疾病祸祟，斋戒沐浴，用酒醴粢盛祭祀鬼神，疾病祸祟就能除去。《明鬼下》说夏商周三代的圣王，"始建国营都，曰必择国之正坛，置以为宗庙；必择木之修茂者，立以为菆位；必择国之父兄慈孝贞良者，以为祝宗；必择六畜之腯肥倅毛，以为牺牲；珪璧琮璜，称财为度；必择五谷之芳黄，以为酒醴粢盛，故酒醴粢盛，与岁上下也。故古圣王治天下也，故必先鬼神而后人者，此也。"② 三代的圣王建立国家后，都要选择设立祭坛，建立宗庙。然后选择国内慈孝善良的父兄来当宗伯，选用六畜中体肥毛纯的牛羊猪来做祭品。再根据自己的财力，选用珪璧琮璜等来做祭玉；根据收成的好坏，选择五谷中芳香色美的来做祭祀用的酒醴食品。由此可见，墨子并没有完全否弃礼乐文化，而是肯定了"四海之内，粒食之民，莫不犓牛羊，豢犬彘，洁为粢盛酒醴，以祭祀于上帝鬼神"③ 的祭祀典礼，认可与天地鬼神相沟通的祭祀礼仪。

然而，从眼前实际利益出发思考问题，天命鬼神与当下的

---

① 吴毓江：《墨子校注》，北京：中华书局2006年，第334页。
② 吴毓江：《墨子校注》，北京：中华书局2006年，第334页。
③ 吴毓江：《墨子校注》，北京：中华书局2006年，第289页。

实际利益都有一定的距离，尤其是隆重的祭祀礼仪，常常与礼乐演奏融为一体，要耗费大量的人力和物力，浩大的祭祀礼仪，显然与墨子以当下利益为处理问题的基本原则的思想是矛盾的，因而，墨子又对天命和鬼神表现出怀疑和否定的态度。这一点在墨子对天命的态度中得到集中体现。儒家认为"死生有命，富贵在天"，墨子否定了天命观，认为"寿夭贫富，安危治乱，固有天命不可损益"的儒家天命观，是"贼天下之人者也"，天命观的本质是否定了人的后天努力，这又从根本上否定了周代礼乐文化。

综合以上几个方面可以看出，墨子提出天命鬼神观念，只是不得不借用天和鬼的权威作为一种恫吓、震慑力量，来警告统治阶级必须约束自己的行为，甚至从这一点出发，也认为祭祀文化是必要的；但是他从根本上反对与天命鬼神相联系的贵族文化体制，反对礼乐文化，因而又提出"非命"的思想。

二、墨子否定了贵族的礼乐文化

只有形而上的天和鬼神对人的行为具有无可置疑的统治权威，因而墨子认可天和鬼神的威慑力，从而认可祭祀礼仪的意义；但从现世人生的角度看，墨子又坚决否定礼乐文化。在墨子看来，酒醴粢盛用于天神是无话可说的，但用到人这里就会造成社会的不平等，而且也不利于生产。随着天对人的约束力的减弱，礼乐文化的文饰之美逐渐演化为铺张浪费和奢侈淫靡。墨子正是从文饰性、奢侈性的角度对礼乐文化进行批判的。所以，墨子对礼乐文化的批评也具有极强的现实针对性。

（一）墨子否定了贵族的等级制和血缘关系

墨子作为下层手工业者的代表，从保护新兴小生产劳动者的物质利益和政治权利出发，力求打破贵族的等级制和血缘宗法关系，为下层贤能之士发挥才能奠定基础。《墨子·尚贤上》

指出:"故古者圣王之为政,列德而尚贤,虽在农与工肆之人,有能则举之。高予之爵,重予之禄,任之以事,断予之令。"①墨子认为"官无终贵,民无终贱",尚贤就是要突破血统和世袭的社会地位,为处于下层的庶人发挥自己的才能,并晋升到"士"阶层,参与政事,做好理论铺垫。所以说,墨子的尚贤思想富有破坏氏族遗制的威力。

墨子的兼爱思想是建立在打破国与国、家与家的区别的基础之上的。《墨子·兼爱中》指出:"视人之国若视其国,视人之家若视其家,视人之身若视其身。"② 如果在人们的思想观念中,没有了国与国的区别和概念,没有了家与家的区别,没有了人与我的区别,那么,人间就会充满和谐,没有战争,没有强劫弱,没有众暴寡,整个社会也就成为一个没有等级、充满博爱精神的平等社会。

(二) 墨子批判了贵族的礼乐文化

礼乐文化是一种典型的贵族文化。墨子曾经跟随儒者学习礼乐文化,因而深知礼乐文化之精髓,在反对礼乐文化方面也能切中肯綮。礼乐文化注重文饰,但有奢侈之嫌。在物质资源相对匮乏,而贵族统治地位逐渐衰微,更多的人希望享有平等权利的时代,礼乐文化追求文饰的审美观念,就成为众矢之的。

在墨子看来,贵族礼乐文化建立在剥削和掠夺的基础之上,缺乏公平性。墨子指出,有一部分人不劳而获,却生活奢侈,挥霍浪费,厚葬久丧,钟鸣鼎食,而另一部分人终日劳动,却饥不得食,寒不得衣,劳不得息,身无立锥之地。墨子认为,造成这种贫富不均状况的主要原因是贵族阶层对劳动者的巧取豪夺。他们"厚作敛于百姓,暴夺民衣食之财,以为锦绣文彩,

---

① 吴毓江:《墨子校注》,北京:中华书局2006年,第66页。
② 吴毓江:《墨子校注》,北京:中华书局2006年,第156页。

靡曼之衣","以为美食刍豢，蒸炙鱼鳖"，因而，应当推翻贵族的统治，推翻贵族文化，建立平等的生产关系。

墨子对贵族礼乐文化的批评是以直接批评儒家文化为契机的。《非儒下》指出："繁饰礼乐以淫人，久丧伪哀以谩亲，立命缓贫而高浩居，倍本弃事而安怠傲。贪于饮食，惰于作务，陷于饥寒，危于冻饿，无以违之。"①这就是儒者的形象。他们延续了周代的礼乐文化，繁饰礼乐，久丧伪哀，贪于饮食，惰于作务。墨子进一步指出，以孔子为代表的儒者，"浩居而自顺者也，不可以教下；好乐而淫人，不可使亲治；立命而怠事，不可使守职；宗丧循哀，不可使慈民；机服勉容，不可使导众。孔某盛容修饰以蛊世，弦歌鼓舞以聚徒，繁登降之礼以示仪，务趋翔之节以观众，博学不可使议世，劳思不可以补民，累寿不能尽其学，当年不能行其礼，积财不能赡其乐，繁饰邪术以营世君，盛为声乐以淫遇民，其道不可以期世，其学不可以导众。"② 在墨子看来，儒者倨傲自大，只按自己的想法行事，不能教化百姓；好声乐而蛊惑人，不能管理政事；厚葬久丧，不能慈爱百姓；盛容修饰，弦歌鼓舞，繁登降之礼，务趋翔之节，迷惑世人，无济于世，无补于民，因此，应当受到批判。

墨子从实用功利的角度出发，指出以下宫室、服饰等的审美标准：

就宫室而言，墨子认为最高的标准应当是适用。宫室的标准应当是："高足以辟润湿，边足以圉风寒，上足以待雪霜雨露，宫墙之高，足以别男女之礼。"③ 但是后世人却忘掉了宫室的适用原则，而趋向奢侈。《墨子·辞过》篇讲："当今之主，其为宫室则与此异矣。必厚作敛于百姓，暴夺民衣食之财，以

---

① 吴毓江：《墨子校注》，北京：中华书局2006年，第429页。
② 吴毓江：《墨子校注》，北京：中华书局2006年，第432页。
③ 吴毓江：《墨子校注》，北京：中华书局2006年，第45页。

第六章　礼乐文化与道家、墨家、法家的文艺美学思想

为宫室台榭曲直之望，青黄刻镂之饰。为宫室若此，故左右皆法象之，是以其财不足以待凶饥、振孤寡，故国贫而民难治也。"①

就服饰而言，最高的标准应当是："冬则练帛之中，足以为轻且暖；夏则絺绤之中，足以为轻且清，谨此则止。"②但后世趋于奢侈，"以为锦绣文采靡曼之衣。铸金以为钩，珠玉以为佩，女工作文采，男工作刻镂，以为身服。"③

饮食的目的应当是："足以增气充虚、强体适腹而已矣。"④但到战国时期，"以为美食刍豢，蒸炙鱼鳖，大国累百器，小国累十器，前方丈，目不能遍视，手不能遍操，口不能遍味，冬则冻冰，夏则饐饐。人君为饮食如此，故左右象之，是以富贵者奢侈，孤寡者冻馁，虽欲无乱，不可得也。"⑤

舟车的制作准则应当是"全固轻利，任重致远"，但是到了后来，舟车制作"饰车以文采，饰舟以刻镂"，从而使人民陷入饥寒困苦之中，这就变成了奢侈。

丧葬文化是贵族礼乐文化的重要组成部分，在礼乐文化中，"棺椁必重，葬埋必厚，衣衾必多，文绣必繁，丘陇必巨。存乎匹夫贱人死者，殆竭家室。存乎诸侯死者，虚车府，然后金玉珠玑比乎身，纶组节约，车马藏乎圹，又必多为屋幕、鼎鼓、几筵、壶滥、戈剑、羽旄、齿革，寝而埋之。"⑥在礼乐文化中，讲究"哭泣不秩声，翁缞绖，垂涕，处倚庐，寝苫枕块。又相率强不食而为饥，薄衣而为寒。使面目陷𩥭，颜色黧黑，耳目不聪明，手足不劲强，不可用也。"⑦以至于达到"上士之操丧也，必扶而能起，杖而能行"的程度，且要如此三年。《墨子·公孟》篇中，墨子指出丧礼和平时的诗乐自娱，都是在耗费时

---

①②③④⑤　吴毓江：《墨子校注》，北京：中华书局2006年，第45页。
⑥　吴毓江：《墨子校注》，北京：中华书局2006年，第258页。
⑦　吴毓江：《墨子校注》，北京：中华书局2006年，第259页。

日，不但会耽误君子听治，还会耽误庶人做事。墨子认为，如果"国治"、"国富"的时候只搞礼乐，而到"国乱"时才想到去治理，那就好像"噎而穿井"、"死而求医"一样，就来不及了。"三代暴王"之所以身败国亡，就是因为耽于声乐，不顾百姓死活，沉迷自己奢侈、腐朽的享乐生活。所以，墨子说"弦歌鼓舞，习为声乐"是导致国家丧乱的根源。墨子从小生产者的角度出发，认为久丧制度必然会耽误生产，是对社会财富的浪费，因而是不必要的。

墨子批评了贵族文化的奢侈性，指出宫室、衣服、器用等应以满足实用为目的。墨子对礼乐文化的批判，主要是采取了非儒以非周代礼乐文化的方式，代表了小生产劳动者的物质利益和对平等大同社会理想的追求。

三、墨子的非乐思想

礼乐文化以实用与审美融合、功利与非功利融合为基本特点。在礼乐文化模式中，功利目的被掩盖在艺术化的外在形式之中，但是墨家没有能看到这种模式之中审美的手段意义，以及实用的目的意义，而主张直奔目的，使社会生活简单化。墨子对贵族礼乐文化的否定表现在宫室、服饰、饮食等各个方面，而最为集中地体现在非乐思想中。《非乐》篇主要谈了对于音乐的认识，较为集中地表达了墨子的文艺美学思想。

墨子处世的基本态度是："必务求兴天下之利，除天下之害。将以为法乎天下，利人乎即为，不利人乎即止。"[①] 以是否有利人民生存作为处世的出发点。以是否有利为衡量标准，那么耳目鼻口等感官所能知觉的美，就未必是应当提倡的了。因而，墨子讲："且夫仁者之为天下度也，非为其目之所美，耳之

---

① 吴毓江：《墨子校注》，北京：中华书局 2006 年，第 373 页。

所乐，口之所甘，身体之所安，以此亏夺民衣食之财，仁者弗为也。"[①] 目之所美，耳之所乐，口之所甘，身体之所安，不是不美，但是为了获得这种美的享受，却亏夺民之衣食财物，就不值得提倡了。墨子《非乐》篇中进一步讲道："是故子墨子之所以非乐者，非以大钟、鸣鼓、琴瑟、竽笙之声，以为不乐也，非以刻镂华文章之色以为不美也，非以刍（食草动物）豢（食谷动物）煎炙之味以为不甘也，非以高台、厚榭、邃（深）野（屋宇）之居，以为不安也。虽身知其安也，口知其甘也，目知其美也，耳知其乐也，然上考之不中圣王之事，下度之不中万民之利。"[②] 墨子明确表示，并不是不知道刻镂文章之美，并不是不知道煎炙的猪牛肉的味道甘美，也并不是不知道居住在高台厚榭深院之屋是安适的。虽然身体知道安适，口知道甘美，眼睛知道享受，耳朵知道快乐，但如果这些东西不符合人民的利益，在墨子看来就是不美的。因为墨子判断美丑的标准是能否"利人"，能否"兴天下之利，除天下之害"，音乐"不中圣王之事"，"不中万民之利"，不能"利人"，不能解决民众生存和社会发展的当务之急，因而毫无用处。在墨子看来，当时人民的生活中有三种困境："饥者不得食，寒者不得衣，劳者不得息"，这是人民生活中最需要解决的问题，但是吹奏音乐，"撞巨钟，击鸣鼓，弹琴瑟，吹竽笙，而扬干戚"，能解决这"三患"中的哪一患呢？显然，一患都解决不了。因而墨子从实用功利目的出发，认为儒家的繁文缛节和华彩丽服都是不必要的。从整个社会发展存在的角度进一步来看，墨子认为当时天下的大患是战乱不息，大国攻小国，"强劫弱，众暴寡，诈欺愚，贵傲贱，寇乱盗贼并兴"，面对这些社会问题，"撞巨钟，击鸣鼓，弹琴瑟，吹竽笙，而扬干戚"，有什么实际用处呢？既然不能"兴天

---

①② 吴毓江：《墨子校注》，北京：中华书局2006年，第373页。

下之利，除天下之害"，那么，音乐就毫无用处，所以墨子顺理成章地指出："为乐非也。"

墨子认为音乐非但没有用处，而且还有极大的害处，那就是浪费劳动力，妨碍生产。因为音乐演奏时，钟要人撞，鼓要人击。那么，谁来撞钟、击鼓呢？显然，老人和小孩都不行，他们或者"耳目不聪明"，或则"股肱不毕强"。撞钟、击鼓的事情就需要壮年人来完成。进一步讲，墨子认为在社会生活中每个人都有自己的职责，如果大家都沉溺于音乐、艺术等享乐活动中，将会耽误自己的分内工作。"王公大人蚤（早）朝晏（晚）退，听狱治政，此其分事也。士君子竭股肱之力，殚其思虑之智，内治官府，外收敛关市、山林、泽梁之利，以实仓廪府库，此其分事也。农夫蚤出暮入，耕稼树艺，多聚叔粟，此其分事也。妇人夙兴夜寐，纺绩织纴，多治麻丝葛绪，綑布缪，此其分事也。"① 但是，如果上至王公大人，下至农夫农妇都沉溺音乐，一定会耽误他们职责之内的工作。音乐表演和欣赏都是浪费劳动力，妨碍生产的行为，所以墨子说："为乐非也。"

王公大人的音乐演奏往往需要众多的人来陪同欣赏。"与君子听之，废君子听治；与贱人听之，废贱人之从事。"② 所以，欣赏音乐也要浪费人力，也要影响工作和生产，因此，墨子说："为乐非也。"

墨子举齐康公的例子说明为了演奏音乐，乐师也在耗费社会财富。具体来讲，演奏音乐的人，为了要保持面目颜色的姣好，衣服的华丽整齐，必然要"食必粱肉，衣必文绣"。这样，如果"兴乐万，万人不可衣短褐，不可食糠糟"，其结果，势必造成大量的奢侈浪费，"亏夺民衣食之财"，因此墨子说："为乐

---

① 吴毓江：《墨子校注》，北京：中华书局2006年，第375—376页。
② 吴毓江：《墨子校注》，北京：中华书局2006年，第375页。

非也。"

墨子将人与动物进行比较,来说明为乐之非。动物不耕不织,但是禽兽、麋鹿、飞鸟、贞虫,以它们的羽毛为裘,以它们的蹄爪为绔屦。动物困其水草,以为饮食,所以雄不耕稼树艺,雌不纺绩织纴,衣食之财,已经很充沛了。但人不同,人需要劳动。人要靠劳动才能生存;不劳动,就不能生存。君子和贱人,虽然"分事"不同,但他们都要"从事",则是一样的。这是人和动物的根本差别。如果大家都像动物一样不劳动,都"说乐而听之",那么,音乐一定会妨害各个阶层的人的工作,对国家、人民十分不利,所以墨子说:"为乐非也。"

最后,再从历史上的教训来看,"察九有之所以亡者,徒从饰乐也"[①]夏启淫溢康乐,结果弄到"上者天鬼弗戒,下者万民弗利"的地步。因此,墨子说:"今天下士君子,请将欲求兴天下之利,除天下之害,当在乐之为物,将不可不禁而止也。"[②]这里,墨子从"非乐"的思想,发展到"禁乐"的主张了。

这样,墨子就从乐器制造、音乐演奏、音乐欣赏,以及乐人供养等几个方面阐述了他"非乐"的理由。墨子反对音乐,不是认为音乐不好,而是认为音乐这种艺术活动会带来人力物力的浪费。

在其他篇章中,墨子也从不同角度谈了对音乐的认识。《三辩》篇中,程繁对于墨子的"非乐"思想提出了质疑:你说圣王不用乐,但是事实是,诸侯、士大夫及农夫都会在劳作之余,将钟鼓之乐、竽瑟之声,以及瓦缶之声作为重要的休息方式。墨子对此回答说:"昔者尧舜有《第期》者,且以为礼,且以为乐。汤放桀于大水,坏天下自立以为王,事成功立,无大后患,因先王之乐,又自作乐,命曰《濩》,又修《九昭》。武王胜殷

---

①② 吴毓江:《墨子校注》,北京:中华书局2006年,第376页。

杀纣，环天下自立以为王，事成功立，无大后患，因先王之乐，又自作乐，命曰《象》。周成王因先王之乐，又自作乐，命曰《驺虞》。周成王之治天下也，不若武王；武王之治天下也，不若成汤；成汤之治天下也，不若尧舜。故其乐逾繁者，其治逾寡。自此观之，乐非所以治天下也。"①墨子将尧舜到成王时期的政治状况和音乐艺术状况进行了对比和分析，最后得出结论，凡是愈古的帝王，政治愈好，则音乐就愈是少而简，而越到后来，政治越不如以前，音乐反倒多而繁了。所以，"乐"与"治"是相反的，"乐"愈繁者"治"愈小，因此"乐非所以治天下也"，音乐并不能达到治理天下的目的。在这里，墨子把音乐艺术和政治的关系，说成是互相排斥和互相妨害的，礼乐并不是社会得到治理的必然渠道，相反是社会走向混乱的根源。

四、墨子思想的历史文化语境

墨子之所以能提出"非乐"思想，与其所处的时代背景是有关系的。墨子所处的时代，是战国初期，战乱频仍，民不聊生。在墨子看来，时代的主要矛盾是："大国之攻小国也，大家之乱小家也，强之劫弱，众之暴寡，诈之谋愚，贵之傲贱，此天下之害也。"② 在这种情况下，"饥者不得食，寒者不得衣，劳者不得息"。因此，解决这些问题，才是当务之急。但作为"显学"的儒家，却抛开这些现实问题不谈，而去奢谈"礼乐"。在墨子看来，儒家的所作所为，将要使天下之人"陷于饥寒，危于冻馁"。墨子追求当下的实用性和功利性，孔子的礼乐文化有时候会超越当下的实用性，因为显得有些奢侈，似乎在浪费社会资源。墨子提倡"非乐"，其主要批判对象就是儒家繁饰不务

---

① 吴毓江：《墨子校注》，北京：中华书局 2006 年，第 60 页。
② 吴毓江：《墨子校注》，北京：中华书局 2006 年，第 172 页。

第六章 礼乐文化与道家、墨家、法家的文艺美学思想

实的做法。

墨子反对礼乐文化与其身份地位是有关系的。墨子生于春秋战国之际，出身于手工业者，曾任宋国大夫。他从民众的物质利益出发，强烈谴责统治者穷奢极欲的享乐活动，认为音乐舞蹈等都属于奢侈浪费，劳民伤财，是不可取的，认为举行盛大的奏乐与舞蹈活动，一定会引起民众的不满。同样，墨子从手工业者的角度出发，提倡节俭的生活原则，甚至矫枉过正，主张饮食以"黍稷不二，羹胾不重，饭于土塯，啜于土铏"[①]为度，衣服以"冬以圉寒，夏以圉暑"为度，宫室以"高足以辟润湿，边足以圉风寒，上足以待雪霜雨露，宫墙之高足以别男女之礼"为度。所以，墨子反对弦歌鼓舞，一定程度上与他作为小生产者更加关注眼前利益的局限性是有关系的。在墨子的音乐美学思想中，也确实表现出了小生产者思维的狭隘，只知物质之利，不知精神之利，只知眼前利益，不知长远利益，这就使他对音乐这门潜移默化的艺术缺乏正确的评价和研究。

墨子对礼乐的态度本源于夏文化的素朴。《墨子·非命上》载："何谓三表？子墨子言曰：有本之者，有原之者，有用之者。于何本之？上本之于古者圣王之事。于何原之？下原察百姓耳目之实。于何用之？废以为刑政，观其中国家百姓人民之利。此所谓言有三表也。"[②] 仔细分析墨子的"三表"，就会发现，其实质仅有两个方面，其一是以百姓利益为根据；其二是以上古圣王之事为根据。以百姓利益为依据，是墨子思想的现实依据；而以上古圣王之事为根据，则是墨子思想的历史依据。墨子认为从宫室、服饰、器用等各个方面，要像古代那样，宫室仅仅能够满足御寒、避湿的目的就行了。墨子以上古贤君为

[①] 吴毓江：《墨子校注》，北京：中华书局2006年，第250页。
[②] 吴毓江：《墨子校注》，北京：中华书局2006年，第394页。

榜样，指出人的衣着、饮食、居处的根本原则应是"便于生"、"便于身"，只求满足基本的生存需要。因而，一切华丽的、奢侈的追求都是不必要的，也是没有实用价值的。

综合以上几个方面可以看出，墨子对礼乐的批判，其一，来自于对历史史实追本溯源的考证；其二，来自于对极端奢靡的音乐享乐与国家混乱、黎民困苦不堪的社会现实的反思；其三，来自于墨子以利为本的哲学与社会学思想。

墨子保留了礼乐文化中的天命鬼神观念，但是全面否定了礼乐文化中的服饰、饮食、宫室以及礼乐观念。墨子从实用功利目的出发，认为儒家的繁文缛节和华彩丽服都是不必要的，这一方面对礼乐文化的奢侈问题提出了批评，是正确的，但也一定程度上体现了小生产者的急功近利和狭隘性。小生产者不能看到精神性的礼乐文化对社会治理深远和长久的影响。正如程繁所批评的，墨子"张而不弛"，不能充分认识到人除了物质需求外，还有精神需求，除了劳作外，还需要娱乐。正因为如此，墨子的"非乐"思想遭到了孟子的强烈反对。也正是墨子的极端"非乐"思想，促使荀子全面思考礼乐审美的性质问题。

第四节　礼乐文化与法家的文艺美学思想

法家肯定社会的发展，要求厉行法制，限制贵族宗法势力。《左传·昭公六年》记载郑国子产铸刑书，《左传·昭公二十九年》记载晋国范宣子铸刑书。刑书的颁布意味着贵族不能再任意处置臣下，也意味着贵族的特权地位将受到冲击。法家在处理人际和社会关系时不讲道德伦理，打破亲族血缘的情感关系，而代之以不加掩饰的赤裸裸的功利关系。礼乐文化建立在血缘亲族关系的网络之上，以外在的艺术形式掩盖内在的功利目的，这成为法家批驳的靶子。法家在战国时期的主要代表人物有商鞅和韩非子。

一、商鞅及其文艺思想与礼乐文化的关系

商鞅（约前390年—前338年），复姓公孙，名鞅，战国时期卫国人，又名卫鞅，后来在秦国得到封地商，遂号为商君，历史上因此称为商鞅。商鞅站在新兴地主阶级的立场上，针对儒家"齐之以礼"的思想，倡导"齐之以刑"。商鞅是先秦法家的主要奠基者。

商鞅在秦国先后进行了两次变法。其中有很多内容都旨在限制贵族的权力，改变贵族社会的政治和经济关系。如"奖励军功"，规定斩敌甲士首级一颗赏爵一级，田一顷，宅九亩，服劳役的"庶子"一人。爵位越高，相应的政治、经济特权越大。宗室、贵戚凡是没有军功的，不得列入宗室的属籍，不能享受贵族特权。废除世卿世禄制度，规定除国君嫡系以外的宗室，没有军功就取消其贵族身份。这显然是用法律手段剥夺旧贵族的特权，是对世袭贵族特权的限制。再如加强中央对地方的全面控制，实行郡县制，由国君直接派官吏治理郡县，其实质同样是剥夺旧贵族对地方政权的垄断权。而"开阡陌封疆"，实质是国家承认地主和自耕农的土地私有权，在法律上公开允许土地买卖，瓦解了贵族的井田制。

事实上，商鞅在秦国的变法，的确触犯了旧贵族的利益，引起他们的强烈反对。许多贵族、大臣都反对新法。有一次，秦国的太子犯了法。商鞅对秦孝公说："国家的法令必须上下一律遵守。要是上头的人不能遵守，下面的人就不信任朝廷了。太子犯法，他的师傅应当受罚。"结果，商鞅把太子的两个师傅公子虔和公孙贾都治了罪。这样一来，一些贵族、大臣都不敢触犯新法了，商鞅变法的措施得到继续推行。这也意味着世袭贵族的文化被强行遏制了。

商鞅变法奖励耕战，其出发点是为了富国强兵。为了实现这一功利目的，商鞅自然对礼乐文化持否定态度，并对与直接功利目的无关的文化都予以否定。商鞅提出"本业"和"末利"的概念，认为"本业"就是男耕女织的农桑业，"末利"是指制造和经营奢侈品的奇技淫巧、刻镂纹绣一类手工业和商业。商鞅并不一般的反对工商业，但他反对商业中的"虱官"，即反对贩卖华丽、好玩的物品。

商鞅否定礼乐文化的理由是，社会发展了，不能固守之前的文化模式，"前世不同教，何故之法？帝王不相复，何礼之循？伏羲、神农教而不诛，黄帝、尧、舜诛而不怒。及至文、武，各当时而立法，因事而制礼；礼法以时而定，制令各顺其宜，兵甲器备各便其用。臣故曰：'治世不一道，便国不必法古。'汤、武之王也，不修古而兴，夏殷之灭也，不易礼而亡。然则反古者未必可非，循礼者未足多是也。君无疑矣。"① 商鞅旨在说明时代变化了，要随时调整治国策略，不能固守前世礼乐文化。商鞅还举例说："昔者昊英之世，以伐木杀兽，人民少而木兽多。黄帝之世，不麛不卵，官无供备之，民死不得用椁。事不同，皆王者，时异也。神农之世，男耕而食，妇织而衣，刑政不用而治，甲兵不起而王。神农既没，以强胜弱，以众暴寡。故黄帝作为君臣上下之义，父子兄弟之礼，夫妇妃匹之合，内行刀锯，外用甲兵，故时变也。由此观之，神农非高于黄帝也，然其名尊者，以适于时也。"② 不同时代有不同的情况，也就应该审时度势，采取不同的措施。所以"拘礼之人，不足与言事"。③ 商鞅的这种发展观，为变法准备了理论基础，同时，也否定了三代以来礼乐文化的价值，否定旧贵族的"法古"和

---

① 蒋礼鸿：《商君书锥指》，北京：中华书局1986年，第4页。
② 蒋礼鸿：《商君书锥指》，北京：中华书局1986年，第106页。
③ 蒋礼鸿：《商君书锥指》，北京：中华书局1986年，第4页。

"循礼"思想。

《商君书·靳令》把"礼乐"、"诗书"等斥为"六虱"。他说:"六虱:曰礼乐,曰诗书,曰修善,曰孝弟,曰诚信,曰贞廉,曰仁义,曰非兵,曰羞战。国有十二者,上无使农战,必贫至削。十二者成群,此谓君之治不胜其臣,官之治不胜其民,此谓六虱胜其政也。十二者成朴,必削。"① 商鞅认为诗书、礼乐是淫佚的根源。《商君书·说民》讲:"辨慧,乱之赞也。礼乐,淫佚之征也。"② 《商君书·开塞》讲:"乐则淫,淫则生佚。"③ 显然,商鞅对礼乐文化的否定是很坚决的。

商鞅甚至认为礼乐诗书会导致国家败亡。《商君书·去强》篇指出:"国用诗、书、礼、乐、孝、弟、善、修治者,敌至必削国,不至必贫。国不用八治者,敌不敢至,虽至必却;兴兵而伐,必取,取必能有之,按兵而不攻,必富。"④ 在商鞅看来,用礼乐诗书来治国,等到敌国来犯时,国内只有文弱书生,必然会导致失败。即便是敌国不来,国力也必然会削弱。因而礼乐诗书简直就是国家治理的大忌。

商鞅反对礼乐,还因为部分人致力于诗书,会导致社会不公,更多的人致力于诗书,会耽误耕战。《商君书·农战》篇指出:"农战之民千人,而有诗、书辩慧者一人焉,千人者皆怠于农战矣。农战之民百人,而有技艺者一人焉,百人者皆怠于农战矣。国待农战而安,主待农战而尊。夫民之不农战也,上好言而官失常也。"⑤ 在商鞅看来,少数人不劳作,且在别人耕作、战争时,吟咏诗赋,追求娱乐,这将懈怠其他人的战斗力,会

---

① 蒋礼鸿:《商君书锥指》,北京:中华书局1986年,第80页。
② 蒋礼鸿:《商君书锥指》,北京:中华书局1986年,第35页。
③ 蒋礼鸿:《商君书锥指》,北京:中华书局1986年,第56页。
④ 蒋礼鸿:《商君书锥指》,北京:中华书局1986年,第30页。
⑤ 蒋礼鸿:《商君书锥指》,北京:中华书局1986年,第22页。

引起劳作者的不满,会导致"百人者皆怠于农战"的局面。国家不是靠吟咏诗书而富强的,而是靠农战而获得安定局面的,因而诗书、礼乐只能给国家带来贫穷和衰弱。诗书礼乐是毒害人民精神、使人不愿耕战而产生怠惰情绪的根源。

商鞅还指出,君主对诗书的态度会影响社会风气。《商君书·算地》讲:"故事《诗》《书》谈说之士,则民游而轻其君。"① 《商君书·修权》讲:"君好法则臣以法事君,君好言则臣以言事君。君好法则端直之士在前;君好言则毁誉之臣在侧。"② 君主对诗书之徒的看重,将会使毁誉之臣靠近君主,将会使君主变得轻薄不务实。鉴于此,商鞅用赤裸裸的君主专制和耕战策略,取代了温情脉脉的礼乐诗书。

商鞅认为只要实行法术之治,使社会秩序稳固,乐即可以为人君享用。《商君书·画策》指出:"所谓明者,无所不见;则群臣不敢为奸,百姓不敢为非。是以人主处匡床之上,听丝竹之声,而天下治。"③ 即人主能够明察秋毫,使"群臣不敢为奸,百姓不敢为非",社会秩序良好,这时人主就可以处匡床之上而享乐了。可见,商鞅并不是绝对否定礼乐享乐,只是认为在"争于气力"的时代,沉迷于诗书礼乐,会削弱国力,对国家发展不利。

二、礼乐文化与韩非子的文艺美学思想

韩非(约前280年—前233年),战国后期法家思想的主要代表。韩非子是韩国贵族。当时韩国很弱小,常受邻国欺凌,韩非多次向韩王提出富强的计策,但未被韩王采纳。韩非写了《孤愤》、《五蠹》等一系列的文章,全面、系统阐述了他的法治

---

① 蒋礼鸿:《商君书锥指》,北京:中华书局1986年,第46—47页。
② 蒋礼鸿:《商君书锥指》,北京:中华书局1986年,第84页。
③ 蒋礼鸿:《商君书锥指》,北京:中华书局1986年,第111页。

第六章 礼乐文化与道家、墨家、法家的文艺美学思想

思想。秦王嬴政读了韩非的文章，极为赞赏。公元前234年，秦国出兵逼迫韩非来秦。韩非在秦王问计时劝其先伐赵而缓伐韩，由此遭到李斯、姚贾等人的谗害，最后被迫服毒自杀。

韩非子继承了商鞅的思想，认为应当加强君主专政，国家的大权应当集中在君主一人手里。君主必须有权有势，才能治理天下。正如在一个家庭中，如果夫妻二人争持其政，孩子将不知所措一样，因而一个国家只能由一个人做主。为此，君主应该使用各种手段清除世袭贵族的势力，同时，选拔一批经过实践锻炼的封建官吏来取代他们。因此韩非子对世袭贵族所代表的文化采取否定的态度。

在美学思想上，韩非子也继承了商鞅的思想，对美和艺术持功利主义态度。韩非主张改革和实行法治，认为只有实行严刑重罚，人民才会顺从，社会才能安定，封建统治才能巩固，而文艺是破坏"法制"、影响社会治理的重要因素。他说："耽于女乐，不顾国政，则亡国之祸也。"[①] 这是韩非子对待文艺问题的总体态度。韩非子否定儒家礼乐文化，其理由还有以下诸多方面。

韩非子认为时代是不断发展的，而儒家的礼乐文化具有复古倾向，是无功于治理、有害于富强的，因此应当予以否定。《五蠹》篇中，韩非子分析说：上古之世，人口稀少而禽兽众多，人民敌不过禽兽虫蛇。于是有巢氏构木为巢以避各种禽兽的伤害。当时人们食用腥臊恶臭的食物而伤害腹胃，民多疾病，于是燧人氏钻燧取火来除去腥臭臊气。中古之世，天下洪水泛滥，鲧、禹疏通河道。近古之世，桀纣暴乱，而汤、武征伐。但是时代是变化发展的，如果在夏王朝统治的时代，还让有巢氏构木为巢，钻燧取火，必然为人耻笑。如果在商朝、周朝还

[①] 王先慎：《韩非子集解》，北京：中华书局1998年，第72页。

让人继续疏通河道，那一定会被商汤、周武王耻笑。《五蠹》篇中，韩非子还以守株待兔的寓言故事说明这一道理，指出处理问题应当与时俱进，不能墨守成规。依据这种思想，韩非子对待礼乐文化的态度就很清晰了，即礼乐文化已经过时，因而不应当再固守已经过时的东西。

进一步讲，韩非子认为在一个"争于气力"的乱世，维护统治、富国强兵才是最重要的。而那些不能给人带来任何直接功利满足的审美和艺术，就必然是毫无意义的东西了。韩非子在《五蠹》中指出："糟糠不饱者不务粱肉，短褐不完者不待文绣。夫治世之事，急者不得，则缓者非务也。"[①] 意思是连糟糠都吃不饱的人是不会去追求米饭和鱼肉的，连粗布短衣都穿不完整的人是不会去期望有华美的服装的。韩非子认为粱肉、文绣等都是超越于基本生存需要之上的奢侈品，在基本生活不能保障的情况下，是没有必要追求的。

韩非子崇尚质直，反对文饰，他认为自身美的事物未必需要文饰。《解老》篇中指出："礼为情貌者也，文为质饰者也。夫君子取情而去貌，好质而恶饰。夫恃貌而论情者，其情恶也；须饰而论质者，其质衰也。何以论之？和氏之璧不饰以五彩，隋侯之珠不饰以银黄，其质至美，物不足以饰之。夫物之待饰而后行者，其质不美也。是以父子之间，其礼朴而不明。"[②] 在韩非看来，本质不美的才需要文饰，本质美的是不需要文饰的，如和氏之璧，不饰以五彩；隋侯之珠，不饰以银黄；最为真切的父子之情是不需要礼来进行外在装饰的。因而，韩非子认为不应该以形式之美来掩盖不美的本质。相反，君子如果过多地关注外在的形式，将会只看重外表，而不重视实质。就礼乐文

[①] 王先慎：《韩非子集解》，北京：中华书局1998年，第450—451页。
[②] 王先慎：《韩非子集解》，北京：中华书局1998年，第133页。

第六章 礼乐文化与道家、墨家、法家的文艺美学思想

化而言,礼显然是内在情感的装饰,文显然是内在本质的装饰,君子会发自真情来做事,因而反对伪饰,而崇尚纯真、自然。显然,韩非子的思想和荀子肯定礼乐文化的伪饰价值是不同的路向。

韩非子否定精巧的美饰,认为艺术品虽然精美,但没有用处。韩非子在《喻老》篇中讲了一个宋国象牙雕刻家的故事:"宋人有为其君以象为楮叶者,三年而成。丰杀茎柯,毫芒繁泽,乱之楮叶之中,而不可别也。此人遂以功食禄于宋邦。列子闻之曰:'使天地三年而成一叶,则物之有叶者寡矣。'故不乘天地之资而载一人之身,不随道理之数而学一人之智,此皆一叶之行也。"① 有个宋国人,为他的君主用象牙雕刻楮叶,三年刻成了。象牙楮叶的宽狭、筋脉、绒毛、色泽,非常逼真,即使是混杂在真的楮叶中也不能辨别出来。韩非子指出象牙制成的楮叶虽然极为逼真,但是如果耗费三年而制成这样一个楮叶,再精巧也没有价值。而且宋人雕刻这样一片象牙叶子,宋国君主遂以"功"让他"食禄于宋邦",这将导致违背自然规律的奢求。如果倡导三年制成一片精细的叶子,那将是社会资源的极大浪费。在《外储说左上》中,韩非子还讲了一个故事:"客有为周君画荚者,三年而成。君观之,与髹荚者同状,周君大怒。画荚者曰:'筑十版之墙,凿八尺之牖,而以日始出时加之其上而观。'周君为之,望见其状尽成龙蛇禽兽车马,万物之状备具。周君大悦。此荚之功非不微难也,然其用与素髹荚同。"② 这个用三年时间才制成,而观看时需要"筑十版之墙,凿八尺之牖",并且放到阳光下才能看清的荚,上面虽然画有"龙蛇禽兽车马,万物之状备具",但是并没有增加荚的功能,

---

① 王先慎:《韩非子集解》,北京:中华书局1998年,第166页。
② 王先慎:《韩非子集解》,北京:中华书局1998年,第270页。

因而韩非子认为画荚上的艺术是一种巧而无用的东西。所以在艺术和实用之间，他是选择实用的。《外储说右上》中讲，一个叫唐谿公的人对韩昭侯说，一件价值千金的酒器玉卮，虽然华美，但如果它是漏的，就连水都盛不了。一件瓦器，虽然简陋，但如果不漏，就可以盛水。那么，这件瓦器就比玉卮更为有用。显然，韩非子反对文饰化的审美追求，认为修饰、佳丽、文采与实用目的没有关系，因而也是没有价值的。

韩非子不但认为美饰和艺术没有用，甚至认为它们还会带来灾难。在《喻老》篇中韩非子说，翟人有给晋文公狐狸、黑豹之皮者，文公收下客人送来的兽皮而慨叹说，这些野兽因为皮毛美丽而给自己招来灾难。这是韩非子关于美饰的基本态度之一，即认为美饰不但没有用，甚至还会给自己带来灾难，这些动物就是因为有着美丽的皮毛而给自己带来了杀身之祸。为了说明美饰的无用，以致害用，韩非子讲了"秦伯嫁女"和"买椟还珠"的故事。秦国君主把女儿嫁给晋国公子，同时陪嫁的还有衣着华丽的女子七十人。到了晋国，晋国人喜欢陪嫁来的媵妾，却看不起秦君的女儿。这可以叫做善于嫁妾，不能说是善于嫁女。楚国有个在郑国出卖宝珠的人，用木头做了一个匣子，匣子用香料熏过，用珠玉作缀，用玫瑰装饰，用翡翠连结。郑国人买了他的匣子，却把珠子还给了他。这可以叫做善于卖匣子，不善于卖宝珠。这两个故事都记载在《韩非子·外储说左上》中。韩非子希望通过这两个故事说明，在当时社会上的言论，都是一些漂亮动听的话，君主只看文采而不管它是否有用。但过多地讲究文饰，就会使人只欣赏形式之美，而忘记了内容，导致本末倒置，舍本求末。韩非子阐明了要防止"以文害用"的思想。从另一个侧面讲，如果执迷于外在的形色之美，将会导致精神的空虚。《喻老》篇讲："空窍者，神明之户牖也。耳目竭于声色，精神竭于外貌，故中无主。中无主，则祸福虽如丘山无从识之。"① 耳朵、眼睛等孔穴是精神的门窗，如果听力和视力全部消耗在音乐美色上面，精神全部消耗在外貌仪表上，那么内心就会没有主宰；内心没有主宰，祸福即使像山陵那样高大摆在眼前，也无从认识它们了。这是只关注外在的声色之美的结果。

韩非子认为娱乐会乱君心。《韩非子·八奸》指出："人主乐美宫室台池，好饰子女狗马以娱其心，此人主之殃也。为人臣者尽民力以美宫室台池，重赋敛以饰子女狗马，以娱其主而乱其心，从其所欲而树私利期间，此谓养殃。"② 在韩非子看来，宫室台榭，子女狗马是给国君带来灾难的根源，是亡国的征兆。《韩非子·十过》指出，人君的纵欲享乐是乱国误政的过错之一。韩非子举例说，卫灵公到晋国去，经过濮水，晚上听到一种音乐，就让乐师涓记下来。到了晋国，给晋平公演奏，晋国的乐师旷听了后，非常警惕，说这是亡国之音，不能再演奏了。这种音乐曾经是师延所作，是商纣王时的靡靡之乐。武王伐纣之后，师延就投濮水而死，因此，这种音乐一定在濮水之上，先听到这种音乐的国家会有亡国的危险。但晋平公表示自己不在乎，非要让乐师继续演奏。音乐开始时，有玄鹤二八从南方来，集于郎门的屋脊上；再奏，玄鹤成列；三奏，延颈而鸣，舒翼而舞，音中宫商之声，声闻于天。再继续演奏时，玄云从西北方起，刮起了大风，下起了大雨，帷幕被吹裂了，俎豆被吹破了，廊瓦被吹飞了。之后晋平公生了大病。因而，韩非子总结说，音乐是导致国家衰亡的重要祸根。《亡征》也指出："好宫室台榭陂池，事车服器玩好，罢露百姓，煎靡货财者"③，是亡国的征兆，因而"圣人不引五色，不淫于声乐；明君贱玩

---

① 王先慎：《韩非子集解》，北京：中华书局1998年，第166页。
② 王先慎：《韩非子集解》，北京：中华书局1998年，第54页。
③ 王先慎：《韩非子集解》，北京：中华书局1998年，第109页。

好而去淫丽"①。

韩非子反对美饰，还因为美饰常常能导致人的欲望膨胀。《韩非子·说林上》讲："纣为象箸而箕子怖，以为象箸必不盛羹于土铏，则必犀玉之杯；玉杯象箸必不盛菽藿，则必旄象豹胎；旄象豹胎必不衣短褐而舍茅茨之下，则必锦衣九重，高台广室也。称此以求，则天下不足矣。圣人见微以知萌，见端矣知末。故见象箸而怖，知天下不足也。"②美好的装饰和奢侈品肯定都不能孤立地存在，有了一双象牙筷子，就想再配上犀玉之杯，有了犀玉之杯就想再配上旄象豹胎，有了旄象豹胎就希望配上锦衣九重，高台广室。就这样美好的奢侈品会激发人一个又一个欲望，从而使得天下为此而大乱。而从西周礼乐文化到儒家文化，都是将文饰、珍宝视为人的身份标志，或者视为道德品质的象征，韩非子认为这种文化恰恰能导致欲望的膨胀。

韩非子否定礼乐文化，还因为对礼乐文化的提倡，将会导致社会不公。《韩非子·五蠹》篇指出："夫耕之用力也劳，而民为之者，曰：可以得富也。战之为事也危，而民为之者，曰：'可以得贵也。'今修文学，习言谈，则无耕之劳而有富之实，无战之危而有贵之尊，则人孰不为也。是以百人事智而一人用力。事智者众则法败，用力者寡则国贫，此世之所以乱也。故明主之国，无书简之文，以法为教；无先王之语，以吏为师；无私剑之悍，以斩首为勇。"③韩非子的意思是，耕作和战争因为劳苦和经受了危险，获得了富有和尊贵，但是文学、言谈没有耕作的辛苦，却同样可以获得财富，没有经受战争的危险，却同样可以获得尊贵，如果提倡文学、言谈的话，将会导致更多的人以智力为生，而这会导致从事耕战之类力气活的人减少。

---

① 王先慎：《韩非子集解》，北京：中华书局1998年，第145页。
② 王先慎：《韩非子集解》，北京：中华书局1998年，第179页。
③ 王先慎：《韩非子集解》，北京：中华书局1998年，第452页。

韩非子旨在说明学习文学的人无功而受事，无爵而显荣，会影响国家的发展。

韩非子指出，上有所好，必将会影响到其他人，从而给社会秩序带来不必要的麻烦。《外储说左上》篇讲，有个宋国人请求给燕王在棘刺尖上雕刻猕猴，并说燕王必须斋戒三个月以后才能看到这猕猴。燕王竟然用三乘土地上的租税作为俸禄来供养这个宋国人。但有个冶炼工人对燕王说，用来雕刻的工具一定比雕刻的东西还要小。他作为一个冶炼工人是根本没法制作出那样小的刻刀的，所以用棘刺雕刻猕猴是根本不可能的事情。之所以有人在棘刺上雕刻猕猴，这一定都是因为君主有这方面的爱好。因此，《韩非子·有度》篇中讲："上用目则下饰观，上用耳则下饰声，上用虑则下繁辞。"[1] 就是说人主无论有哪方面的爱好，在下者都将尽力逢迎，但这恰恰会给一些小人以可乘之机。《韩非子·说林下》中也曾用一个故事，从另一个侧面说明了这个道理。这个故事是这样的：晋人中行文子出逃，路过县城，随从说："这里的乡官是您的旧相识。您为何不去他家休息，暂时等待一下随后的车子？"文子说："我曾经喜爱音乐，这个人就送给我响琴；我喜爱玉饰，这个人就送给我玉环；这些都是在助长我的过失。以此求得我好感的人，我怕他会拿我去求得别人的好感。"于是就离开了县城。之后，这个乡官果然没收了中行文子后面随从的两辆车子，并进献给他的主子。韩非子通过这则故事说明，上有所好，将给其追随者造成一些靠近的机会，也给自己带来一些潜在的危险。

那么，怎样才能避免不必要的麻烦呢？韩非子认为，最好的办法是人君不要有自己的个人爱好。《外储说左上》讲，齐桓公喜欢穿紫色的衣服，一国百姓都穿紫色的衣服。因此，在齐

---

[1] 王先慎：《韩非子集解》，北京：中华书局1998年，第36页。

国用五匹素色的布都换不到一匹紫色的布。桓公有所担忧,问管仲该怎么办。管仲说,国君要停止一国之人尽服紫的状况,最好的办法是,自己先不要穿紫色衣服了,并且对那些穿紫衣的人说,自己是不喜欢紫色的。这才能从根本上解决问题。韩非子在本篇中还讲了一个同样性质的故事。邹国的国君好服长缨,身边的人都服长缨,搞得长缨价格很昂贵。邹君担忧,问左右该怎么办。身边的人就指出,长缨之所以贵,是因为国君喜好,如果国君先自断长缨,这样就会使国人不好长缨。韩非子总结说,上层统治者的审美追求将会对社会造成很大的影响,因而应当谨慎,甚至最好不要表现出自己的个人情趣和爱好。

韩非子还指出文饰的程度与社会的治理之间往往是成反比的。《韩非子·十过》中说:

> "臣闻昔者尧有天下,饭于土簋,饮于土铏。其地南至交趾,北至幽都,东西至日月之所出入者,莫不宾服。尧禅天下,虞舜受之。作为食器,斩山木而财之,削锯修其迹,流漆墨其上,输之于宫,以为食器,诸侯以为益侈,国之不服者十三。舜禅天下而传之于禹,禹作为祭器,墨漆其外而朱画其内,缦帛未茵,蒋席颇缘,觞酌有采而樽俎有饰,此弥侈矣,而国之不服者三十三。夏后氏没,殷人受之,作为大路而建九旒,食器雕琢,觞酌刻镂,四壁垩墀,茵席雕文,此弥侈矣,而国之不服者五十三。"[①]

尧治理天下的时候,吃饭用土碗,喝水用土罐。但是他的领土南面到交趾,北面到幽都,东面、西面分别到太阳月亮升起、落下的地方,没有诸侯不归服他的。尧的生活用具最为质

---

① 王先慎:《韩非子集解》,北京:中华书局1998年,第70页。

朴，但是统治的疆域却最大；尧禅让天下，虞舜接受了之后，就开始用漆修饰食器，也就有诸侯开始不服他的统治；禹把这些食器作为祭祀的器皿，墨漆文饰其外，用红色的朱砂文饰其内，用没有文饰的织布为车垫子，用菰草来装饰边缘，觞、酌等酒杯酒勺上还画有彩色的花纹，而樽杯俎盘等酒具食器上也都有装饰，这就更加奢侈了，但不服从他统治的诸侯国有三十几个；夏王朝灭亡后，商王统治时期，制作了天子乘坐的高级大车，树起了有九条飘带的大旗，食用器皿都经过精雕细琢，觞杯酒盏也都经过镂刻，墙壁地板也用白垩土刷过，车垫子雕饰了花纹，这就更加奢侈了，然而不服其统治的诸侯国多达五十三个。韩非子用这些历史事实来说明文饰与社会治理之间的矛盾，当人君关注华丽的文饰时，就将引起更多的社会矛盾。而儒家所延续的正是这种关注文饰的文化，因此韩非子批判儒家"称先王之道以籍仁义，盛容服而饰辩说，以疑当世之法而贰人主之心。"① 就是说儒家鼓吹先王的礼乐仁义，繁文虚饰，用来引诱和欺骗人主，把人主引到"好辩说而不求其用，滥于文丽而不顾其功"② 的亡国道路上去。

综上，道家从自然无为的道出发，反对具有文饰审美特征的礼乐文化，反对声色之美，反对对器物进行文饰，反对对人的自然情感进行约束。道家文艺思想的建构是从以否定礼乐文化为开端的。墨家从小生产者的利益出发，指出礼乐文化具有奢侈性，礼乐文化的繁文缛节没有任何实用价值，因而墨家的文艺思想也建立在全面否定礼乐文化的基础之上。法家从耕战富国的目标出发，否定了礼乐文化，并认为礼乐文化背景下的

---

① 王先慎：《韩非子集解》，北京：中华书局1998年，第456页。
② 王先慎：《韩非子集解》，北京：中华书局1998年，第110页。

文饰艺术精神是没有实用价值的。法家否定了礼乐文化的情感性和血缘亲族基础,将社会关系建立在赤裸裸的功利目的之上,从而使生活失去诗意性。

下 编
礼乐文化与两汉文艺美学思想

  战国时期，礼乐文化淡出政治舞台。楚汉战争后，重新建立了中央集权制国家，大一统的需要使有利于统治者长治久安的礼乐文化重新被关注。在汉代，礼乐文化在不同的历史阶段与黄老学说、神仙思想、阴阳学说、谶纬神学等交织融合在一起，呈现出阶段性。围绕礼乐文化而形成的文艺美学思想在不同的历史阶段也呈现出不同的特色。

第七章 汉代的礼乐文化与官方审美活动

汉代礼乐文化的发展表现出几个大的阶段。汉初礼乐文化复兴，礼学家要改变的是帝王对礼乐文化的态度，要努力证明礼乐文化比黄老学说更加优越；汉武帝时期礼乐文化得到全面复兴，郊祭、封禅等礼仪被重新搬上政治舞台，但是汉代礼仪多不合古制；西汉中后期，伴随着经学的兴起，引起了对于礼乐仪式的广泛讨论，因而祭祀的地点、方式等出现几次反复；东汉礼乐文化的主要任务是证明刘秀的血统和统治的合法性，并通过礼仪传达孝悌观念。在不同历史阶段，礼乐文化承担着不同的政治任务。同时礼乐文化在两汉时期的嬗变历程，也正是汉代官方哲学美学思想的发展嬗变历程。

第一节 汉代礼乐文化的演进过程

汉代政治中一直贯穿着礼制建构的问题，但在不同历史时期，面对不同的社会问题，以及受帝王个人喜好不同的影响，礼乐文化呈现出不同的发展阶段。

一、汉初的礼乐文化状况

秦以法家学说为指导思想，重视农战，富国强兵，很快形成了强盛局面。公元前221年，秦横扫六合，建立起一个中央集权制的国家。但是由于刑罚的残暴，徭役的繁重，最终导致秦二世而亡。公元前202年，刘邦建立汉王朝，定都长安，史称西汉。秦朝的灭亡,成为汉初统治者及思想家谈论和反思的焦点问题。黄老学派认为,赋税过重,徭役过繁,是导致秦速亡的原因,因而,主张清静无为,与民休息。儒家学派则认为,秦朝速亡的原因在于单纯依靠暴力手段,"不行仁义",因而主张恢复礼乐文化和德教。

汉承秦制,重刑法而忽视礼义,加之汉初统治者好黄老之学,以为繁礼饰貌,于治无益,因而礼乐文化不被重视。但是,礼乐文化作为中国重要的文化资源,其社会影响力并没有完全消失,在汉初黄老思想占主导地位的时期,对礼乐文化的思考也一直存在着。

早在汉高祖刘邦驰骋疆场时,秦王朝的遗臣陆贾就向刘邦称道儒家《诗》、《书》,但刘邦不以为然。然而,汉朝建立后一系列事件却使刘邦逐渐认识到礼乐文化对于安邦治国的重要性。

《史记·高祖本纪》记载,刘邦刚坐上帝位时,萧何就主持修建了未央宫。未央宫有东阁、北阙、前殿、武库、太仓等建筑。高祖领兵打仗回来后看见宫殿壮丽,很不高兴,说天下匈匈苦战数岁,成败还不可知,建造如此豪华的宫殿是不是有些过分了。萧何回答说:"天下方未定,故可因遂就宫室。且夫天子以四海为家,非壮丽无以重威,且无令后世有以加也。"[1] 对于平民出身的刘邦来说,一切繁文缛节都没有意义,只有直接的目的性是最真实可靠的,因而,汉初经济萧条、民生凋敝之时,萧何主持建造壮丽华美的未央宫,使刘邦大为恼火。但是出身于平民的刘邦的最优异之处是没有根深蒂固的偏见,能够很快接受新事物,因而,当萧何解释了"非壮丽无以重威"的宫殿建筑理念后,刘邦很快转怒为喜。追求华美壮丽成为汉代宫殿建筑的美学原则。而以华美、富丽的文饰作为身份的标志

---

[1] 司马迁:《史记》,北京:中华书局1982年,第2722页。

正是传统贵族文化的核心内容，可以说，刘邦对壮丽的未央宫的接受，标志着其平民思想意识已经开始贵族化。

汉高祖及其大臣大多起于草莽，如周勃原是以织苇席为生的小手工业者，还兼作吹鼓手，灌婴原是贩布的小商人。这些没有文化的布衣之士在西汉建国之后都成为开国功臣，他们对朝廷礼仪一无所知，以至在朝廷上"饮酒争功，醉或妄呼，拔剑击柱"[①]，成为政权巩固的潜在危险。叔孙通趁机向刘邦指出，儒者难与进取，可与守城，他愿意与弟子一起来制定朝仪，以整顿朝廷秩序，并说："五帝异业，三王不同礼。礼者因时世任情为之节文者也。故夏、殷、周之礼所因损益可知者，谓不相复也。臣愿颇采古礼与秦仪杂就之。"[②] 叔孙通做人具有投机取巧的一面，这一段话表明了他的这一特点，也成为汉家礼制建设的一个主导精神，即根据时世人情来制定礼仪，具体的做法是采用古礼和秦仪糅合而成汉礼。刘邦对礼乐文化是嗤之以鼻的，但也逐渐认识到礼乐文化对于守成业绩是很必要的，而且叔孙通的制礼作乐思想显然是让礼为人服务，而不是使人屈就于礼。但刘邦还是不放心，说："可试为之，令易知，度吾所能行为之。"[③]刘邦的话包含三重意思：第一，制礼作乐只是一个尝试，如果不行的话，未必要继续下去；第二，礼乐一定要让人容易明白知晓，不要高深莫测；第三，制礼作乐的标准是便于他操作。这成为汉家制礼作乐的基本指导思想。

叔孙通领取了这一任务后，就着手征集鲁国的儒生，但是有两个儒生不肯与叔孙通一起干，并说："公所事者且十主，皆面谀以得亲贵。今天下初定，死者未葬，伤者未起，又欲起礼乐。礼乐所由起，积德百年而后可兴也。吾不忍为公所为。公

[①] 司马迁：《史记》，北京：中华书局1982年，第386页。
[②][③] 司马迁：《史记》，北京：中华书局1982年，第2722页。

所为不合古，吾不行。公往矣，无污我！"① 首先，鲁国儒生对叔孙通这种朝秦暮楚、在十个主子面前都阿谀奉承的人不看好；其次，他们认为礼乐应当是天下太平之后才能制定的，而当时天下初定，还不宜于制定礼乐；再次，礼乐是积德百年才可以着手去做的事情。

从刘邦与叔孙通的对话以及叔孙通与鲁国儒生的对话，可以看到礼乐文化将要在不合时宜的时代氛围中重新兴起，汉代的礼乐文化中会有古礼的形式，但古礼的精神未必能够得到传承。

在高祖朝，叔孙通制定了朝仪，高祖驾崩后，孝惠帝又封叔孙通为太常，为汉朝制定了宗庙仪法。看来叔孙通的礼制思想在汉代的影响是相当长远的。

刘邦时期郊祀礼制主要延续了秦朝的礼制。《史记·封禅书》记载，刘邦问秦朝都祭祀哪些神灵？回答说，祭祀白、青、黄、赤四帝。高祖说，我听说天有五帝，为什么祭祀中只有四帝？看来是希望我来补全五帝。于是汉代开始立黑帝祠，叫做北畤，召过去秦朝的祝官来进行祭祀，重新设置了太祝、太宰，并下诏说，汉代重祠而敬祭，要按时祭祀上帝及山川诸神。汉初最高统治者通过增加黑帝祭祀的方式，否定色尚黑的秦王朝的合法性，通过五帝神的祭祀与天神建立了联系，以证明新政权建立的合法性和正统性。

汉文帝时公孙臣提出了改制的主张，他指出："始秦得水德，今汉受之，推终始传，则汉当土德，土德之应黄龙见。宜改正朔，服色尚黄。"② 公孙臣的主张遭到了丞相张苍的反驳，精通律历的张苍以为汉为水德，坚决反对改制。第二年出现了

---

① 司马迁：《史记》，北京：中华书局1982年，第2722页。
② 班固：《汉书》，北京：中华书局1962年，第1212页。

黄龙,文帝认可了公孙臣的观点,开始在雍郊祭祀五畤。

除雍五畤外,汉文帝还在长安城郊建立了渭阳五帝庙和长门五帝坛。据《史记·封禅书》记载,方士新垣平说看见长安城东北有五彩云气,认为应当在那里建庙,于是文帝在长安城东北设立了渭阳五帝庙,一宇五殿,其方位与门都各按五行排列。不久文帝出长门,隐约看见有五个人在道北,于是又在长安城东南设立了五帝坛。但汉文帝十七年,有人上书告发新垣平所言有诈,文帝诛杀了新垣平。从此,文帝怠于礼制建设,也不去祭祀渭阳长门五帝庙了。到汉景帝时,虽然也亲行郊礼,并到雍地郊祭五帝,但汉代的礼制建设并没有多少发展。加之匈奴对北边的侵扰,西汉初期对于郊祀礼制的创建告一段落。可以看出文景时期的礼制建设较多受到五行思想及神仙思想的影响。

二、汉武帝时的礼乐文化状况

西汉初年强调与民休息,无为而治,使经济得到很好的恢复和发展,但随着经济的复苏和发展,各种社会矛盾也暴露出来了。到文景时期,汉初分封的诸侯王强大起来,他们与地方官吏相勾结,或煮盐铸铁,或冶铜铸钱,大量侵吞国家资财,甚至垄断国家经济命脉。在生活方面,他们竞相侈靡,迎生送死,费用过度,导致社会风气腐败堕落,治安状况日益恶化。豪强地主也为霸一方,违法越制,几欲与官府分庭抗礼。汉初实力有限,对匈奴采取和亲政策,然而,匈奴贵族却有恃无恐,屡屡南下掳掠,烽火燃至长安附近,对汉初统治造成威胁。显然,无为而治的黄老思想已不能解决当时所面临的一系列问题,而要解决这些棘手而严重的统治危机,不仅需要从制度上强干弱枝,更需要在思想意识上统一认识,在舆论宣传上强化中央集权意识。儒家思想和礼乐文化有了很好的发展契机。

关于统治策略的问题，汉武帝有过较深入的思考。《汉书·董仲舒传》中记载了汉武帝对礼制建设的思考："盖闻五帝三王之道，改制作乐而天下洽和，百王同之。当虞氏之乐莫盛于《韶》，于周莫盛于《勺》。圣王已没，钟鼓管弦之声未衰，而大道微缺，陵夷至乎桀、纣之行，王道大坏矣……乌乎！凡所为屑屑，夙兴夜寐，务法上古者，又将无补与？三代受命，其符安在？灾异之变，何缘而起？性命之情，或夭或寿，或仁或鄙，习闻其号，未烛厥理。伊欲风流而令行，刑轻而奸改，百姓和乐，政事宣昭，何修何饬而膏露降，百谷登，德润四海，泽臻草木，三光全，寒暑平，受天之祜，享鬼神之灵，德泽洋溢，施乎方外，延及群生？"① 这一段话，表达了汉武帝对五帝三王制礼作乐的崇敬，以及自己希望以礼治国，以达到"膏露降，百谷登"的祥瑞景象的向往。

汉武帝对以礼治国策略的选择，并不是盲目之举。他问自己也问群臣，虞舜之时的垂拱无为而治，与周文王时的刻苦治理，途径不同，为什么结果是一样的？《汉书·董仲舒传》中记载汉武帝的思考："盖俭者不造玄黄旌旗之饰。及至周室，设两观，乘大路，朱干玉戚，八佾陈于庭，而颂声兴。夫帝王之道岂异指哉？或曰良玉不琢，又曰非文亡以辅德，二端异焉。殷人执五刑以督奸，伤肌肤以惩恶。成、康不式，四十余年天下不犯，囹圄空虚。"② 汉武帝在思考"良玉不琢"与"非文亡以辅德"这两种治国之策的优劣，他希望群臣的对策能帮他理清思路。

经过反复思考和论证，汉武帝选择了儒家思想作为统治思想。具有雄才大略的汉武帝一即位即召赵绾、王臧等文学公卿，

---

① 班固：《汉书》，北京：中华书局1962年，第2496页。
② 班固：《汉书》，北京：中华书局1962年，第2506－2507页。

商议立明堂、制礼服、封禅等事宜。只是由于窦太后的干预才不得不有所收敛。窦太后一去世,汉武帝就全面展开礼乐文化复兴活动,征召文学之士着手礼制建设,并接受董仲舒的建议,罢黜百家,独尊儒术,正式确立儒学为治国安邦的指导思想。儒家崇尚君权,主张积极有为,建功立业,重视礼制,因而礼乐文化在汉武帝时期得到全面复兴。

在郊祀礼制方面,汉武帝每三年到雍地郊祭五畤;在方士谬忌的鼓动下,在长安东南郊建立泰一祠祭祀泰一神;汉武帝受到阴阳学说的影响,在郊祀体系中增加了对地神后土的祭祀;为了适应大一统政权建设的需要,汉武帝在甘泉建泰一祠坛,突出泰一神的核心地位,完成了郊祀至上神祇的演变。泰一神源于道家,是指天地混沌未分的原初状态,它既是宇宙的根本,又是万物的开始,在抽象与具体的世界中均是主宰。用泰一神代替五帝,象征着中央集权代替天下分裂的状态。

汉武帝时期的礼制建设还突出体现在封禅大典方面。举行封禅大典时,汉武帝穿着黄色的祭服,旁边有乐队奏着礼乐。此外,还要用江淮间出产的三脊茅草,用五色土,并在山上释放奇异的飞禽走兽,以制造盛世祥瑞的景象。封禅的仪程是,在泰山下的东方祭泰一,仪式与甘泉祠泰一的郊祀礼相同。然后在泰山之巅举行封祭仪式,武帝采用的是仙密之仪,因而其仪式别人不知道。封完泰山后,又在泰山周围的小山对地神进行禅祀。汉武帝在位期间曾经多次封禅泰山,声势浩大。据说,封禅的地方白天有白色的雾气,夜里有闪烁的灵光。

二、西汉中后期的礼乐文化状况

汉昭帝在位期间,辅政大臣霍光延续了武帝后期与民休息的政策,实行盐铁专卖,使得西汉王朝衰退趋势得以扭转。汉昭帝在位十二年,礼仪制度整体上与汉武帝时期没有明显变化。

汉宣帝即位后，开始着手完善礼乐制度。首先，在即位不足两年时，就下了一道全面颂扬他的曾祖父汉武帝的诏书，要求尊武帝的庙号为世宗庙，在庙中演奏《盛德》、《文始》、《五行》舞曲，在武帝生前巡行过的郡国都建立世宗庙。汉宣帝告祠世宗庙后，处处有祥瑞的景象出现。据《汉书·郊祀志》记载："告祠世宗庙日，有白鹤集后廷。以立世宗庙告祠孝昭寝，有雁五色集殿前。西河筑世宗庙，神光兴于殿旁，有鸟如白鹤，前赤后青。神光又兴于房中，如烛状。广川国世宗庙殿上有钟音，门户大开，夜有光，殿上尽明。"① 可见告祠世宗庙体现了天意。汉宣帝这样做，既表达了对先帝的孝心，也标榜了自己正统嫡孙的身份，显示自己才是继承武帝事业和遗志的正统。

汉宣帝也非常重视郊祀，多次行幸甘泉，郊泰畤，祠后土。汉宣帝常常以祥瑞景象的出现作为郊祀的契机。如汉宣帝元康四年三月，五采神爵数以万计集于长乐、未央、北宫、高寝、甘泉泰畤殿中及上林苑，汉宣帝大赏群臣，改年号为神雀，于次年春正月行幸甘泉，郊泰畤，三月幸河东，祠后土，并下诏说："朕承宗庙，战战栗栗，惟万事统，未烛厥理。乃元康四年嘉谷、玄稷降于郡国，神爵仍集，金芝九茎产于函德殿铜池中，九真献奇兽，南郡获白虎、威凤为宝。朕之不明，震于珍物，饬躬斋祇，祈为百姓。东济大河，天气清静，神鱼舞河。幸万岁宫，神爵翔集。朕之不德，惧不能任。其以五年为神爵元年。赐天下勤事吏爵二级，民一级，女子百户牛、酒，鳏、寡、孤、独、高年帛。所振贷物勿收。行所过毋出田租。"② 五凤二年三月又行幸河东，祠后土，并在诏书中说："……郊上帝，祠后土，神光并见，或兴于谷，烛耀齐宫，十有余刻。甘露降，神

---

① 班固：《汉书》，北京：中华书局1962年，第1248页。
② 班固：《汉书》，北京：中华书局1962年，第259页。

爵集。已诏有司告祠上帝、宗庙。三月辛丑,鸾凤又集长乐宫东阙中树上,飞下止地,文章五色,留十余刻,吏民并观。朕之不敏,惧不能任,娄蒙嘉瑞,获兹祉福。"[1] 由此可以看出,汉代郊祀具有很大的随机性,祥瑞景象在很大程度上成为帝王进行郊祀的根据。

汉宣帝时期还进行了一些礼制方面的改革,比如婚礼开始用乐。周代婚礼中是不用乐的。汉宣帝觉得这一礼制规定过于苛刻,不近人情,于五凤二年秋八月下诏准许婚礼用乐。

汉宣帝统治时期,礼的观念在政治中显得比较突出,形成了继武帝之后的又一次礼乐文化兴盛时期。这与昭宣时期政治经济得到恢复、社会稳定有关,因为礼乐文化的推行需要宽松、平和的时代环境。另一方面也与汉代经学的发展有关。汉代人进行礼制建构,需要有所根据,儒家经典就成为制礼作乐的重要根据,因而被格外看重。汉武帝之后经学的发展为礼制建设提供了很好的依据,如汉宣帝元康元年秋八月,就下诏说:"朕不明六艺,郁于大道,是以阴阳风雨未时。其博举吏民,厥身修正,通文学,明于先王之术,宣究其意者,各二人,中二千石各一人。"[2] 值得注意的是,第一,汉宣帝对六艺的重视;第二,汉宣帝认为六艺不明,会郁于大道,导致阴阳风雨不时。可见,汉宣帝时礼制建设与灾异祥瑞现象有着密切联系。这也是西汉中后期礼乐文化得到复兴的缘故。

元帝即位后,遵照旧仪,每隔一年正月行幸一次甘泉,郊泰畤,又东到河东祠后土,西到雍祠五畤。但汉元帝即位后,山崩地裂,水泉涌出,关东饥荒,齐地人相食,天灾人祸不断发生。元帝不断下诏自责,并减免赋税。如初元三年夏四月,

---

[1] 班固:《汉书》,北京:中华书局1962年,第267页。
[2] 班固:《汉书》,北京:中华书局1962年,第255页。

茂陵白鹤馆发生火灾，元帝下诏自责，大赦天下。六月又下诏说："盖闻安民之道，本由阴阳。间者阴阳错谬，风雨不时。朕之不德，庶几群公有敢言朕之过者，今则不然……"① 永光二年三月，发生日食，元帝又下诏说："朕战战栗栗，夙夜思过失，不敢荒宁。惟阴阳不调，未烛其咎，娄敕公卿，日望有效……"② 从这些诏书中可以看出，汉元帝认为天灾人祸不断，是由于阴阳不平衡，所以才造成了风雨不时。也可看出汉代帝王能将灾异现象看成天对自己的警告，因而能战战兢兢地反思自己的行为。

自元帝开始，西汉王朝步入自身的衰亡期，中央政权先后为宦官外戚所把持，政治昏暗腐朽。地方上，贵戚、豪强地主兼并土地日甚一日，天灾频繁发生。政治、经济形势的变化使皇权日渐衰落，反映到宗庙祭祀方面，则表现出反反复复的状况。据《汉书·郊祀志》记载，元帝时丞相贡禹从节俭的角度出发，指出汉家宗庙设置过于铺张浪费，建议废弃各郡国所建的太上皇庙、孝惠帝庙。但后来元帝寝疾，梦到神灵谴责罢庙一事，于是又恢复了郡国庙。

汉成帝"善修容仪，升车正立，不内顾，不疾言，不亲指，临朝渊嘿，尊严若神，可谓穆穆天子之容"③，有帝王威仪。成帝即位后，经学得到进一步完善，礼乐文化构建更加有本可依。丞相匡衡及御史大夫张谭根据《礼记》、《尚书》、《洪范》等文献的记载指出：汉武帝到北边甘泉郊泰一，到东边汾阴祀后土，有违阴阳之义，而且从实际情况来看，到这样远的地方祭祀，悬远扰民，行祭不便。匡衡还指出，汉武帝祭祀泰畤文饰过于华美，因而建议根据古制，崇尚质朴，扫地而祭。于是在建始

---

① 班固：《汉书》，北京：中华书局1962年，第284页。
② 班固：《汉书》，北京：中华书局1962年，第289页。
③ 班固：《汉书》，北京：中华书局1962年，第330页。

元年,成帝下诏在长安南北郊兴造天地祭坛,用以取代甘泉泰一及汾阴后土的神祠,雍五畤与陈宝祠也一并罢废。建始二年正月,成帝开始在长安南郊祭天,实现了郊祀方式的重大变革。成帝时期礼制变革,究其实质,是想改变汉代礼制中浓厚的神仙思想和浮华之气,而表现出复古改制的倾向。

但不久匡衡坐事免去官爵。许多人都议论说不该变动祭祀之处,并指出刚废除甘泉泰畤祭祀时,大风吹坏了甘泉竹宫,将十围以上上百棵树连根拔起。汉元帝感到蹊跷,问刘向。刘向指出,家人尚且不绝种祠,更何况一个国家,因此不能随意废除前朝的祭祀之处。此外,甘泉、汾阴、雍等地的祭坛初立时,都有神感应,因而不该轻易废除。汉元帝听了后也很遗憾悔恨。后来汉元帝以无继嗣为借口,让皇太后下诏,于永始三年冬十月,又恢复了甘泉泰畤、汾阴后土、雍五畤、陈仓陈宝祠。永始四年春正月,成帝行幸甘泉,郊泰畤,神光降集紫殿。之后汉成帝频繁行幸甘泉,郊泰畤,并行幸雍,祠五畤,似乎带有将功补过的意味。但后来成帝又恢复了在长安南北郊的祭祀。

哀帝即位后,恢复了很多废弃的神祠,也恢复了甘泉泰畤、汾阴后土祠。但汉哀帝没有亲自去行事礼祠,不久也驾崩了。汉平帝时,安汉公王莽宗经复古,根据经书进行了全面的礼制调整,如《礼记》记载,天子应当在南郊祭天,在北郊祭地,因而汉平帝时又恢复了长安南北郊祭。

可以看出西汉后期的礼制建设总是受到一些神秘力量的左右,帝王在这些神秘力量面前变得优柔多虑。

四、东汉时期的礼乐文化状况

东汉时期,光武帝刘秀要建立政权,当务之急就是证明自己承袭汉代业绩的合法性。天子合法性的根据最为合理的解释莫过于来自天意。据《后汉书·光武帝纪》记载，有人说得到了《河图赤伏符》，上面说："刘秀发兵捕无道，四夷云集龙斗野，四七之际火为主"[①]，并说这是受命之符，应当应答天神，才能不负众望。刘秀尊崇神意建武元年在鄗即位，并在鄗南平整土地设立了祭天的坛场，向天地祭祀祷告。《后汉书·光武帝纪上》也记载建武元年六月光武帝以燔燎的方式，告天，禋于六宗，望于群神。看来，刘秀进行礼制建设的依据，既有君权神授的成分，又有谶纬迷信色彩。这奠定了东汉礼制的基调。

刘秀以西汉皇族旁系的身份，打着兴复汉室的旗号，通过一系列兼并战争建立东汉，因而具有宣扬皇帝血缘纯正性、世袭正统性的宗庙礼制自然也成为刘秀礼制建设的重要组成部分，建武元年八月刘秀就在怀宫祠高祖、太宗、世宗。建武二年正月，光武帝在洛阳起高庙建社稷。建武三年光武帝到高祖庙祭祀，接受传国玉玺。

光武帝建武三十二年，刘秀斋戒，晚上阅读《河图会昌符》，上面说，汉代当在第九世时在泰山承受天命，如果不能慎重对待实行，对承继大业没有什么好处，如果能够很好地实行，诡诈虚伪之事就不会发生。此外，《河图合古篇》、《河图提刘予》、《洛书真曜度》等都表达了这个意思。神意不可违抗，于是刘秀决定对泰山进行封禅。封禅的仪程大致是，在泰山下南方焚柴祭天，用乐与郊祭天相同。然后乘辇车登上泰山之巅，换上封禅专用的礼服。尚书令捧着玉牒函篋，皇帝用玺印亲自加封印缄。太常命人开启坛上石板，尚书令藏玉牒，盖上石板，再用印章封缄石函。此事完毕，皇帝再拜，群臣欢呼万岁。然后命令众人竖立所刻写的石碑，从原道下山。又过了两日在梁父之阴祭地。

---

① 司马彪：《后汉书志》，北京：中华书局1965年，第3165页。

刘汉政权轻易被王莽篡夺的事实，使东汉统治集团认识到，培植忠孝名节观念，才能保证政权的稳固和皇权的至上权威，因而东汉重视孝悌观念的培养。汉明帝时举行养老礼就是重要举措。《后汉书·礼仪上》记载汉明帝即位后举行了不少养老礼仪。永平二年春正月，汉明帝在宗庙明堂祭祀光武帝。三月到辟雍，举行养老礼，其仪程是："天子迎于门屏，交礼，道自阼阶，三老升自宾阶。至阶，天子揖如礼。三老升，东面，三公设几，九卿正履，天子亲袒割牲，执酱而馈，执爵而酳，祝鲠在前，祝饐在后。五更南面，公进供礼，亦如之。"[1]可以看到天子放弃了至尊的地位，对三老、五更行揖让之礼，以凸显自身尊老、敬老的示范性作用，最终希望臣民孝忠君王。

汉明帝时也在明堂祭祀五帝，并以光武帝配祭。汉明帝时根据《礼谶》和《礼记·月令》记载五郊迎祭的服饰颜色，开始举行五郊迎气礼。

汉章帝元和二年到东方巡视，将要到泰山，在路上派遣使者持一太牢，在济阴成阳灵台祭祀尧帝。到泰山后，整治光武帝在山南建造的祭坛，焚柴祭祀天地群神，在孝武帝所造的汶上明堂宗祀五帝，以光武帝配祭。依次在明堂告祭高祖、太宗、世宗、中宗、世祖、显宗，每次祭祀都用一太牢。祭祀完毕，又朝东朝拜青帝，赏赐王侯和群臣。然后视察州郡和封国，到鲁国，祭祀东海恭王以及孔子。返回京城后到高祖庙、世祖庙各用一头牛祭祀，报告自己已经返回。和帝时对这些礼仪没有增加或改动。

安帝即位后，到东方巡视，到泰山焚柴祭祀，在汶上祭祀明堂。礼仪与章帝元和年间相同。之后祭祀泰山成为常规性祭祀。东汉安帝永初年间，京师及四十一个郡国下冰雹，并州、

---

[1] 司马彪：《后汉书志》，北京：中华书局1965年，第3109页。

凉州大饥荒，出现人吃人的现象。永初四年安帝举行朝会，撤销演奏礼乐的仪式。

汉桓帝喜欢神仙一类的事，延熹八年，最早派中常侍到陈国苦县祭祀老子，延熹九年，又亲自在濯龙祭祀老子。用华美毛织物做坛，用纯金缘饰器物，设置有伞盖的座位，用的是祭天的音乐。

综合以上汉代礼制发展的过程可以看出，经过战国和秦汉之际的战乱，礼乐文化基本上退出了历史舞台，但是当汉代政治趋于稳定，经济出现繁荣景象时，思想统治的问题再次摆在统治者面前礼乐文化的价值重新被统治者所认识。但汉代的礼乐文化不是对周代礼乐文化的简单模仿，而是根据社会治理和统治者的需要融入了较多新的因素。高祖时期礼乐文化经历了从不被接受到逐渐被接受的过程；文景时期礼乐文化较多受到五行思想和神仙思想的影响；汉武帝时期的祭祀典礼很多都是方士鼓动的结果，因而礼乐文化中夹杂了较多的神仙思想；昭宣时期，祥瑞景象的出现常常成为改年号和举行祭祀典礼的契机；元帝之后，西汉走向衰落，关于郊祀地点的讨论成为这个时期礼制建设的核心问题，郊祀地点的改变，一方面是由于经学的兴盛，依照文献，郊祀地点和方式有一套规定；另一方面是由于当时人有着较重的迷信心理，一旦现实生活中有什么风吹草动，人们会怀疑在祭祀方面出了问题，因而祭祀的方式和地点的讨论一直伴随着西汉中后期的礼制建构。光武帝时期，礼制建设的出发点更多的是为我所用，即将谶纬神学与礼制建设结合起来，为自己的统治寻找合法根据；汉明帝时期更多地遵循经书来完善礼制建设，因而东汉礼制中有浓厚的经学色彩。

总体来看，汉代的礼乐文化复兴更大程度上只是复兴了礼乐文化的仪式性，如汉代再次出现了祭天、祭地等礼仪，这些礼仪为统治者的神圣性提供了理论根据，但是礼乐文化中的美饰化精神却没有得到相应的强调，礼乐文化对个体行为的规范意义也没有得到应有的强调。

第二节 汉代礼乐文化中的审美追求

汉代重视礼制建设，这极大地促进了汉代礼学思想和官方美学思想的发展。汉代对礼乐文化的关注，更加侧重于祭祀典礼的地点、仪程以及礼乐的运用等问题，而对礼仪中人的姿态举止是否符合礼仪是不太关注的。因而，汉代礼乐文化的审美价值主要体现在礼仪程序、祭坛的美饰、乐舞和舆服等几个方面。

一、礼仪的秩序美

战国时期和秦汉之际，战乱频仍，社会处于无序状态。西汉建立后，这种无序状态成为统治的障碍。如前所述，在刘邦的朝堂上，出身低微，没有礼制观念的功臣拔剑击柱，搞得朝廷乌烟瘴气，也给新建立的政权带来威胁。于是刘邦采纳了叔孙通的建议，进行礼制建设。经过一段时间的训练后，西汉的礼乐文化出笼了。据《史记·刘敬叔孙通列传》记载，汉七年，长乐宫建成后，举行了朝贺礼仪。其仪程是：

> 先平明，谒者治礼，引以次入殿门，廷中陈车骑步卒卫宫，设兵张旗志。传言"趋"。殿下郎中侠陛，陛数百人。功臣列侯诸将军军吏以次陈西方，东乡；文官丞相以下陈东方，西乡。大行设九宾，胪传。于是皇帝辇出房，百官执职传警，引诸侯王以下至吏六百石以次奉贺。自诸侯王以下莫不振恐肃敬。至礼毕，复置法酒。诸侍坐殿上皆伏抑首，以尊卑次起上寿。觞九行，谒者言'罢酒'。御

史执法举不如仪者辄引去。竟朝置酒，无敢讙譁失礼者。①

长乐宫里旗帜飘扬，功臣列侯与文官丞相分别站在殿下的东西两边，神情严肃庄重地恭候着皇帝的出场。高祖乘辇出房，坐上宝座后，朝臣按照官职的高低依次前来祝贺。这样浩大的气势，这样井然有序的场面，使平民出身的刘邦大开眼界，他感慨地说，"吾乃今日知为皇帝之贵也"②，并拜叔孙通为太常，赐金五百斤。这是汉初的朝贺礼仪呈现出的秩序美，具有震慑人心的效果，与之前饮酒拔剑击柱的场面简直不可同日而语。

二、祭坛的美饰

建始元年十二月，成帝开始在长安修建南北郊坛，用以取代甘泉泰一及汾阴后土的神祠。匡衡说：

> 甘泉泰畤紫坛，八觚宣通象八方。五帝坛周环其下，又有群神之坛。以《尚书》禋六宗、望山川、遍群神之义，紫坛有文章采镂黼黻之饰及玉、女乐，石坛、仙人祠，瘞鸾路、骍驹、寓龙马，不能得其象于古。臣闻郊柴饫帝之义，扫地而祭，上质也。歌大吕舞《云门》以俟天神，歌太蔟舞《咸池》以俟地祇，其牲用犊，其席槀秸，其器陶匏，皆因天地之性，贵诚上质，不敢修其文也。以为神祇功德至大，虽修精微而备庶物，犹不足以报功，唯至诚为可，故上质不饰，以章天德。紫坛伪饰、女乐、鸾路、骍驹、龙马、石坛之属，宜皆勿修。③

---

① 司马迁：《史记》，北京：中华书局1982年，第2723页。
② 班固：《汉书》，北京：中华书局1962年，第1030页。
③ 班固：《汉书》，北京：中华书局1962年，第1256页。

通过匡衡的议论，可以看到武帝时期祭祀祭坛状况：泰一坛居中，坛的型制为三重八通鬼道；泰一坛外，五帝坛按各自方位环设周围；五帝坛外的四方兆域，为北斗及群臣从者诸小神设坛座。这种以泰一坛为核心、五帝坛与群神坛分层围辅其外的群坛设置方式，直观地展示出了神界系统的位序关系，突出了泰一神的至上地位。甘泉祭坛为紫色，形状像八觚。紫坛上还有文章彩镂黼黻等装饰。"紫"是代表泰一的颜色，紫坛则是天宫的象征。这一方面体现了紫坛的文饰华美，另一方面又表现了汉武帝对神仙的向往。

匡衡指出，武帝时期的祭祀太过奢华，而应当遵照古礼，崇尚质朴。匡衡认为按照古礼，祭祀天地，应当扫地而祭，崇尚质朴。在歌舞方面，应当歌大吕，舞《云门》，以祭天神；歌太蔟，舞《咸池》，以祀地祇。祭祀所用的牺牲应当用犊，席用藁秸，器用陶匏，都崇尚质朴。祭坛和祭祀的不同风格，反应了武帝和成帝两个不同历史时期的不同审美情趣。

建武二年光武帝刘秀在洛阳南郊设置了祭坛。《后汉书·祭祀上》记载祭坛的状况："为圆坛八陛，中又为重坛，天地位其上，皆南向，西上。其外坛上为五帝位。青帝位在甲寅之地，赤帝位在丙巳之地，黄帝位在丁未之地，白帝位在庚申之地，黑帝位在壬亥之地。其外为壝，重营皆紫，以像紫宫；有四通道以为门。日月在中营内南道，日在东，月在西，北斗在北道之西，皆别位，不在群神列中。"[①] 意思是光武帝的郊祭坛有八道台阶，坛上复设一坛。在外坛上设置了五方之帝的神位。在坛外建造矮墙，均用紫色，以象征紫微宫。有四个通道做门，日月之位在上坛南边通道上，日在东，月在西，北斗在北边通道的西侧。光武帝设置的这一祭坛显然受五行思想的影响。有

---

① 司马彪：《后汉书志》，北京：中华书局1965年，第3161页。

八通阶陛,以紫色仿效紫微天宫,又体现出神仙思想的痕迹。

三、典礼中的乐舞

汉代礼仪中歌舞有依照古礼的部分,也有很大程度的创新,从而形成了具有时代特色的审美景观。

(一)宗庙祭祀乐舞

《汉书·礼乐志》详细地记载了叔孙通所制定的宗庙礼乐的状况:

> 汉兴,乐家有制氏,以雅乐声律世世在大乐官,但能纪其铿锵鼓舞,而不能言其义。高祖时,叔孙通因秦乐人制宗庙乐。大祝迎神于庙门,奏《嘉至》,犹古降神之乐也。皇帝入庙门,奏《永至》,以为行步之节,犹古《采荠》、《肆夏》也。乾豆上,奏《登歌》,独上歌,不以管弦乱人声,欲在位者遍闻之,犹古《清庙》之歌也。《登歌》再终,下奏《休成》之乐,美神明既飨也。皇帝就酒东厢,坐定,奏《永安》之乐,美礼已成也。又有《房中祠乐》,高祖唐山夫人所作也。周有《房中乐》,至秦名曰《寿人》。凡乐,乐其所生,礼不忘本。高祖乐楚声,故《房中乐》楚声也。孝惠二年,使乐府令夏侯宽备其箫管,更名曰《安世乐》。[1]

由此可见,第一,周代宗庙祭祀之乐到汉代已经衰败到乐官也无法知道其内在含义的地步,但反过来看,也可以说汉代还保留着周代礼乐的有关信息,只是不知道更深层的意义了;第二,汉代宗庙祭祀乐节目有太祝迎神乐、主祭者皇帝的行步

---

[1] 班固:《汉书》,北京:中华书局1962年,第1043页。

第七章　汉代的礼乐文化与官方审美活动

节奏乐、荐献祭品登歌、神明既飨乐、房中祠乐、飨神乐舞等。宗庙祭祀礼仪从迎神到皇帝步入，再到礼赞神明，都有相应的礼乐。《嘉至》乐是降神乐舞，它的演奏是为了招致神灵，同时也标志祭祀活动的开始。皇帝入庙门时，奏《永至》乐，是为了调节祭祀者步伐的快慢，并用以烘托祭祀的氛围。《休成》是神明享用了祭品后撤祭环节所奏的乐歌。《永安》是礼神仪式结束时演奏的乐歌，表示祭礼圆满完成。这样从《嘉至》、《永至》、《安世乐》到《休成》就完整表达了祈求神明保佑的主旨。

当神明降临，祭祀者走入庙门之后，祭祖仪式正式开始，要向神明进献祭品，同时表演登歌。登歌即升堂而歌，登歌只用人声，不用管弦等乐器伴奏。登歌的目的是歌颂赞美皇帝祖先的功德。汉代祭祖礼仪中的登歌用的是《房中乐》。据《汉书·礼乐志》载，《安世歌》是高祖唐山夫人所作，为楚声，孝惠二年，乐府令夏侯宽配以箫管，更名为《安世乐》。传世的《安世乐》登歌共十七首。

从歌诗的内容看，《安世乐》第一首："大孝备矣，休德昭清。高张四县，乐充宫庭。芬树羽林，云景杳冥。金支秀华，庶旄翠旌。"[1]首先向神灵表明自己"大孝备矣"，并且德性修养深厚。可见《安世乐》通过向祖先神祭拜，宣扬的首先是孝悌观念。接着乐歌中向神灵描述祭祀的宏大场景：庞大的乐队、华美的装饰、庄严肃穆的歌声都是为期冀神明到来所作的准备。这种描述是历来祭祀乐歌所用的取悦神灵的方式。其他各篇都旨在烘托献飨的过程和氛围，表达"孝"和"德"的核心思想。第二首："《七始》《华始》，肃倡和声。神来宴娭，庶几是听。鬻鬻音送，细齐人情。忽乘青玄，熙事备成。清思眇眇，经纬

---

[1] 班固：《汉书》，北京：中华书局1962年，第1046页。

冥冥。"① 描写了献飨仪式开始时的景象，在庄严肃穆的歌声中，神明降临聆听乐歌。第十首："都荔遂芳，窅窊桂华。孝奏天仪，若日月光。乘玄四龙，回驰北行。羽旄殷盛，芬哉芒芒。孝道随世，我署文章。"② 芬芳的都荔，窅窊的桂华，烘托出隆重的祭祀氛围。第十三首："嘉荐芳矣，告灵飨矣。告灵既飨，德音孔臧。惟德之臧，建侯之常。承保天休，令问不忘。"③ 应当是献飨仪式结束时的献歌。其他曲目也反复唱叹孝顺、德性的美好。

《汉书·礼乐志》记载汉代宗庙祭祀仪式还用以下乐舞："高庙奏《武德》、《文始》、《五行》之舞；孝文庙奏《昭德》、《文始》、《四时》、《五行》之舞；孝武庙奏《盛德》、《文始》、《四时》、《五行》之舞。"④《武德》舞为高祖四年所作，表示天下已定，开始以乐治天下，而不以武力征服天下。《文始》舞本来是舜的《招舞》，高祖六年更名为《文始》。《五行》舞本是周舞，秦始皇二十六年更名为《五行》。《四时》舞为孝文帝所作，表示天下之安和。孝景在《武德》舞的基础上制作《昭德》舞，以尊大宗庙。到孝宣帝时，在《昭德》舞的基础上作《盛德》舞，以尊世宗庙。诸帝庙皆常奏《文始》、《四时》、《五行舞》等。高祖六年又作《昭容乐》、《礼容乐》。从汉代各帝王所作的这些乐舞可以看出，汉代乐舞以周秦乐舞为基础，不断修改完善，也融入了四时、五行思想。

（二）郊祀乐舞

西汉早期的郊祀并不完整，而且没有乐舞伴奏。汉武帝时期郊祀开始用乐。据《汉书·郊祀志上》记载："嬖臣李延年以

---

① 班固：《汉书》，北京：中华书局1962年，第1046页。
② 班固：《汉书》，北京：中华书局1962年，第1049页。
③ 班固：《汉书》，北京：中华书局1962年，第1050页。
④ 班固：《汉书》，北京：中华书局1962年，第1044页。

好音见。上善之,下公卿议,曰:'民间祠有鼓舞乐,今郊祀而无乐,岂称乎?'公卿曰:'古者祠天地皆有乐,而神祇可得而礼。'或曰:'泰帝使素女鼓五十弦瑟,悲,帝禁不止,故破其瑟为二十五弦。'于是塞南越,祷祠泰一、后土,始用乐舞。益召歌儿,作二十五弦及坎侯瑟自此起。"① 意思是民间祭祀还有以鼓舞相配的音乐,现在郊祀却没有音乐,这难道相称吗?公卿们说,古代祭祀天地时都有音乐,神灵才能受礼歆享。但太帝命素女弹奏五十弦的瑟,音调悲切,太帝忍受不了,于是把瑟上的弦改为二十五弦。这是为了伐南越获胜,报祭泰一神,后土神,开始使用乐舞,增召歌童,制作二十五弦的箜篌瑟从此问世。祭祀礼乐加强了祭祀典礼的庄严肃穆的氛围,显现皇权威严。

关于汉武帝时期祭祀用乐的具体状况,《史记·乐书》中记载:"汉家常以正月上辛祠泰一甘泉,以昏时夜祠,到明而终。常有流星经于祠坛上。使童男童女七十人俱歌。春歌《青阳》,夏歌《朱明》,秋歌《西皓》,冬歌《玄冥》。"②《汉书·礼乐志》也记载:"至武帝定郊祀之礼,祠泰一于甘泉,就乾位也;祭后土于汾阴,泽中方丘也。乃立乐府,采诗夜诵,有赵、代、秦、楚之讴。以李延年为协律都尉,多举司马相如等数十人造为诗赋,略论律吕,以合八音之调,作十九章之歌。以正月上辛用事甘泉圜丘,使童男女七十人俱歌,昏祠至明。夜常有神光如流星止集于祠坛,天子自竹宫而望拜,百官侍祠者数百人皆肃然动心焉。"③ 从以上文献可以看出,在汉武帝时期,庙堂音乐的制定是受到民间音乐的启发而进行的,那么庙堂音乐受到民间音乐的影响也是自然的事情。汉武帝时的祭祀用乐也比较随

---

① 班固:《汉书》,北京:中华书局1962年,第1232页。
② 司马迁:《史记》,北京:中华书局1982年,第1178页。
③ 班固:《汉书》,北京:中华书局1962年,第1045页。

意,主要是十九章郊祀乐歌,即郊祀时面神唱奏的登歌。

《郊祀十九章》并非一人创作,其篇章内容也比较复杂。根据《汉书·礼乐志》记载,《十九章》包括《练时日》、《帝临》、《青阳》、《朱明》、《西皓》、《玄冥》、《惟泰元》、《天地》、《日出入》、《天马》、《天门》、《景星》、《齐房》、《后皇》、《华烨烨》、《五神》、《朝陇首》、《象载瑜》、《赤蛟》等篇章。

《郊祀十九章》是用来祭祀天地自然神灵的乐歌,体现着汉代社会的宗教性质和神明信仰观念。从内容上看,首章《练时日》和末章《赤蛟》分别为迎神和送神乐曲。《帝临》描写的是神明降临,四方之神各承四宇,人们恭敬谨慎地准备祭礼的场面。《清阳》、《朱明》、《西皓》、《玄冥》分别为祭祀四季之神的乐歌,其中《青阳》描绘了春天万物萌生、欣欣向荣的自然景色,以及气动伊始,生机勃勃的生活景象。《朱明》描述夏季朱明盛长,桐生茂豫,气运上升,万物生长的景象。《西皓》描绘的是秋气肃杀的景象,以及万物含秀垂颖的丰收景象。《玄冥》描绘了冬天草木凋零,蛰虫隐藏的自然景象,以及人间抱素怀朴,民众收藏,易乱除邪的景象。这四首乐歌既描绘了四季的变迁,也表达了国泰民康的愿望。

《十九章》中有五首是直接描写符瑞的,其中《天马》为"太初四年诛宛王获宛马作"[①],歌颂了西域而来的天马。《景星》又名《宝鼎歌》,因"元鼎五年得鼎汾阴作"[②],诗中写道,景星显见,信星彪列,一派和乐吉祥之景,宝鼎的发现更显出祥瑞气象。《齐房》为"元封二年芝生甘泉齐房作",又名《芝房歌》,诗中描绘了齐房芝草"九茎连叶"的形象,表现了"蔓蔓日茂,芝成灵华"的祥瑞景象。《朝陇首》又名《白麟歌》,元

---

① 班固:《汉书》,北京:中华书局1962年,第1061页。
② 班固:《汉书》,北京:中华书局1962年,第1064页。

狩元年武帝行幸雍获白麟而作。《象载瑜》又名《赤雁歌》，太始三年武帝行幸东海获赤雁而作。

郊祀《十九章》是一套完整的祭祀乐歌，既有迎神序曲，又有送神曲。而从其主体内容来看，歌颂了四季之神，也歌颂了种种祥瑞景象。《十九章》内容生动，与现实生活联系较为紧密，有着鲜明的时代特征。但是，也正因为如此，汉代的祭祀乐歌不合古制，显得较为随意。如汉武帝曾在渥洼水中得神马，作《泰一之歌》，后伐大宛，得千里马，又作《天马》歌。这些乐歌都被运用到祭祀场合。对于汉朝廷的这种较为随意的音乐体制，中尉汲黯提出了批评："凡王者作乐，上以承祖宗，下以化兆民。今陛下得马，诗以为歌，协于宗庙，先帝百姓岂能知其音邪？"[1] 汲黯欲用传统礼制观念来约束帝王的礼乐行为，结果惹得皇帝很不高兴。

总体来看，《郊祀十九章》在郊祀歌中添加了对天马、宝鼎、灵芝、白麟、赤雁等五种符瑞的歌颂，构建了以"泰一"为核心的祭祀神灵系统，反应了汉武帝的神仙思想。这使汉代的郊祀与神仙思想融为一体。

关于东汉光武帝时郊祭的乐舞，《后汉书志·祭祀上》记载："陇、蜀平后，乃增广郊祀，高帝配食，位在中坛上，西面北上……凡乐奏《青阳》、《朱明》、《西皓》、《玄冥》，及《云翘》、《育命》舞。"[2] 其中，《青阳》、《朱明》、《西皓》、《玄冥》四方神乐，显然是继承了汉武帝时期《郊祀十九章》的祭祀乐舞模式。

东汉明帝即位后于永平二年正月在明堂举行了祭祀五帝的典礼。五帝的座位在堂上，分别处于自己的方位上。黄帝在末

---

[1] 司马迁：《史记》，北京：中华书局1982年，第1178页。
[2] 司马彪：《后汉书》，北京：中华书局1965年，第3161页。

位，这些都与南郊祭的座位相同。光武帝在东方青帝之南，稍后一些，面向西。祭五帝所用的音乐与南郊祭相同。祭事完毕，汉明帝登上灵台，观察云气以预测吉凶。

东汉明帝之后开始有五郊迎气礼仪。据《后汉书志·祭祀中》记载，迎气礼仪的方位、车旗色彩、所唱乐歌情况如下：

> 立春之日，迎春于东郊，祭青帝句芒。车旗服饰皆青。歌《青阳》，八佾舞《云翘》之舞。及因赐文官太傅、司徒以下缣各有差。立夏之日，迎夏于南郊，祭赤帝祝融。车旗服饰皆赤。歌《朱明》，八佾舞《云翘》之舞。先立秋十八日，迎黄灵于中兆，祭黄帝后土。车旗服饰皆黄。歌《朱明》，八佾舞《云翘》、《育命》之舞。立秋之日，迎秋于西郊，祭白帝蓐收。车旗服饰皆白。歌《西皓》，八佾舞《育命》之舞。使谒者以一特牲先祭先虞于坛，有事，天子入囿射牲，以祭宗庙，名曰貙刘。语在《礼仪志》。立冬之日，迎冬于北郊，祭黑帝玄冥。车旗服饰皆黑。歌《玄冥》，八佾舞《育命》之舞。①

由此可见，迎气礼仪受到五行思想的影响，在五个季节，祭祀五种神，车旗服饰的色彩与方位相配，所唱的乐歌也与五个季节和五个方位相配。

（三）汉代舆服之美

车马是贵族身份的标志，在汉代，车马的美饰依然承袭着周秦旧制，成为身份和等级的标志。《后汉书志·舆服上》记载天子玉路的美饰："天子玉路，以玉为饰，锡樊缨十有再就，建

---

① 司马彪：《后汉书志》，北京：中华书局1965年，第3181—3182页。

太常,十有二斿,九仞曳地,日月升龙,象天明也。"① 玉路,以玉做装饰,马面有镂金饰,马腹带和颈带上饰有十二圈五彩丝,树太常旗,旗上有十二条飘带,长九仞,拖地,旗上的日月和飞升的龙形,象征上天的光明。

天子乘舆、金根车、安车、立车装饰的大致情况是:车轮上装饰朱色花纹,车厢上装饰倚和较,车轼上装饰文虎图案,车轭上装饰龙头,车衡上装饰金鸟,车軨上装饰鹿头龙纹画,车盖上装饰羽毛,车盖四周装饰金花。大旗上装饰十二条飘带,旗上画日月和飞升龙形,驾六匹马,用象牙马勒,马面部装饰镂刻涂金的当卢,金马冠连接铁制方釳,釳上插雉尾,朱色双丝细绢做马腹带和颈带。这就是汉代的德车。五时车、耕车、戎车、猎车的基本纹饰也都如此。

汉代车马的等级情况,《后汉书·舆服上》中也有较明确的记载。太皇太后、皇太后都驾金根车,再加上纵横交错织成的帷幔。如果不是法驾仪仗,就乘坐紫色毛线做成帷幕的軿车,这种车的车軨上装饰着云纹和鹿头龙纹,用黄金涂饰车的五个端头和伞骨。有左右騑马,共驾三匹马。长公主乘坐用赤色毛线做成衣蔽的軿车。大贵人、贵人、公主、王妃、封君乘坐油漆漆过的軿车。大贵人增加符节,在车軨上绘画。

皇太子、皇子都坐安车。安车的纹饰是:朱色花纹的车轮,青色车盖,金花装饰伞骨,黑色鹿头龙纹,车軨上有绘画,车辀上有纹饰,用黄金涂饰车的五个端头。皇子被册封为王,就赏赐这种车,所以也叫做王青盖车。皇孙则乘坐绿车跟随。公和列侯乘坐的安车,有朱色花纹的车轮,较上画倚鹿形,轼上画伏熊形,黑缯车盖,黑色车幡,右侧有騑马。

中二千石和二千石的官员都是黑色伞盖,两侧车轓都是朱

---

① 司马彪:《后汉书志》,北京:中华书局1965年,第3643页。

色。千石和六百石的官员，左侧车辖为朱色。中二千石以上官员有右骓马，三百石以上用黑色布盖，千石以上用黑缯做车盖，二百石以下用白布做盖。商人不许乘坐车马。除了吏车盖柄下部有赤色绘画外，其余都绘青色云纹。

各种马的文饰如下：天子车驾上的马，金马冠连接铁制的方纮，纮上插雉尾，象牙马勒，总上画龙形，沫上绘飞升龙形，赤色扇汗，青色两翅，燕形尾。驾驸车的马，左右有赤色耳饰和流苏，飞鸟形符节，赤色胸带。皇太子车乘的马饰有时与天子的相同。王、公、列侯的马，镂金马面当卢，染饰鬃毛，朱色马勒，朱色的总上绘画鹿形，朱色花纹，绛色扇汗，青翅燕尾。卿以下有骓马的，缇色扇汗，青翅燕尾，镂金马面当卢，染饰鬃毛。可以看出汉代车马纹饰延续了周代的文饰精神，只是装饰的细节有所变化。

在礼乐文化中服饰有着鲜明的等级色彩，但春秋战国时期，礼制崩坏，秦始皇统一六国后，进一步毁灭礼学，直到汉代服饰礼制才渐渐恢复。《后汉书·舆服志下》记载：天子、三公、九卿、特进侯、侍祠侯，在祭祀天地和举行明堂祭时，都戴有旒的冕，玄色上衣纁色下裳。这些都是对周礼的沿袭。天子和各级官员的服饰图案也体现了等级特征。天子之服纹饰齐备，包括日月星辰共十二种图案，三公、各侯爵用山和龙以下的九种图案，九卿以下官员用雉鸟以下的七种图案，都有五种色彩，带大佩，穿赤色舄或带绚饰的履。百官中主管祭事的，戴长冠。五岳、四渎、山川、宗庙、社稷各项依礼分等级的祭祀，都穿黑衣服戴长冠，五郊祭祀时衣服颜色分别与各方位的颜色相同。百官中不主管祭祀的，分别戴常冠穿黑色衣服随行。

冕冠是最重要的礼服，关于冕冠的形制，《后汉书·舆服下》记载，汉明帝永平二年诏有司根据《周官》、《礼记》、《尚书·皋陶篇》等文献予以整理，其形制为："冕皆广七寸，长尺二寸,前圆后方,朱绿里,玄上,前垂四寸,后垂三寸,系白玉珠为十二旒,以其绶采色为组缨。三公诸侯七旒,青玉为珠;卿大夫五旒,黑玉为珠。皆有前无后,各以其绶采色为组缨,旁垂黈纩。郊天地,宗祀,明堂,则冠之。"[1] 由此可见,第一,东汉的冕服比《周礼》所载的周代服制简化许多,集郊天地、宗祀明堂礼服于一体;第二,汉代服饰审美依然遵循等级制。从旒数来看,皇帝白玉珠十二旒,三公诸侯青玉珠七旒,卿大夫黑玉珠五旒。冕冠上组缨的颜色要与本人绶带颜色相一致。此外,汉代的冠,还有长冠、委貌冠、爵弁、通天冠、远游冠、高山冠、进贤冠、法冠等,可见冠的样式还是有相当大的发展变化。

战国秦汉以来,佩饰发生了较大的变化。周代各级贵族佩带不同颜色的玉,以显示尊卑有别;不同色彩的蔽膝,以显示贵贱不同。佩是用来彰显德行的,但春秋五霸先后兴起,战事不断,佩玉不是作战的武器,蔽膝不是战场上的旗帜,为了战争需要,就得解去蔽膝和佩玉,但保留了贯串佩玉的丝绦,作为标记。秦代用彩带连接佩玉,作为等级标记,叫做绶。汉代沿用秦代旧制,但增加双印和佩刀等饰物。

佩刀的纹饰等级如下:天子的佩刀,刀鞘通身错金,旁有翡翠点缀;诸侯王的佩刀,刀鞘以错金为饰;公卿百官刀鞘都是纯黑色;小黄门雌黄刀鞘;中黄门朱色刀鞘;童子虎爪纹刀鞘;虎贲黄色虎纹刀鞘;虎贲将白虎纹刀鞘。

印的等级和色彩如下:天子、诸侯、公爵以及列侯的印用白玉制作,中二千石以下至四百石用黑色犀牛角制作,二百石以下及私学弟子用象牙制作。印上穿丝带,天子用绳贯串白珠和赤色毛线制成的花饰,各侯爵王爵以下使用赤色丝带系印,

---

[1] 司马彪:《后汉书》,北京:中华书局 1965 年,第 3663 页。

系印带与印的质料相应。

绶带的等级和纹饰如下：天子黄赤色绶，四种彩色，即黄、赤、缥、绀，淳黄色圭；各侯爵、王爵赤色绶，四种彩色，即赤、黄、缥、绀，淳赤色的圭；太皇太后、皇太后、皇后的绶与天子相同；长公主、天子贵人与各侯爵王爵绶带相同的，是特别恩加的。各封国贵人、相国都是绿绶，三种彩色，即绿、紫、绀，淳绿色的圭；公爵、侯爵、将军紫色绶，两种彩色，即紫、白，淳紫色圭；公主和封君服用紫色的绶；九卿、中二千石、二千石青色绶，三种彩色，即青、白、红，淳青色圭；千石、六百石黑色绶，三种彩色，即青、赤、绀，淳青色的圭；四百石、三百石、二百石黄色绶，一种彩色，淳黄色圭；一百石是青绀色绶，一种彩色，宛转缪织圭。

在汉代丧礼中，文饰艺术精神也体现得非常鲜明。如《后汉书·礼仪下》中记载："诸侯王、公主、贵人皆樟棺，洞朱，云气画。公、特进樟棺黑漆。中二千石以下坎侯漆。"[①] 即诸侯王、公主、贵人都用朱色樟木棺，画云气纹图案。公爵、特进侯用黑漆樟木棺。中二千石以下用坎侯漆。送葬车的文饰是：车子上装饰着伞盖，画龙头鱼尾形图案，花布装饰车厢壁，纁色上檐，车帷上画云气图案。中二千石以上赠予有车帷的辎车，左边画青龙，右边画白虎，前边画朱雀，后边画玄武；公爵、侯爵以上，车倚上画鹿，车轼上画熊。千石以下官员，黑布的车盖和车帷，只画鱼首龙尾。用黄色印绶的二百石以下官员都用竹席装饰车厢和车盖。

从以上车马、舆服、佩饰的情况来看，汉代官方文化中中依然保留着礼乐文化的文饰艺术精神，同时美饰依然是身份、

---

① 司马彪：《后汉书志》，北京：中华书局1965年，第3152页。

地位的标志。所以说礼乐文化模式虽然几经变迁,但在文饰艺术精神方面却是一脉相承的。

第八章 汉代礼乐文化语境下的文艺美学思想

第一节 陆贾和贾谊的礼乐文化观念及文艺美学思想

陆贾与贾谊都是汉初重要的政治家和思想家,他们同时在文帝初年担任过太中大夫,也都以总结秦王朝灭亡的教训作为其思想出发点,主张以礼治国,同时他们的思想中又都杂糅有道家思想成分,因而我们将陆贾和贾谊放在同一节中进行论述。

一、陆贾的礼治观念及文艺美学思想

陆贾(前240年—前170年),楚人,汉初政治家、思想家。陆贾有口才、善辩论,高祖和文帝时期两次出使南越,并说服南越王赵佗臣属汉王朝,对安定汉初局势,加强南越与中原地区的经济文化交流做出重大的贡献。刘邦死后,惠帝即位,太后吕雉掌权,诸吕得势,对刘汉政权造成威胁。在此期间,陆贾献计,铲除了诸吕的政治势力,重新恢复了刘氏的统治。

(一)陆贾的礼乐文化观念

汉初的最高统治集团成员,从皇帝到丞相及御史大夫等,多为武夫,少文多质,缺乏深厚的文化素养,视儒生的谈古论今、引经据典为迂腐。刘邦即位之初,陆贾时时在刘邦面前称说《诗》、《书》。刘邦大骂,说自己居马上得天下,哪里需要什么《诗》、《书》。陆贾说,马上得之,难道在马上就能继续治理天下?"逆取顺守,文武并用"才是长久之术,并说要是秦朝行

仁义，法先圣，哪有你刘邦取天下的份？这话刺痛了刘邦，使刘邦逐渐改变对儒家礼教的态度，并要求陆贾著书探讨秦所以灭亡、汉所以得天下的原因。陆贾写成《新语》十二篇，力求为统治者提供一套有别于秦暴政的新的统治政策，每奏一篇，高祖无不称善。可以说，是陆贾改变了刘邦对儒学的态度。这也是儒家礼乐文化在汉朝复兴的开端。

《新语》总结秦亡汉兴的教训，认为不施仁义、专任刑罚、骄奢靡丽、重利轻义，是导致秦二世而亡的根本原因。陆贾说，秦始皇设刑罚，置车裂之诛，筑长城于戎境，以备胡、越，征大吞小，威震天下，将帅横行，但结果是"事逾烦天下逾乱，法逾滋而天下逾炽，兵马益设而敌人逾多。秦非不欲治也，然失之者，乃举措太众、刑罚太极故也。"[1] 秦不是不想治理天下，错在举措太多，刑罚太酷。因而，陆贾认为，汉应当无为而治，应当重用礼乐文化。《新语·慎微》篇指出，处乱世的君子应当"修父子之礼，以及君臣之序，乃天地之通道，圣人之所不失也。"[2] 在陆贾看来，修父子之礼，君臣之序，才能使天地和谐相通，才能维护长治久安的局面。作为汉初杰出的思想家，陆贾在总结秦亡教训基础上第一个提出以礼治国，可以说他是汉代的第一个认识到礼乐文化重要性的人物。

《新语·道基》篇通过分析礼乐文化发展和完善的几个阶段从而肯定了礼乐文化在社会治理中的重要作用。首先是先圣仰观天文，俯察地理，图画乾坤，以定人道，使人民开悟，从此知道有父子之亲，君臣之义，夫妇之别，长幼之序。先圣的代表是神农、黄帝、后稷、大禹和奚仲。神农教民食五谷，黄帝教民筑宫室，后稷教民种桑麻，织衣蔽体，大禹为民决江疏河，

---

[1] 王利器：《新语校注》，北京：中华书局1986年，第62页。
[2] 王利器：《新语校注》，北京：中华书局1986年，第97页。

奚仲教民作车船;中圣时期,人民开始知轻重,好利恶难,避劳就逸。于是皋陶立狱治罪,悬赏设罚,使人民知道是非好恶,但民畏法,却没有礼义。于是中圣又设置了辟雍庠序之教,以正上下之仪,明父子之礼,君臣之义,使强不凌弱,众不暴寡,弃贪鄙之心,兴清洁之行;后圣时期,礼义不行,纲纪不立,于是后圣设定了《五经》、《六艺》,调以管弦丝竹之音,钟鼓歌舞之乐,用来节制奢侈,正风俗,通文雅,从而使社会和谐有序发展。从陆贾描述的礼乐文化发展的几个阶段来看,他肯定了礼乐文化的社会教化作用。《新语·术行》篇也说,"治以道德为上,行以仁义为本……诗、书、礼、乐,为得其所,乃天道之所立,大义之所行也"[1],认为诗书礼乐是社会治理的重要渠道。

陆贾主张以礼治国,但是也将道家自然无为思想纳入到礼乐文化体系之中。而且通观《新语》就会发现,陆贾虽然时时在高祖面前谈论《诗》、《书》,但其思想的核心依然是黄老思想。这就形成了陆贾思想的兼容性特点。

秦汉之际,黄老思想风行一时,主张"清静自定"、"自然无为"。秦朝施行严刑酷法导致二世而亡,汉初民生凋敝,在这样的情况下,黄老思想适应了汉初休养生息、稳定政治局势和恢复发展生产的需要,因此,得到统治阶级的认可及重视,成为当时社会的主流思想。黄老思想反映到统治理念方面,则是无为而治的统治策略。《新语·至德》篇中说:"是以君子之为治也,块然若无事,寂然若无声,官府若无吏,亭落若无民,闾里不讼于巷,老幼不愁于庭,近者无所议,远者无所听,邮无夜行之卒,乡无夜召之征,犬不夜吠,鸡不夜鸣,耆老甘味于堂,丁男耕耘于野,在朝者忠于君,在家者孝于亲;于是赏

---

[1] 王利器:《新语校注》,北京:中华书局1986年,第142页。

善罚恶而润色之,兴辟雍庠序而教诲之,然后贤愚异议,廉鄙异科,长幼异节,上下有差,强弱相扶,大小相怀,尊卑相承,雁行相随,不言而信,不怒而威,岂待坚甲利兵、深牢刻令、朝夕切切而后行哉?"[1]统治者无为而治,人民在宽松愉悦的生存环境中,从而形成了整个社会的和谐和睦。这种"块然若无事,寂然若无声,官府若无吏,亭落若无民,闾里不讼于巷,老幼不愁于庭"的社会生活景象,在陆贾看来,正是黄老无为而治的结果。陆贾认为,在此基础上,再"赏善罚恶而润色之,兴辟雍庠序而教诲之",对人民进行礼乐文化的规训,才能达到良好的社会效果。可见,刑法、礼仪都得建立在无为而治的基础之上。如果无为而治是本的话,那么,刑法、礼仪则是末。

黄老思想体现在社会治理方面,则是要求政府不要恣意妄为,尽量对民间事务少干预。但陆贾并不主张像先秦道家那样逃避现实。《新语·慎微》篇说:"夫播布革,乱毛发,登高山,食木实,视之无优游之容,听之无仁义之辞,忽忽若狂痴,推之不往,引之不来,当世不蒙其功,后代不见其才,君倾而不扶,国危而不持,寂寞而无邻,寥廓而独寐,可谓避世,而非怀道者也。故杀身以避难则非计也,怀道而避世则不忠也。"[2]对于隐居深山老林,倏然而来,忽然而往,不食人间烟火的生活方式,陆贾并不赞同。他有着积极面对社会问题的心态。正是在这一点上黄老思想与礼乐文化积极有为的思想观念取得了一致性。

(二)陆贾的文艺美学思想

陆贾思想的兼容性,折射到文艺美学思想上,则表现为儒道相融的特点。

---

[1] 王利器:《新语校注》,北京:中华书局1986年,第118页。
[2] 王利器:《新语校注》,北京:中华书局1986年,第96页。

陆贾从黄老思想出发,认为君主应当节用、节俭,清静无为,这一思想表现在审美上则是推崇质朴之美,反对雕琢,否定一切讲求靡丽的倾向。《新语·本行》篇指出,"夫人之好色,非脂粉所能饰；大怒之威,非气力所能行也"[1],认为美来自天然本色,而不是来自涂脂抹粉。春秋战国时期,世风日下,人们开始追求郑卫淫声,追求胶漆丹青、玄黄琦玮之色,追求雕文刻镂之巧,而背弃仁义和必要的行为约束,陆贾认为这是"弃本趋末"的表现。

陆贾之所以否定奢华之美,还因为追求这些没有用的东西,会给百姓带来灾难。《新语·本行》篇说:"夫怀璧玉,要环佩,服名宝,藏珍怪,玉斗酌酒,金罍刻镂,所以夸小人之目者也；高台百仞,金城文画,所以疲百姓之力者也。故圣人卑宫室而高道德,恶衣服而勤仁义,不损其行,以好其容,不亏其德,以饰其身,国不兴不事之功,家不藏不用之器,所以稀力役而省贡献也。璧玉珠玑,不御于上,则玩好之物弃于下；雕琢刻画之类,不纳于君,则淫伎曲巧绝于下。夫释农桑之事,入山海,采珠玑,捕豹翠,消筋力,散布泉,以极耳目之好,快淫侈之心,岂不谬哉?"[2] 在陆贾看来,璧玉、环佩、玉斗酌酒、金罍刻镂、高台百仞、金城文画,等等,这些精美华丽的装饰,都不值得看好,因为它们仅仅在于"夸小人之目",而且追求这些东西将增添百姓的负担。君主如果对这些东西感兴趣,必将带动臣民倾全力去追求,从而造成人力、物力的浪费。

陆贾认为古代的圣人有着质朴、自然的审美追求,他们不会追求没有用的珍宝,不会追求外在的浮华。《新语·术事》将圣人与世俗之人进行比较说,世俗之人总是以为古代的就好,

---

[1] 王利器:《新语校注》,北京:中华书局1986年,第146页。
[2] 王利器:《新语校注》,北京:中华书局1986年,第149页。

当今的就不好，总是淡于所见，甘于所闻，惑于外貌，失于中情。五谷养性，但世俗之人却弃之于地，珠玉无用，而世俗之人却以为宝贝戴在身上。殊不知，圣人"不用珠玉而宝其身，故舜弃黄金于崭岩之山，捐珠玉于五湖之渊，将以杜淫邪之欲，绝琦玮之情。"① 舜将黄金抛弃到崭岩之山，把珠玉丢弃到五湖之渊，以此来杜绝淫邪之欲，琦玮之情。《新语·辅政》篇中讲："君子远荧荧之色，放铮铮之声，绝恬美之味，疏嗑呕之情。"② 最高明的治理方式是无为而治，因为无为，所以对荧荧之色、铮铮之声、恬美之味，嗑呕之情是不感兴趣的。君子所喜爱的是质朴、自然之美。

陆贾认为美的事物都是天然生成的，但能显示出仁义，这样就将儒道文化进行了内在融合。《新语·道基》篇说："夫驴骡骆驼，犀象玳瑁，琥珀珊瑚，翠羽珠玉，山生水藏，择地而居，洁清明朗，润泽而濡，磨而不磷，涅而不淄，天气所生，神灵所治，幽闲清净，与神浮沈，莫不效力为用，尽情为器。故曰，圣人成之。所以能统物通变，治情性，显仁义也。"③ 驴骡骆驼，犀象玳瑁，琥珀珊瑚，翠羽珠玉，来自大自然，但秉承着天地之精华，洁清明朗，能给人带来美的享受，同时人们喜爱这些东西也是因为它们能彰显仁义道德。这样陆贾就将自然与仁义性情联系起来，以自然物产作为形式，以仁义性情作为内涵。

陆贾同样将南风之诗，五弦之琴，制礼作乐等礼乐文化形式纳入到道家无为而治的思想体系之中。《新语·无为》篇中说："昔舜治天下也，弹五弦之琴，歌南风之诗，寂若无治国之意，漠若无忧天下之心，然而天下大治。周公制作礼乐，郊天

---

① 王利器：《新语校注》，北京：中华书局1986年，第39页。
② 王利器：《新语校注》，北京：中华书局1986年，第55页。
③ 王利器：《新语校注》，北京：中华书局1986年，第23页。

地,望山川,师旅不设,刑格法悬,而四海之内,奉供来臻,越裳之君,重译来朝。故无为者乃有为也。"[1] 舜就是这样来治理天下的,他悠然自在地弹着五弦之琴,唱着南风之诗,静寂淡然,好像没有治国之意,没有忧天下之心,但是天下大治。同样,周公制礼乐,郊天地,望山川,不用军队,不用刑法,但是全天下都服从周公的统治。在这里陆贾将声色美味,乃至礼乐弦歌都看成无为自然的存在方式,因而认为通过这样的方式,就能够实现社会的治理。这实际上是给礼乐文化注入了道家无为的精神,使礼乐文化道家化。

通过以上分析可以看出,陆贾时时在刘邦面前称说诗书,这表明他认识到礼乐文化对于国家治理的重要作用,但陆贾所处的历史时期黄老无为思想还很浓厚,因而陆贾的文艺美学思想以黄老崇尚自然无为、质朴宁静为主,同时又将礼乐文化融入黄老思想之中。在陆贾看来,所谓无为而治,就是去除严刑酷法,弹奏着五弦之琴,吟咏着南风之歌,然后实现君臣有序、尊卑和谐的社会秩序。

二、贾谊的以礼治国思想及其美学价值

贾谊(前200年—前168年),汉初政治家、文学家,洛阳人。文帝时被召为博士,后升至太中大夫,因受大臣排挤,被贬为长沙王太傅,后又为梁怀王太傅。时称贾太傅、贾生、贾长沙。

贾谊生活的时代黄老清静无为思想还有很大影响,但礼制思想已经渐渐为统治者所关注。汉文帝时,贾谊进一步提出儒家礼学是根治汉代社会问题的良药。他认为黄老无为之论是汉初政治指导思想的根本谬误,认为汉代社会种种积弊,都是由

---

[1] 王利器:《新语校注》,北京:中华书局1986年,第59页。

于因循苟且而引起的,只有"定制度,兴礼乐"[1],才能弥补汉代政治的疏阔,培养良好的社会道德意识。显然,贾谊对礼乐文化的倡导比陆贾更为积极和迫切。《史记·屈原贾生列传》也记载:"贾生以为汉兴至孝文二十余年,天下和洽,而固当改正朔,易服色,法制度,定官名,兴礼乐,乃悉草具其事仪法,色尚黄,数用五,为官名,悉更秦之法。"[2]

与陆贾一样,贾谊打出的旗帜是以礼治国,但是在黄老思想浓厚的时代语境下,贾谊的思想也表现出多层面性。面对社会问题,贾谊主张以礼治国,并设计了一整套礼仪制度;当深感生命无常时,贾谊表现出浓厚的道家虚无思想。贾谊没有专门的美学讨论,他主张礼制治国,主张恢复服饰的等级制,强调帝王的仪容仪态,其中也隐含着贾谊对美的理解。贾谊的以礼治国思想及其美学价值包含以下几个层面。

第一,秦灭亡的历史教训,促使贾谊主张以礼治国,并对礼的意义进行深入思考。

秦统一六国,之后又迅速灭亡,这一历史事件是汉代统治的前车之鉴。贾谊以礼治国的思想,很大程度上就来自于对秦朝灭亡历史经验教训的总结。贾谊认为,严刑酷法,违弃礼义是秦朝速亡的重要原因。《新书·保傅》说秦"其俗固非贵辞让也,所上者告讦也;固非贵礼义也,所上者刑罚也"[3]。《新书·过秦下》说,如果秦能够"裂地分民以封功臣之后,建国立君以礼天下"[4],就不会二世而亡。贾谊从秦灭亡的教训出发,认为应当封建诸侯,礼治天下,因而主张建立礼仪制度。贾谊建议制订新的典章制度,要兴礼乐,改正朔,易服色,改变官名

---

[1] 班固:《汉书》,北京:中华书局1962年,第1030页。
[2] 司马迁:《史记》,北京:中华书局1982年,第2492页。
[3] 阎振益、钟夏:《新书校注》,北京:中华书局2000年,第185页。
[4] 阎振益、钟夏:《新书校注》,北京:中华书局2000年,第14页。

等。改正朔，就是改变秦以"水"为德，以十月为一年之始这样的历法；易服色，就是改变秦服色尚黑的制度，主张汉的服色应该尚黄。贾谊希望通过礼制建立一个君臣等级分明，卑不逾尊，上下不疑，父子、夫妇、兄弟、姑妇和睦相处的社会。

贾谊对礼的社会功用及政治意义进行了新的思考，对礼的作用作了详细而深入的研究和阐述。《新书·礼》篇说："礼者，所以固国家，定社稷，使君无失其民者也。"[①] 即只有通过礼制，才能使君臣有别、尊卑有序、强弱有位。也只有这样国家才能稳固、社稷才能长久。因此，贾谊认为，礼是治国之本，如果丧失了礼，国家便会灭亡。礼的最终目标奠定在一系列具体的行为举止之中。有了对行为举止规范性的关注，就又回到了西周礼乐文化表演性、仪式化的层面。礼有其虚伪性，但比起秦的严刑酷法，更具有人性，更利于社会的长治久安。

第二，诸侯王坐大、富商大贾的奢靡追求，促使贾谊思考礼的等级制问题。这一思想渗透到审美文化中，则是重提礼乐、服色的等级问题。

等级制是西周礼乐文化的一个重要方面，但随着周天子地位的衰微，贵族等级制受到巨大冲击。之后礼乐文化观念虽然并未完全消失，礼乐文化的等级化特征却不再占据突出地位。贾谊重提礼乐文化的等级制，主要有两个方面的原因：

其一，为了限制诸侯王的特权。贾谊生活的时期，异姓诸侯王已被铲除，同姓诸侯国地盘大，实力强，诸侯王实际上掌握着自己封域内的政治、经济、军事大权，俨然一个个独立王国。《新书·等齐》篇中指出，汉代诸侯王与天子之间已经没有差别。天子的相，号为丞相，用黄金之印；诸侯的相，也号为丞相，也用黄金之印。天子列卿秩两千石，诸侯的列卿也秩两

---

① 阎振益、钟夏：《新书校注》，北京：中华书局2000年，第214页。

千石。这样君臣同伦，异等同服，没有差别，怎能利于统治呢？而且，随着时间的推移，一些具有地理、经济优势的诸侯王逐渐滋生政治野心，形成了与中央相抗衡的态势，甚至觊觎帝位，对中央政府形成威胁。贾谊认为诸侯王势大成患，主张维护大一统的中央集权的核心地位，实行等级礼制，削弱诸侯王的势力。

其二，为了限制富商大贾的奢靡追求。汉初实行清静无为、休养生息的国策，经济得到很快恢复。随着商品经济的发展，社会上出现了一股侈靡之风，特别是富商大贾，不择手段积聚财富，大量蓄养奴婢，生活奢侈糜烂，对社会风气有很坏的影响。《新书·瑰玮》篇中讲："夫雕文刻镂，周用之物繁多，纤微苦窳之器日变而起，民弃完坚而务雕镂纤巧以相竞高。"[1] 意思是人们抛弃实用的原则，争相追求纤巧雕镂之美，侈靡之风扩展蔓延。人们为了追求财富，追求享乐，抛弃尊尊亲亲的原则，抛弃伦理孝悌的观念。在衣食住行等方面，富豪不仅超越诸侯，甚至堪拟天子，越礼、背礼现象大量出现。《新书·孽产子》指出，富有的百姓卖其婢妾，给她们穿着带有刺绣的衣服和精心编制的鞋，并在衣服和鞋的边缘处装饰上花边，这些被出售的奴婢身上所穿的服饰是古代天子王后平时都不敢穿，到庙祭时才敢穿的绣衣。还有"白縠之表，薄纨之里，緁以偏诸，美者黼绣，是古者天子之服也，今富人大贾者丧资，若兄弟召客者得以被墙。"[2] 这些用白縠做衣服面，用轻薄的细纨做里子，织上花边，绣着斧形花纹的服饰，可是古代天子最为考究的服饰。可是在汉代的富商大贾请客时，却将它挂在墙上。商人富民这样穷极奢侈，后果是严重的：一百人做衣服还不够他

---

[1] 阎振益、钟夏：《新书校注》，北京：中华书局2000年，第103页。
[2] 阎振益、钟夏：《新书校注》，北京：中华书局2000年，第107页。

们一人穿，想全国人不受寒挨冻，怎么可能呢？贾谊大声疾呼："夫邪俗日长，民相然席于无廉耻，行义非循也……今世以侈靡相竞，而上无制度，弃礼仪，捐廉丑，日甚，可谓月异而岁不同矣。逐利乎不耳，虑非顾行也。"① 奢靡之风的流行，廉耻感的丧失，百姓对不讲廉耻的事情都习以为常了。这对安定社会，稳定秩序，维护统治提出了严重挑战，对上下尊卑的生活秩序也是严重的威胁。

贾谊针对富商大贾越礼犯法、世风世俗败坏等社会问题，提出要改变汉初制度疏阔、君臣无等、上下相冒的无序状态，就应该定制度，兴礼乐，改变无为政治，建长治久安的机制。《新书·瑰玮》篇指出："今去淫侈之俗，行节俭之术，使车舆有度，衣服器械各有制数。制数已定，故君臣绝尤，而上下分明矣。"② 即要去除淫侈之俗，就要恢复等级礼制，要恢复等级礼治，就要从服饰、号令、旗帜、车舆等方面着手。《新书·服疑》说："奇服文章，以等上下而差贵贱。是以高下异，则名号异，则权力异，则事势异，则旗章异，则符瑞异，则礼宠异，则秩禄异，则冠履异，则衣带异，则环佩异，则车马异，则妻妾异，则泽厚异，则宫室异，则床席异，则器皿异，则饮食异，则祭祀异，则死丧异……贵贱有级，服位有等……是以天下见其服而知贵贱，望其章而知其势，使人定其心，各著其目。"③ 对旗章、衣带、环佩、车马、宫室、床席等进行等级划分，从而使追求奇巧华美的权力有等级的约束，只有标志明确，才能形成尊卑有序的社会秩序，也才能遏制社会上流行的奢侈之风，最终巩固汉天子一人的最高审美特权和统治权。

贾谊的等级礼治思想较为集中地体现在服饰的等级制方面。

---

① 阎振益、钟夏：《新书校注》，北京：中华书局2000年，第91页。
② 阎振益、钟夏：《新书校注》，北京：中华书局2000年，第104页。
③ 阎振益、钟夏：《新书校注》，北京：中华书局2000年，第53页。

贾谊指出古代圣王的等级中，内有公、卿、大夫、士，外有公侯、伯、子、男，然后有官师、小吏、庶人，等级分明，社会秩序井然。贾谊强调衣服区别等级的功能，认为有了服饰制度就能从外表上把社会人群区分开来，就能使"主之与臣，若日之与星以。臣不几可以疑主，贱不几可以冒贵。下不凌等则上位尊，臣不逾级则主位安。谨守伦纪，则乱无由生。"① 这样，服饰的审美功能又一次被纳入到等级体制之中，成为强化等级观念的符号。在贾谊的理论中，服饰的审美功能是隶属于它的实用功能的，因此衣服的审美属性和审美价值就成了区分等级的标志，最美的衣服是属于天子的，衣服的审美价值也随着身份地位的递减而逐步减弱。这是在新的历史条件下，面临新的时代问题，礼乐文化审美等级化特征又一次大放光彩。

第三，贾谊的礼治思想还集中体现在对仪容仪态的认识方面。

贾谊专门写了《新书·容经》篇，对处于统治地位的君王在朝廷、在宗庙、在军旅等不同场合的面部表情、言语规范及站立、行走、跪坐等行为规范作了详细的规定。

如从天子的容貌神情看："朝廷之容，师师然翼翼然整以敬；祭祀之容，遂遂然粥粥然敬以婉；军旅之容，湢然肃然固以猛；丧纪之容，怮然慺然若不还。"②

从天子的立容来看："固颐正视，平肩正背，臂如抱鼓，足间二寸，端面摄缨。端股整足。体不摇肘曰经立，因以微磬曰共立，因以磬折曰肃立，因以垂佩曰卑立。"③

贾谊还对"坐容"、"行容"、"趋容"、"蹉旋之容"、"跪容"、"拜容"、"伏容"、"坐车之容"、"立车之容"、"武容"、

---

① 阎振益、钟夏：《新书校注》，北京：中华书局2000年，第54页。
②③ 阎振益、钟夏：《新书校注》，北京：中华书局2000年，第227页。

"兵车之容"等——进行了说明,他希望统治者在生活中遵循一定的礼仪法度。这些举止、容貌是统治者内在精神气度的外显,同时也形成了统治者的仪态之美。贾谊在《容经》篇中对拥有这种仪态之美的圣王形象进行了描述:"古者圣王居有法则,动有文章,位执戒辅,鸣玉以行。鸣玉者,佩玉也。上有双珩,下有双璜,冲牙蠙珠以纳其间,琚瑀以杂之。行以《采荠》,趋以《肆夏》,步中规,折中矩。登车则马行而鸾鸣,鸾鸣而和应,声曰和,和则敬。"[1] 贾谊从古代圣王的居住、佩带、出行、步伐、语言等方面,强调了礼的约束作用,认为统治者只有按礼的规范约束自己的言行举止,才能有威仪,才符合自己的身份,才能统治万民。当然行为彬彬有礼,言语和顺悦耳,环佩叮当的统治者也成为一种人格美的风范。

当西周礼乐文化语境中的审美观念逐渐淡化之后,举止行为的气度风范之美几乎无人问津,人们更多继承的是礼乐文化的文饰艺术精神,文饰审美也主要表现在对精美物质的无度追求方面。贾谊在西周仪态行为之美衰弱很久之后,重提礼制视域中的仪态美,一定程度上是对礼乐文化精神的回归,但是在汉代要想恢复这样一套礼仪化行为方式,显然是有相当困难的。文帝即位后,对儒生有所赏识,但却要求他们"毋甚高论,令今可行之"而已,认为"繁礼饰貌,无益于治",只是欲利用儒家的礼仪装饰门面,实际不予重用。到汉武帝之后,虽然礼乐文化得到全面复兴,但是贾谊所提出的礼仪化行为方式,并不是汉代礼乐文化复兴的重点。因而,我们认为贾谊的礼乐文化观念具有理想化色彩。

第四,贾谊的礼治思想较为集中地体现在太子教育中。

作为太子太傅,贾谊非常关注太子的教育问题,他设计了

---

[1] 阎振益、钟夏:《新书校注》,北京:中华书局2000年,第229页。

一整套太子的教育方案,其核心是对太子实行礼教。贾谊说,太子的教育需从胎教开始,即王后怀孕七个月时住进宴室,掌管诗、乐的长官太师拿着乐器律管,侍奉在宴室的左边;负责王后饮食的太宰拿着量器,侍奉在宴室的右边;负责占卜的太卜拿着占卜用的蓍草、龟甲侍奉在寝宫的堂下;各官都根据自己的职责侍奉在宴室的大门内。王后怀孕期间,行为要端庄,"立而不跛,坐而不差,独处不倨,虽怒不骂","王后所求声音非礼乐,则太师抚乐而称不习;所求滋味非正味,则太宰荷斗而不敢煎调,而曰不敢以侍王太子。"① 即王后怀孕后,如果要听的音乐不是礼乐,太师手持乐器就说没学习过;如果王后所要吃的滋味不是正味,太宰拿着量斗却不敢去烹调。贾谊的胎教思想以三代的礼制为蓝本,具有浓厚的礼教色彩。

太子诞生后哭泣时,太师用律管吹奏一下,看看太子的哭声合乎哪个音律。太子出生后,更要进行礼教的熏陶,要选天下端庄孝悌之士陪伴在太子左右,使太子时时处处都能见正事,闻正言,行正道,从而使其在健康的环境中养成良好的品行习惯。接着是学校教育,贾谊设计了东学、南学、西学、北学、太学这样的学制,而教育的主要内容则是系统地传授经典,"或称《春秋》,而为之颂善而抑恶,以革劝其心。教之《礼》,使知上下之则宜。或称《诗》,而为之广道显德,以驯明其志。教之《乐》,以疏其秽,而填其浮气。教之语,使明于上世而知先王之务明德于民也。教之故志,使知废兴者,而戒惧焉。教之任术,使能纪万官之职任,而知治化之仪。教之训典,使知族类疏戚,而隐比驯焉"②。可见,太子教育强调的是诗书礼乐等方面的内容,其目的是要将太子培养成尊敬父母,讲求信义,

---

① 阎振益、钟夏:《新书校注》,北京:中华书局2000年,第390页。
② 阎振益、钟夏:《新书校注》,北京:中华书局2000年,第172页。

尊贤尚德的人。在太子的教育过程中分别有太师、太傅、太保、少师、少傅、少保、诏公、太史等担任不同的职责。如果"天子处位不端，受业不敬，教诲讽诵诗书礼乐之不经不法不古，言语不序，音声不中律；将学趋让，进退即席不以礼，登降揖让无容，视瞻俯仰周旋无节，咳唾数顾，趋行不得，色不比顺，隐琴肆瑟"①，这些都是太保没有尽到职责。反过来看，就会发现，贾谊理想中的天子依然具有西周礼乐文化背景下的人格审美风范：有着端庄的气质，讽诵诗书符合古制，言语音声温婉而符合音律，进退登降彬彬有礼，日常生活中有着琴瑟雅韵。再如少傅的职责是将太子教育成一个出入以礼，衣服冠带以制，御器在侧以度，杂彩从美以彰德，忿怒悦喜以义的翩翩君子形象；诏公的职责是让太子的生活中，干戚戈羽之舞，管籥琴瑟之会，号呼歌谣声音都符合音律，燕乐雅颂符合礼乐的秩序。

学校教育结束后，即便是继承了天子之位，还要继续接受教育，主要是左右官员要对天子进行监督、讽诵、建议，使天子"行以鸾和，步中《采荠》，趋中《肆夏》"②，从而显示出行为的风度和气质。贾谊对太子教育的设计比西周太子教育的意义和目的更加明确，也更具有理想化的色彩，其中对诗书礼乐，琴瑟干戚的理解，也更具有审美想象的性质。

第五，贾谊礼制思想中的阴阳五行成分。

贾谊主张以礼治国，但是在贾谊的时代阴阳五行思想已经有一定程度的发展，这也渗透到贾谊对于礼的理解之中。

首先是关于太子出生后的射礼。《新书·胎教》篇说，太子出生后，为太子悬弧的礼仪是：

---

① 阎振益、钟夏：《新书校注》，北京：中华书局2000年，第173页。
② 阎振益、钟夏：《新书校注》，北京：中华书局2000年，第185页。

第八章 汉代礼乐文化语境下的文艺美学思想

> 东方之弧以梧，梧者，东方之草，春木也；其牲以鸡，鸡者，东方之牲也。南方之弧以柳，柳者，南方之草，夏木也；其牲以狗，狗者，南方之牲也。中央之弧以桑，桑者，中央之木也；其牲以牛，牛者，中央之牲也。西方之弧以棘，棘者，西方之草也，秋木也；其牲以羊，羊者，西方之牲也。北方之弧以枣，枣者，北方之草，冬木也；其牲以彘，彘者，北方之牲也。五弧五分矢，东方射东方，南方射南方，中央射中央，西方射西方，北方射北方，皆三射。[1]

意思是向东方行悬弧礼用梧桐木做的弓。梧桐树是用来祭祀东方的植物，叫春木。向东方行悬弧礼时用鸡做祭品。相应的，向南方行悬弧礼，用柳木做的弓，用狗做祭品；在中央行悬弧礼，用桑木做的弓，祭品用牛；向西方行悬弧礼，用酸枣木做的弓，用羊作祭品；向北方行悬弧礼，用枣木，用猪作祭品。贾谊这里所说的太子出生的射礼，已经具有明显的五行观念，实际上是将五行、五方的思想纳入到礼仪文化之中，丰富和完善了礼乐文化。

其次是在对音乐的理解中，贾谊也融入了阴阳五行思想。《新书·六术》说："声音之道以六为首，以阴阳之节为度，是故一岁十二月，分而为阴阳，阴阳各六月。是以声音之器十二钟，钟当一月，其六钟阴声，六钟阳声；声之术，律是而出，故谓之六律。六律和五声之调，以发阴阳、天地、人之清声，而内合六行、六法之道。是故五声宫、商、角、徵、羽，唱和相应而调和，调和成理谓之音。声五也，必六而备，故曰声与

---

[1] 阎振益、钟夏：《新书校注》，北京：中华书局2000年，第391页。

音六。夫律之者,象测之也,所测者六,故曰六律。"① 这里,贾谊从五声和六律的角度对音乐进行了论述,他认为音乐的声音与和声以六为根本,以阴阳的节律为准则。因此一年十二个月,分为阴阳,阴阳各有六个月。因此定声音的乐器用十二钟,每钟相当于一个月,其中六种属阴声,六种属阳声,这是区分声音的方法,音律也由此而产生,所以才叫做六律,六律和五声之调相调和,以便阴阳、天地及人发生清越美妙的声音,使之同六行、六法之道相合。因此宫、商、角、徵、羽五声此唱彼和之声相协调,互相协调形成曲调规则叫做音。六律和五声相配合,就能够发与阴阳、天地、人相协和的清声。贾谊这些论述是从宇宙论的角度来解释音乐,把音乐和阴阳、天地、年岁联系起来,从而给音乐注入了阴阳五行思想。

贾谊的礼制思想是从解决社会问题出发提出来的,因而根据现实需要有一定的侧重点。针对秦朝的严刑酷法,贾谊思考了礼治的意义;针对诸侯王尾大不掉,以及富商大贾生活奢靡,无视尊卑长幼和传统观念的社会问题,贾谊重申礼乐文化的等级特征;作为太子太傅,贾谊认为礼治的实现应当从太子的教育开始,其理想是将太子培养成一个彬彬有礼的君子。贾谊还对礼容、礼貌等问题进行了深入探讨,他认为只有在容貌、服饰方面呈现出不同一般的气质,才有统治万民的可能。贾谊构想的礼治思想中也隐含着他的审美观念,即从容貌到服饰,从举止到统治都符合礼制规定。贾谊的礼制思想中也融入了阴阳五行思想,表现出一定的时代性。

---

① 阎振益、钟夏:《新书校注》,北京:中华书局 2000 年,第 317 页。

第二节 《淮南子》中的礼乐观念及文艺美学思想

淮南王刘安（前179—前122年），汉初思想家。其父刘长为汉高祖刘邦少子，文帝六年因谋反罪迁蜀，于途中绝食而亡。刘长死后，刘安被封为阜陵侯，后又被封为淮南王。汉景帝前元三年，吴楚七国反叛，刘安准备发兵响应。吴楚叛乱被削平后，刘安依然准备伺机发动兵变。武帝元狩元年，谋反事被揭露，刘安自杀身亡。《汉书·淮南衡山济北王传》说："淮南王安为人好书，鼓琴，不喜弋猎狗马驰骋，亦欲以行阴德拊循百姓，流名誉。"[①] 刘安曾招致宾客方术之士数千人，著书立说，也谈论神仙黄白之术。《淮南子》即由刘安集合门客编撰而成，大约成书于武帝建元二年。

一、《淮南子》对礼乐文化的批判

淮南王刘安是汉初黄老思想的代表，他从清静无为思想出发，认为礼乐文化违背了人的自然天性，不能达到原心返本的目的，因而应当抛弃否定礼乐文化的。《淮南子》对礼乐文化的否定主要包含以下几个方面：

第一，指出上古时期纯朴没有礼乐，但天地间一片和谐、祥乐的景象，说明礼乐文化的存在没有必要性。

《淮南子》认为太初之始，一切宁静平和，人与人之间没有算计，没有诈伪。《淮南子·本经训》篇说："太清之始也，和顺以寂漠，质真而素朴，闲静而不躁……通体于天地，同精于阴阳，一和于四时，明照于日月，与造化者相雌雄。是以天覆以德，地载以乐，四时不失其叙，风雨不降其虐，日月淑清而

[①] 班固：《汉书》，北京：中华书局1962年，第2145页。

扬光，五星循轨而不失其行。当此之时，玄元至砀而运照，凤麟至，蓍龟兆，甘露下，竹实满，流黄出而朱草生，机械诈伪，莫藏于心。"① 远古圣王自然无为治理天下，随顺事物的天性，不加雕饰，万物和顺安静，保持了它们的本真面目。这个时期生活单纯恬静，人与天地相联通，精神和阴阳二气相融汇，中和之气和四季相适应，英明与日月相辉映，整个身心和大自然水乳交融。正因为这样，天覆以德，地载以乐，凤凰麒麟来临，甘霖遍洒，竹实饱满，朱草生于庭院。

《本经训》也指出在上古时期的生活中，任运自然，素朴自在，人们的眼睛不会被美色迷惑，耳朵不会被乐音扰乱，人们或安适地坐着讴歌，或悠闲地走动着吟唱，或披着长发轻快地飘游，这时，即便眼前有毛嫱、西施般的美色，也引不起人们的兴趣，演奏《掉羽》、《武象》那样动人心魄的乐舞，人们也不会快乐，荒淫放荡的事哪能在那时发生呢。由此看来，如果回到纯朴自然的生活状态，礼乐就没有用了。

后世人所看重的高台层榭、文绣狐白等，在上古时期都被认为是没有用的。《精神训》说："今高台层榭，人之所丽也，而尧朴桷不斲，素题不枅；珍怪奇异，人之所美也，而尧粝粢之饭，藜藿之羹；文绣狐白，人之所好也，而尧布衣掩形，鹿裘御寒。"② 高台层榭、珍怪奇异、文绣狐白，这些华美的东西，是一般人所追求的，但是尧所追求的却是素朴、平淡、自然的生活境界。

《淮南子》认为，礼乐文化是衰世才出现的现象。《齐俗训》说："治国之道，上无苛令，官无烦治，士无伪行，工无淫巧，其事经而不扰，其器完而不饰。乱世则不然，为行者相揭以高，

---

① 何宁：《淮南子集释》，北京：中华书局1998年，第555—556页。
② 何宁：《淮南子集释》，北京：中华书局1998年，第531—533页。

为礼者相矜以伪，车舆极于雕琢，器用逐于刻镂"①即上古之时，器物素朴而没有华美的装饰，乱世则不然，车舆极尽雕琢之能事，器用极尽刻镂之能事。《本经训》也说："是故德衰然后仁生，行沮然后义立，和失然后声调，礼淫然后容饰。是故知神明然后知道德之不足为也，知道德然后知仁义之不足行也，知仁义然后知礼乐之不足修也。今背其本而求其末，释其要而索之于详，未可与言至也。"②道德衰落了，世道混乱了，然后出现了礼乐文化，因而礼乐文化是乱世的表征。

第二，认为礼乐文化具有虚伪性，不知原心返本。

《淮南子》批判了礼乐文化的虚伪性，认为礼乐文化掩盖了人的真情实感。从人的自然情感出发来看，音乐引起的应当是人的自然情感，但是礼乐文化雕琢其性，矫拂性情，具有一定的虚伪性。《齐俗训》批评说："夫三年之丧，是强人所不及也，而以伪辅情也。"③三年之丧是强人所难，带有一定的伪饰性。《俶真训》说："弦歌鼓舞，缘饰诗书，以买名誉于天下。繁登降之礼，饰绂冕之服，聚众不足以极其变，积财不足以赡其费。"④《氾论训》说："故礼者，实之华而伪之文也。"⑤《淮南子》认为弦歌鼓舞、缘饰诗书、繁登降之礼、饰绂冕之服等，都是在买名誉于天下，因而，礼乐文化就是华而不实的摆设而已。所以《齐俗训》说"礼仪饰则生伪匿之本"⑥。

有了礼乐文化就有了伪饰，人们就离本真性情很远了。《齐俗训》指出："古者，民童蒙不知东西，貌不羡乎情，而言不溢

---

① 何宁：《淮南子集释》，北京：中华书局1998年，第820页。
② 何宁：《淮南子集释》，北京：中华书局1998年，第569页。
③ 何宁：《淮南子集释》，北京：中华书局1998年，第785页。
④ 何宁：《淮南子集释》，北京：中华书局1998年，第139页。
⑤ 何宁：《淮南子集释》，北京：中华书局1998年，第957页。
⑥ 何宁：《淮南子集释》，北京：中华书局1998年，第760页。

平行。其衣致暖而无文，其兵戈铢而无刃，其歌乐而无转，其哭哀而无声。凿井而饮，耕田而食。无所施其美，亦不求得。亲戚不相毁誉，朋友不相怨德。"① 但是等到有了礼义，欺诈虚伪就萌发兴起，就会有"大路龙旂，羽盖垂绥，结驷连骑"，"诡文繁绣，弱緆罗纨"等这些奢华、伪饰的东西。《精神训》中也批评了礼乐文化对性情的背离，说："衰世凑学，不知原心反本，直雕琢其性，矫拂其情，以与世交；故目虽欲之，禁之以度，心虽乐之，节之以礼，趋翔周旋，诎节卑拜，肉凝而不食，酒澄而不饮；外束其形，内总其德，钳阴阳之和，而迫性命之情，故终身为悲人。达至道者则不然：理情性，治心术，养以和，持以适，乐道而忘贱，安德而忘贫，性有不欲，无欲而不得，心有不乐，无乐而不为，无益情者，不以累德，而便性者，不以滑和，故纵体肆意，而度制可以为天下仪。"② 在《淮南子》看来，出现在衰败之世的礼乐文化，雕琢性情，违背真情，其"趋翔周旋，诎节卑拜，肉凝而不食，酒澄而不饮"都是对自然人性的戕害，对自然欲望的外在堵截，不能从根本上解决社会问题的方法。

第三，礼乐文化破坏了自然本性，不利于养生。

《淮南子》从道家素朴自然的哲学观点出发，认为礼乐文化破坏了自然本性，戕害人性，不利于养生。《齐俗训》说："率性而行谓之道，得其天性谓之德。性失然后贵仁，道失然后贵义。是故仁义立而道德迁矣，礼乐饰则纯朴散矣，是非形则百姓眩矣，珠玉尊则天下争矣；凡此四者，衰世之造也，末世之用也。"③ 遵循本然天性，率性而行是道的本色，而礼仪的兴起，则破坏了这纯朴天真的自然本性。仁义、礼乐、是非、珠玉都

---

① 何宁：《淮南子集释》，北京：中华书局1998年，第762页。
② 何宁：《淮南子集释》，北京：中华书局1998年，第548—549页。
③ 何宁：《淮南子集释》，北京：中华书局1998年，第759页。

是破坏人的纯真本性,使人头晕目眩的东西。

《淮南子》认为声色美味等不仅不利于生命,甚至有害于养生。《齐俗训》中说:"于是乃有翡翠犀象、黼黻文章以乱其目,旨豢黍梁、荆吴芬馨以嚂其口,钟鼓管箫、丝竹金石以淫其耳,趋舍行义、礼节谤议以营其心。"① 以翡翠、犀牛角、象牙和花纹美丽的装饰来饱眼福,以牛羊犬猪、精粮细米、各种地方风味来满足食欲,以演奏钟鼓丝竹金石乐器来享受美声,以周旋揖让的礼节来满足人的虚荣心,但正是这些形式,弄得是非不分、流言四起,搅得神智昏昏,反而不利于养生。《精神训》也表达了这样的思想:"五色乱目,使目不明。五声哗耳,使耳不聪;五味乱口,使口爽伤;趣舍滑心,使行飞扬:此四者,天下之所养性也,然皆人累也……"② 人的五官七窍,是精神的门窗,而气脉是五脏的使者。如果耳目沉湎在声色当中,五脏就动荡不安。五脏动荡不安,血脉就动荡不能休停。血脉动荡不休停,精神就奔驰在形骸之外不能内守。所以说五色迷乱眼睛,使两眼昏花不明;五声哗乱耳朵,使两耳闭塞不灵;五味搅乱口舌,使口舌麻木败味;追逐名利惑乱心术,使人胡作非为。这四样东西,是世间一般人以为可用来养生的,但实际上全是人生的累赘。

二、《淮南子》力求对礼乐文化进行改造

《淮南子》以道来通论一切,但又能兼容各家,具有"非循一迹之路,守一隅之指"③的性质和开阔的视野。《淮南子》能适应汉初统治者的需要,从"轻物重生"、"全性葆真"的先秦道家,转变为积极关注社会问题的黄老道家。黄老道家不仅不

---

① 何宁:《淮南子集释》,北京:中华书局1998年,第822页。
② 何宁:《淮南子集释》,北京:中华书局1998年,第513页。
③ 何宁:《淮南子集释》,北京:中华书局1998年,第1463页。

回避社会矛盾，而且努力寻找学术与时代发展的契合点，将道家思想运用于治国理政。在"因循为用"思想的指导下，《淮南子》积极将礼乐文化的治国策略加以吸收利用，并从道家思想出发对礼乐文化加以改造。

第一，《淮南子》认为礼乐应当随时代而变迁。

《淮南子》中提出礼乐无常、随时代而变的思想。《氾论训》中讲："夏后氏殡于阼阶之上，殷人殡于两楹之间，周人殡于西阶之上，此礼之不同者也。有虞氏用瓦棺，夏后氏塈周，殷人用梓，周人墙置翣，此葬之不同者也。夏后氏祭于暗，殷人祭于阳，周人祭于日出以朝，此祭之不同者也。尧《大章》，舜《九韶》，禹《大夏》，汤《大濩》，周《武象》，此乐之不同者也。故五帝异道，而德覆天下，三王殊事而名施后世，此皆因时变而制礼乐者……故圣人制礼乐，而不制于礼乐。"①"夫殷变夏，周变殷，春秋变周，三代之礼不同，何古之从！"《齐俗训》也罗列了上古时期礼随着时代而变化的情况："有虞氏之祀，其社用土，祀中霤，葬成亩，其乐《咸池》、《承云》、《九韶》，其服尚黄。夏后氏其社用松，祀户，葬墙置翣，其乐《夏籥》九成、《六佾》、《六列》、《六英》，其服尚青。殷人之礼，其社用石，祀门，葬树松，其乐《大濩》、《晨露》，其服尚白。周人之礼，其社用栗，祀灶，葬树柏，其乐《大武》、《三象》、《棘下》，其服尚赤。礼乐相诡，服制相反，然而皆不失亲疏之恩，上下之伦。今握一君之法籍，以非传代之俗，譬由胶柱而调瑟也。"② 虞夏商周不同的时代，礼乐的形式是不同的，但是内在精神却是相通的。《淮南子》强调了礼乐的时代性，认为人应当"制礼乐，但不制于礼乐。"如果死抓住某一时代君王的法典，

---

① 何宁：《淮南子集释》，北京：中华书局1998年，第918—921页。
② 何宁：《淮南子集释》，北京：中华书局1998年，第788—790页。

拿它作典范去否定改变了的礼俗,那就好比胶柱鼓瑟了。所以礼乐文化应当随着时代的发展而变化。

第二,《淮南子》认为礼乐是权宜之计。

《淮南子》并不彻底否定礼乐文化,但认为礼与法都是权宜之计,是道德崩坏之后不得已的产物,是进行社会治理的手段,但不是目的。《氾论训》指出:"故法制礼义者,治人之具也,而非所以为治也。"[1]《本经训》说:"是故仁义礼乐者,可以救败,而非通治之至也。夫仁者所以救争也,义者所以救失也,礼者所以救淫也,乐者所以救忧也……是故德衰然后仁生,行沮然后义立,和失然后声调,礼淫然后容饰。是故知神明然后知道德之不足为也,知道德然后知仁义之不足行也,知仁义然后知礼乐之不足修也。"[2] 礼乐和仁义都产生于衰世,虽"非通治之至也",但也有"救败"的作用。这是对礼乐文化有限的社会价值的肯定。《齐俗训》也分析了礼乐文化的手段意义,认为礼仪就像是祭祀时所用的刍狗、土龙,准备祭祀时,给刍狗、土龙"文以青黄,绢以绮绣,缠以朱丝"[3],尸祝穿上纯黑色的斋衣,大夫戴上礼帽,庄严地迎送它们。但是等到用过以后,就如同泥土草芥一样被扔掉,还有谁贵重它们呢。礼乐文化就如同这些祭祀时的刍狗、土龙,是人们达到目的的手段,而不是目的本身。可见,《淮南子》并没有否定礼乐文化的手段意义,只是认为它的意义是有限的。

第三,认为礼乐文化如果能作用于人的情感,就能够实现教化的目的。

《淮南子》认为人是需要教化的。《泰族训》打比方说:"茧之性为丝,然非得工女煮以热汤而抽其统纪,则不能成丝。卵

---

[1] 何宁:《淮南子集释》,北京:中华书局1998年,第927页。
[2] 何宁:《淮南子集释》,北京:中华书局1998年,第569页。
[3] 何宁:《淮南子集释》,北京:中华书局1998年,第792页。

之化为雏，非慈雌呕暖覆伏，累日积久，则不能为雏。人之性有仁义之资，非圣人为之法度而教导之，则不可使向方。"① 蚕茧可以抽丝，但是不经过工女用开水煮熬，牵出丝头，便不能变成丝线；禽卵可以孵化成雏，但是没有慈爱的雌禽经过很长时日的孵抱温暖，就不能变成雏。同样的道理，人具有仁义的天资，但是没有圣人立出法度来教导，人便不能走上正路。这就是说在自然本性和社会性之间还有一定的距离，需要礼乐教化来完成。

《淮南子》认为礼乐文化可以很好地实现教化的目的。圣王通过礼乐来陶冶人性，用歌谣来讽喻民风，就能达到很好的治理功效。《诠言训》说："舜弹五弦之琴，而歌《南风》之诗，以治天下。"② 即舜弹奏着五弦琴，唱着《南风》之诗，对人民进行教化，就达到了治理天下的目的。但是礼乐的教化功能要从人的内在欲望和情感需要出发，才能顺利实现。《泰族训》说："民有好色之性，故有大婚之礼；有饮食之性，故有大飨之仪；有喜乐之性，故有钟鼓管弦之音；有悲哀之性，故有衰绖哭踊之节。故先王之制法也，因民之所好而为之节文者也。因其好色而制婚姻之礼，故男女有别；因其喜音而正雅颂之声，故风俗不流；因其宁家室、乐妻子，教之以顺，故父子有亲；因其喜朋友而教之以悌，故长幼有序。然后修朝聘以明贵贱，飨饮习射以明长幼，时搜振旅以习用兵也，入学庠序以修人伦。此皆人之所有于性，而圣人之所匠成也。"③ 大婚之礼、大飨之仪、钟鼓管弦之音、衰绖哭踊之节等都是以民的好色本性为出发点的。正因这些礼节对人的本能性情予以满足，所以才能为人所接受，最终使人的本性得到节制。遵循情欲的本性制定了

---

① 何宁：《淮南子集释》，北京：中华书局1998年，第1387页。
② 何宁：《淮南子集释》，北京：中华书局1998年，第1029页。
③ 何宁：《淮南子集释》，北京：中华书局1998年，第1386页。

婚礼，因而男女界限分明了；遵循喜爱音乐的本性制定纯正的雅、颂歌乐，因而风俗不至于淫乱；遵循希望家庭安宁、妻室子女快乐的愿望教导人们孝顺，因而会有父慈子孝的结果；遵循爱交朋友的意愿，教导人们敬重年长的人，因而长幼有序。做到了以上这些以后，再制定朝拜天子聘礼诸侯的礼节，用来分清贵贱，规定乡饮酒和习射的礼节，用来明确长幼次序，定时检阅车马，整顿军队，学习军事，让贵族子弟进入学校学习，来提高自身修养，这些也全都以人的各种本性为出发点。这样，《淮南子》就将礼从外在约束变成了内在本性的欲求。

《淮南子》还认为通过礼乐可以获得社会治理状况的信息，以便更好地实行治理。《主术训》中说："乐，听其音则知其俗，见其俗则知其化。孔子学鼓琴于师襄，而谕文王之志，见微以知明矣；延陵季子听鲁乐，而知殷、夏之风，论近以识远也。作之上古，施及千岁而文不灭，况于并世化民乎？"[①] 就是说，表演歌舞，听懂其中的音乐，就能了解到表演者的风俗，看到了他们的风俗，就明白怎样去感化他们了。孔子向师襄学习弹琴，从乐曲中听明白了周文王的志向，他透过乐曲，眼前就浮现出文王的形象，悟出了明确的主题。延陵季子欣赏鲁国的传统音乐，了解到殷代、夏代的风习，这就是由近而知远。因而，如果乐曲能够和人的情感和人的精神联系起来，就能达到社会教化的目的，从乐曲中也能反映出社会治理的状况及民风民情。

儒家所推崇的礼乐文化常常带有扭曲人性的强制性，《淮南子》指出如果礼乐能够顺乎民心、民情，礼乐就能够收到应有的效果。在这里道家的自然之道已经成为儒家礼乐文化的内在合法性根据。《淮南子》以情感为基础，调和了儒道两家思想的冲突。正如《泰族训》所说："今夫雅颂之声，皆发于词，本于

---

① 何宁：《淮南子集释》，北京：中华书局1998年，第620页。

情，故君臣以睦，父子以亲。故韶夏之乐也，声浸乎金石，润乎草木。"① 雅颂之声以真纯感情为基础，所以君臣学习它们便和睦相处，父子学习它们便亲亲密密。韶夏古乐从情感出发，因而声音浸透金石，润泽草木。

礼仪最初设定时，的确有感情的依据，但它更为关注的是群体关系的和谐，因而当它变成普遍遵循的行为准则时，就渐渐与情感拉开了距离，甚至成了戕害情感的外在约束。《淮南子》重新强调礼乐文化的内在根据，将礼和情感结合起来，激活了礼。站在这个角度就会发现，规定子女为父母守孝三年，这是勉强人们去做难以做到的事，结果人们只得用虚伪的感情来应付礼的要求。也许规定守孝三个月，就能充分表达哀情切合人们的天性。哀悼仪式符合实情，葬礼对得住父母的养育之恩，不勉强人们做不能做到的事，也不禁止人们充分尽哀，礼节的规定恰如其分，这样才能充分体现礼的价值。《淮南子》以道家自然本性思想为出发点，强调礼乐文化的情感基础，重新回到人的本真性情和本能欲望来谈礼乐文化，将礼乐文化的教化功能建立在尊重人的自然本性的基础之上。

《淮南子》已经将礼乐文化的根据换成了真挚的情感，认为礼乐是人的情感自然流露的表现形式，自然之情是礼乐之本。强调礼乐的情感性，实际上是将儒家具有外在约束的礼乐教条和行为规范，变成了发自内心的情感要求。

《淮南子》之所以这样来思考礼乐文化遗产，一方面是由于礼乐文化的社会影响力还在，是不可忽视的一种文化力量；另一方面也是因为《淮南子》从黄老哲学崇尚自然无为出发，对礼乐文化要进行适合自己要求的改造。但《淮南子》并不如先秦道家那样回避社会问题，而是认为所谓的无为就是不过度作

---

① 何宁：《淮南子集释》，北京：中华书局1998年，第1425页。

为和勉强作为，认为统治者应当顺应自然而作为。《淮南子》并不一味否定礼乐文化，正是认为礼乐文化如果能够顺应自然，以人的情感为内在根据，就可以实现社会教化的作用。

三、《淮南子》力求建构的文艺思想

《淮南子》对礼乐文化基本上持否定的态度，但身处汉代文化多元包容的文化背景下，《淮南子》又积极改造礼乐文化，将情感性、自然性等因素纳入礼乐文化之中。《淮南子》对礼乐文化的这种态度直接影响到他的文艺美学思想，《淮南子》中的文艺美学思想主要体现在以下几个方面：

第一，反对声色之美，推崇素朴之美、无声之乐。

与礼乐文化关注声色之美不同，《淮南子》受到老庄思想的影响，推崇返璞归真、无为而治，认为素朴是最大的美。《原道训》说道"已雕已琢，还反于朴"[1]，认为要保持道混沌自然的天真本性，就必须废除礼乐文化所推崇的声色之美，因为周旋揖让、羽旄管磬都带有人为、做作的虚伪性，是道德崩坏后不得已的产物。

《淮南子》认为道的纯真之美表现形式之一就是质朴简易。《诠言训》说："大乐必易，大礼必简。易故能天，简故能地。大乐无怨，大礼不责，四海之内，莫不系统，故能帝也。"[2]即最美的音乐是最简单的音乐，最隆重的礼仪是最简单的礼仪。简易才能与天地相通，与道相通。《说林训》说，"白玉不琢，美珠不文"[3]，白玉是不用雕琢的，美珠是无需用文饰的，这是因为白玉、美珠本身已经很美了，不需要外在的文饰。这正是道的质朴精神的体现。

---

[1] 何宁：《淮南子集释》，北京：中华书局1998年，第7页。
[2] 何宁：《淮南子集释》，北京：中华书局1998年，第1033页。
[3] 何宁：《淮南子集释》，北京：中华书局1998年，第1230页。

道最原始、素朴的状态是无，因而《淮南子》延续老子"大音希声"的哲学观点，提出"无声之乐"的思想，认为最美的音乐是没有音乐，最美的色彩是没有色彩，最美的味道是没有味道。"无"是美的最高境界。《原道训》讲："能至于无乐者，则无不乐，无不乐则极乐矣。"[1]《说林训》讲："视于无形，则得其所见矣；听于无声，则得其所闻矣。至味不慊，至言不文，至乐不笑，至音不叫，大匠不斫，大豆不具，大勇不斗，得道而德从之矣。"[2] 能看到无形之形，所有的形象就都能够看到了；能听到无声之声，这世界上便没有听不见的声音了。最美的味道尝着没有味道，最高深的话语没有文采，最大的快乐不露笑容，最美妙的音乐没有声音。

《淮南子》反对礼乐文化的人为、造作，提出以自然为美的观点。《泰族训》说："故神明之事，不可以智巧为也，不可以筋力致也。天地所包，阴阳所呕，雨露所濡，化生万物，瑶碧玉珠，翡翠玳瑁，文彩明朗，润泽若濡，摩而不玩，久而不渝，奚仲不能旅，鲁般不能造，此谓之大巧。"[3] 所以说，翡翠玳瑁，瑶碧玉珠，这些精美的宝物，由天地滋养着，由阴阳二气抚育着，雨露滋润着，天然生成。奚仲不能模仿，鲁般不能制造。造化的这种神奇本领，叫做大巧。天然之美是天下之大美，造化是最巧的工匠。

第二，重视个体感受，崇尚真情。

与礼乐文化忽视个体情感，追求集体理性精神不同，《淮南子》关注个体情感，将人的心理感受放在重要位置。《诠言训》讲："心有忧者，筐床衽席弗能安也，菰饭犓牛弗能甘也琴瑟鸣

---

[1] 何宁：《淮南子集释》，北京：中华书局1998年，第69页。
[2] 何宁：《淮南子集释》，北京：中华书局1998年，第1175页。
[3] 何宁：《淮南子集释》，北京：中华书局1998年，第1375页。

竽弗能乐也。患解忧除，然后食甘寝宁，居安游乐。"① 心中忧愁，即便是安适的床榻柔软的席子也不能让他安睡，菰米饭牛羊肉吃着也觉不出味美，琴瑟的演奏不能让他快乐。忧患消除之后，才能吃得香睡得安，住得安稳，玩得快乐。由此可见，心是产生美感的首要条件。因此《淮南子》批评礼乐文化说："升降揖让，趋翔周游，不得已而为也，非性所有于身，情无符检，行所不得已之事，而不解构耳，岂加故为哉！故不得已而歌者，不事为悲；不得已而舞者，不矜为丽。歌舞而不事为悲丽者，皆无有根心者。"② 升堂下堂，拱揖谦让，小步疾走，盘绕周旋，这些都是不得已才讲究的礼节，并不是出自人的天性，因此内心感情并不同这些举动符合。不得已唱歌的人，不能表露出悲情；不得已跳舞的人，不会努力展示优美的舞姿。因而礼乐文化很大程度上与人的内心是不协和的，这是对自然本性的残害。

如果从尊重个体内心感受出发看待外在事物，那么，要不要弦歌鼓舞，要不要周旋揖让，其根据都不再是外在的，而应来自于对内心的尊重。《泰族训》说："故心者，身之本也……省事之本，在于节用；节用之本，在于反性。未有能摇其本而静其末，浊其源而清其流者也。"③ 心是身的根本，是人的本性所在。所以心性修养是自我修养的根本。没有谁能做到摇动树的根部而叫树梢静止的，也没有谁能做到弄浑水源而让水流清澈的。所以要拥有天下，首先得拥有人心，要让钟磬琴瑟之声发挥作用，得从感动人心开始。

《淮南子》关注内心，必然关注情感。《齐俗训》说："且喜怒哀乐，有感而自然者也。故哭之发于口，涕之出于目，此皆

---

① 何宁：《淮南子集释》，北京：中华书局1998年，第1033—1034页。
② 何宁：《淮南子集释》，北京：中华书局1998年，第1025—1026页。
③ 何宁：《淮南子集释》，北京：中华书局1998年，第1414页。

愤于中而形于外者也。譬若水之下流，烟之上寻也。夫有孰推之者？故强哭者虽病不哀，强亲者虽笑不和，情发于中而声应于外。"① 真情出自自然，不需要外力推动，就像水向下流，烟向上冒，勉强不得。因而，《缪称训》说："故心哀而歌不乐，心乐而哭不哀。"②

《淮南子》中举出了一系列例子来说明真情可以感人。《主术训》中举例说，荣启期弹了一支表达旷达之情的乐曲，孔子听了就快活了三天，因为他受到了曲调平和之情的感染。邹忌弹了一支哀伤的曲子，齐威王便悲伤了一整夜，因为他受了曲调悲哀之情的感染。感情通过乐音表现出来，就能使听者或者悲哀或者快乐。《缪称训》中讲："宁戚击牛角而歌，桓公举以大政；雍门子以哭见，孟尝君涕流沾缨；歌哭，众人之所能也，一发声，入于耳，感人心，情之至者也。"③ 宁戚在牛车下边唱起商调悲歌，齐桓公听到后感叹不已，明白了宁戚的苦衷，终于用他为官，是最精纯的感情深深地感动了桓公的心。雍门周以真挚的情感打动了孟尝君，使孟尝君涕流沾缨。

真挚的感情可以有不同的表现形式。《修务训》说："故秦、楚、燕、魏之歌也，异转而皆乐；九夷八狄之哭也，殊声而皆悲，一也。夫歌者乐之征也；哭者悲之效也，愤于中则应于外，故在所以感。"④ 秦、楚、燕、魏之歌不同，九夷八狄之哭相异，但是它们都能令人感动，其原因是它们都发自内心。只要内心快乐，采取哪种形式来表达都是次要的。《原道训》也说："所谓乐者，岂必处京台、章华，游云梦、沙丘，耳听《九韶》、

---

① 何宁：《淮南子集释》，北京：中华书局1998年，第778页。
② 何宁：《淮南子集释》，北京：中华书局1998年，第732页。
③ 何宁：《淮南子集释》，北京：中华书局1998年，第750页。
④ 何宁：《淮南子集释》，北京：中华书局1998年，第1327页。

《六莹》，口味煎熬芬芳，驰骋夷道，钩射鹔鹴之谓乐乎?"[1] 只要内心快乐，并不一定非要住在京台、章华，游于云梦、沙丘，耳听《九韶》、《六莹》，口尝美味佳肴，驰骋在平坦的大道上，射猎奇禽异兽。快乐来自于内心，与外在的表现形式和外在的环境关系都不是很大。

《淮南子》强调了情感的真实性和自然性，并分析指出有些音乐能够刺激人的感官，但是当音乐停止后，人重新陷入虚妄无聊之境，这是因为这些音乐不能引起发自内心的感动。基于此，《淮南子》提出了外在的音乐与内在的音乐的关系问题。《淮南子》认为只有来自于内心感受的音乐才能真正使人快乐。《原道训》说：架起编钟组鼓，摆开管弦乐队，铺上地毯坐垫，陈列旄牛尾和象牙装饰的仪仗，听朝歌郊野的迷人乐曲，观赏美艳多姿的舞女，品尝香甜的美酒，通宵达旦地宴饮取乐。或者挽强弓硬弩，搭上带丝绳的利箭，射杀高飞的鸟儿、奔跑的兔子。这些快乐，可谓气势炽烈显赫，引人忘乎所以，如醉如痴。然而等到解去车马，停酒撤乐，心中会忽然之间产生怅然若有所失的感觉。这是为什么呢？因为钟鼓管磬、旄茵旄象等，都不是以内心的欢乐之情去感受外界的欢乐，而是借助外界的欢乐来激发内心的欢乐，因而乐曲奏响时就欢喜，乐曲一终止便生悲情，悲喜转化不定，精神混乱，不能有片刻平静。而礼乐大多都是外在的、形式化的音乐，与灵魂有一定的距离，因而不能够给人带来深层次的快乐。

《淮南子》对个体情感的关注，其言说根据是道家率真自然的哲学观念，这与礼乐文化为了群体关系的协调，外在地约束个体的情感欲望恰好形成了鲜明的对比。

第三，主张文质并重、内容与形式的统一。

---

[1] 何宁：《淮南子集释》，北京：中华书局1998年，第66页。

汉代是一个大一统的时代，很多哲学思想都具有综合的性质。《淮南子》以老庄思想为基础，但也融合了儒家思想。这一点折射到文艺思想上则表现为对文和质的并重，对文艺内容和形式的并重。

《谬称训》中讲："文者，所以接物也，情，系于中而欲发于外者也。以文灭情则失情，以情灭文则失文。"① 这段话强调的是，礼乐形式用于人与人的交往之中，而感情发自于内心并表现在礼乐形式上。所以不能因礼乐的外在形式而忽视其中的真情，也不能只讲真情而忽视了其存在形式的效用。以必要的形式充分传达内心的情感才是理想的状态。《诠言训》则对以文伤其质的现象进行了批判："饰其外者伤其内，扶其情者害其神，见其文者蔽其质……故羽翼美者伤其骸，枝叶美者害其根，能两美者，天下无也。"② 可见，《淮南子》主张不要用外在的文饰掩盖内在的真情和本质，也不要因为外在的羽翼、枝叶及情感而伤害了内在的本质精神。

具体体现在对礼乐文化的态度上，《淮南子》认为外在形式应当有内在情感基础才行。《齐俗训》说："礼者，实之文也。仁者，恩之效也。故礼因人情而为之节文，而仁发併以见容。礼不过实，仁不溢恩也，治世之道也。"③ "礼者，体情制文者也。"④ 礼仪形式应当有着情感的基础，礼仪应该依据人的情感而定并与情感相契合。《本经训》中也说："故钟鼓管箫，干戚羽旄，所以饰喜也。衰绖苴杖，哭踊有节，所以饰哀也。兵革羽旄，金鼓斧钺，所以饰怒也。必有其质，乃为之文。"⑤ 演奏

---

① 何宁：《淮南子集释》，北京：中华书局1998年，第733页。
② 何宁：《淮南子集释》，北京：中华书局1998年，第1021—1022页。
③ 何宁：《淮南子集释》，北京：中华书局1998年，第785页。
④ 何宁：《淮南子集释》，北京：中华书局1998年，第788页。
⑤ 何宁：《淮南子集释》，北京：中华书局1998年，第599页。

钟鼓管箫，舞动干戚羽旄，这些都是用来表现喜悦的方式；穿戴孝服，拄用孝杖，按照规定的位置跺脚哀哭，这是用来表现悲哀的方式；兵器铠甲，羽旄军旗，金鼓斧钺，这是用来表现愤怒的方式。一定要有真实的喜怒之情，这些礼仪符号才有价值和意义。

《主术训》也强调了礼乐内容和形式的一致性问题："故古之为金石管弦者，所以宣乐也；兵革斧钺者，所以饰怒也；觞酌俎豆酬酢之礼，所以效善也；衰绖菅屦，辟踊哭泣，所以谕哀也。此皆有充于内而成像于外。及至乱主，取民则不裁其力，求于下则不量其积，男女不得事耕织之业以供上之求，力勤财匮，君臣相疾也。故民至于焦唇沸肝，有今无储，而乃始撞大钟，击鸣鼓，吹竽笙，弹琴瑟，是犹贯甲胄而入宗庙，被罗纨而从军旅，失乐之所由生矣。"① 古代制作铜钟、石磬、箫管、琴瑟是用来抒发快乐之情的；制造兵戈、斧钺是用来显示愤怒的；觞酌俎豆、献酬酢酳是用来传达交流喜悦之情的；披麻戴孝、捶胸跺脚、号啕痛哭是表示哀悼之情。这些发自内心的真情与一定的外在形式结合起来，才是礼乐的本来意义。但是乱世人民生活在水深火热之中，统治者还在撞大钟，击鸣鼓，吹竽笙，弹琴瑟，这犹如穿着铠甲进入庙堂，穿着罗纨而从军，失去了乐内在与外在一致的本性。

第四，主张礼乐应具有人民性。

《淮南子》之所以反对礼乐文化一个重要原因是，人君的声色之好会给人民生活带来灾难。《主术训》说，人君如果喜好鸷鸟猛兽，珍怪奇物，性情凶暴，淫乐迷乱，不爱惜民力，驰骋在猎场上，必然给人民的生活带来痛苦，使万民愁苦，生产荒废。人君如果喜欢高台深池，喜爱雕琢刻镂，为自己建造豪华

---

① 何宁：《淮南子集释》，北京：中华书局1998年，第683—684页。

的宫殿苑囿，追求寝居游览的安乐，又讲究穿戴，衣必彩色绚丽的各种华丽丝帛葛布，戴必珍宝珠玉，那么，人君必将赋敛无度，给人民增添负担。所以说，《淮南子》对礼乐文化的否定一定程度上是因为这种文化形式要耗费大量的人力物力，会给人民带来灾难。

《淮南子》虽然认为礼乐享受给百姓生活带来痛苦，但并没有绝对地否定礼乐文化，而是认为，只有在统治阶级能够使整个社会政治清明，生产发展，人民安乐的情况下，礼乐等文饰才有真正的意义和价值。相反，如果政治黑暗，生产不能发展，人民痛苦不堪，这时来讲礼乐文饰，那就是荒唐而无意义的，并且是虚伪的。《淮南子》继承了孟子的思想，提出与民同乐的观点，认为层叠的榭屋，连绵栉比的宫室，并不是不壮丽，但是老百姓却还挤在狭窄土屋中安身，英明的君王就不会以住在华丽的宫室楼阁里为快乐；肥腴醇厚甜美脆嫩的酒食，并不是不是美味，但是老百姓还有连糟糠粗粮都吃不到的，英明的君王就不会以享受佳肴美味为甜美；安适的床榻，细软的垫席，并不是睡上去不安宁，但是老百姓还在戍守边城、冒着危难战死荒野，英明的君王就不会以寝卧舒适为安适。所以对于古代君主而言，只有岁登民丰，君王才悬挂钟磬，陈列干戚，君臣上下，同心而乐，才能在礼乐形式中获得真正的快乐。

《淮南子》认为上古时期，民风纯朴，没有因为统治者的娱乐而给人民生活带来额外负担。《齐俗训》讲：上古时期，并不是不知道升降周旋之礼和《采齐》、《肆夏》之乐，也并不是不知道钟鼓、管箫、干戚、羽旄等乐器所能带来的快乐，只是认识到这些繁文缛节将会给人民的生活带来负担，会耗尽国库储备，所以《淮南子》认为，礼节足够表明真情实意就行了，这样礼就既抒发了内心的情感，又不至于沉溺在音乐之中而丧失了天性。

综上可以看出，虽然《淮南子》以黄老学说为主，但也并没有一味反对礼乐文化，相反，《淮南子》对礼乐文化进行了改造，将情感性、人民性等因素融入其中，使礼乐文化的内涵更加丰富。礼乐文化依然是《淮南子》建构文艺美学思想的一个重要参照系。

第三节 董仲舒的礼乐观念及文艺美学思想

董仲舒（前179年—前104年），河北广川人，汉代有名的大儒。汉景帝时任博士，讲授《公羊春秋》。汉武帝时举贤良对策，董仲舒上对策三篇，提出他的哲学体系的基本要点和轮廓，建议"罢黜百家，独尊儒术"，为武帝所采纳。其后任江都易王刘非国相十年，后又任胶西王刘端国相。江都易王和胶西王都是汉武帝之兄，两人性情骄纵、恣肆。汉武帝希望董仲舒能以礼仪匡正两王的行为。董仲舒一生著述颇丰，据《汉书·董仲舒传》记载，凡百二十三篇又十余万言。现在尚存的有《春秋繁露》及《举贤良对策》等。

一、董仲舒的礼乐文化观念

董仲舒的思想很大程度上渊源于周代的礼乐文化。据《汉书·董仲舒传》记载，董仲舒"进退容止，非礼不行"[①]。《春秋繁露·天道施》篇中，董仲舒也强调礼乐文化的规范："君子非礼而不言，非礼而不动。好色而无礼则流，饮食而无礼则争，流争则乱。夫礼，体情而防乱者也，民之情，不能制其欲，使之度礼。目视正色，耳听正声，口食止味，身行正道，非夺之

[①] 班固：《汉书》，北京：中华书局1962年，第2495页。

情也，所以安其情也。"① 由此可见，董仲舒认为礼乐文化具有行为规范的作用。《春秋繁露·度制》篇中董仲舒也指出，礼就像各种堤防，使贵贱有一定的等级，朝廷有一定的位置，地方上有一定的秩序，使民众有所礼让而不敢争乱，这就叫度制和礼节。《春秋繁露·郊事对》记载张汤关于礼制的发问，董仲舒对张汤疑问的回答，基本也都以周代的礼法制度为依据。

董仲舒的礼乐文化思想是周代礼乐文化观念的延续，但是董仲舒也对其进行了符合时代要求的改进和提升。西周礼乐文化以天为形而上根据，作为贵族行为规范的意义更为突出。汉武帝时期礼乐文化得到全面复兴，但是汉代的礼乐文化主要运用于郊祀礼仪和封禅大典等方面，更加关注统治者的地位与天意之间的关系，因而有着更为浓厚的天命鬼神色彩。董仲舒在传统礼乐文化的基础之上，强调了天的神秘性、神圣性，将西周时期对天的学理预设转化为无需怀疑的信仰，使天成为有意志的人格神。

关于天神与统治合法性的关系问题，经历了不同的阶段。殷商时期，只重鬼神观念，因而神秘力量笼罩着那个时代。周代在尊天的基础上提出重德保民的思想，因而天在若有若无之间。到孔子时代，基本上去除了天的理论预设，更加关注人的自我约束。而董仲舒借助秦汉间相当普遍的天道信仰，为礼乐文化建立了不可抗拒的宇宙论基础，为礼乐文化的进一步发展奠定了庞大而坚实的理论基础。从理论建构上来讲，使礼乐文化有了更为深厚的根据，但从社会发展来讲，这在一定程度上是对原始宗教精神的回归，是社会观念的退步。

董仲舒强调了礼与天的关系，认为礼是效法天道的结果。《春秋繁露·奉本》篇指出："礼者，继天地，体阴阳，而慎主

---

① 苏舆：《春秋繁露义证》，北京：中华书局1992年，第469页。

客,序尊卑、贵贱、大小之位,而差外内、远近、新故之级者也,以德多为象。"① 礼仪中最为重要的是君臣、父子、夫妇之道,董仲舒认为它们也要效法于天。《春秋繁露·观德》篇指出:"天地者,万物之本,先祖之所出也。广大无极,其德昭明,历年众多,永永无疆。天出至明,众知类也,其伏无不炤也。地出至晦,星日为明,不敢闇。君臣、父子、夫妇之道取之此。"② 其中,君道、父道、夫道效法天,臣道、子道、妇道效法地。或者按照这样的逻辑顺序:"天子受命于天,诸侯受命于天子,子受命于父,臣妾受命于君,妻受命于夫。诸所受命者,其尊皆天也,虽谓受命于天亦可。"③ 同样天高地卑也与人间的君臣关系、夫妻关系相对应。天高而地卑,就相应的有了人间礼制的尊卑关系。改正朔,易服色,制定礼乐的根据也都来自于天意。《春秋繁露·楚庄王》篇说:"是故大改制于初,所以明天命也。更作乐于终,所以见天功也。"④ 制礼作乐都是天意的体现。

《春秋繁露·立元神》篇指出,天、地、人三者是万物之本,礼仪就是以不同的方式来表现对这三者的尊崇。"天生之,地养之,人成之。天生之以孝悌,地养之以衣食,人成之以礼乐,三者相为手足,合以成体,不可一无也。无孝悌则亡其所以生,无衣食则亡其所以养,无礼乐,则亡其所以成也……明主贤君,必于其信,是故肃慎三本。郊祀致敬,共事祖祢,举显孝悌,表异孝行,所以奉天本也。秉耒躬耕,采桑亲蚕,垦草殖谷,开辟以足衣食,所以奉地本也。立辟雍庠序,修孝悌

---

① 苏舆:《春秋繁露义证》,北京:中华书局1992年,第276页。
② 苏舆:《春秋繁露义证》,北京:中华书局1992年,第269—270页。
③ 苏舆:《春秋繁露义证》,北京:中华书局1992年,第412页。
④ 苏舆:《春秋繁露义证》,北京:中华书局1992年,第19页。

敬让，明以教化，感以礼乐，所以奉人本也。"① 在这段话中，董仲舒指出，人在这世界上生活，天生之，地养之，然而需礼乐来教化之，礼乐教化与天地同在，这就把礼乐教化提高到本体论的高度。以天地人为本，郊祀致敬、采桑亲蚕、感以礼乐等行为就成为天经地义的事情。

由于董仲舒把礼的发生推至天地之道，所以他在各种祭礼之中最重祭天的郊礼。《春秋繁露·郊祭》说："春秋之义，国有大丧者，止宗庙之祭，而不止郊祭，不敢以父母之丧，废事天之礼也。父母之丧，至哀痛悲苦也，尚不敢废郊也，孰足以废郊者？故其在礼，亦曰：'丧者不祭，唯祭天为越丧而行事。'夫古之畏敬天而重天郊，如此甚也。"② 当国家遇到重大的丧事，就要停止宗庙的祭祀，但是不停止郊祭，不敢以父母的丧事而废除了侍奉天的郊祭。

董仲舒抬高天的地位的同时也抬高了鬼神的地位。《春秋繁露·祭义》篇指出："圣人于鬼神也，畏之而不敢欺也，信之而不独任，事之而不专恃。"③ 这是对鬼神的基本态度，即对于鬼神畏之、信之、事之。

董仲舒还将礼制与阴阳五行思想结合在一起，赋予了礼乐文化以更为鲜明的时代特色。《春秋繁露·五行对》指出：

> 天有五行，木火土金水是也。木生火，火生土，土生金，金生水。水为冬，金为秋，土为季夏，火为夏，木为春。春主生，夏主长，季夏主养，秋主收，冬主藏。藏，冬之所成也。是故父之所生，其子长之；父之所长，其子养之；父之所养，其子成之。诸父所为，其子皆奉承而续

---

① 苏舆：《春秋繁露义证》，北京：中华书局1992年，第168—169页。
② 苏舆：《春秋繁露义证》，北京：中华书局1992年，第404页。
③ 苏舆：《春秋繁露义证》，北京：中华书局1992年，第442页。

> 行之，不敢不致如父之意，尽为人之道也。故五行者，五
> 行也。由此观之，父授之，子受之，乃天之道也。故曰：
> 夫孝者，天之经也。此之谓也。①

董仲舒将天之五行木、火、土、金、水，以及春、夏、季夏、秋、冬五个季节与人间的父子关系联系起来，为父子关系设定了一个无可怀疑的根据。此外董仲舒还将天之五行木、火、土、金、水，与貌、视、思、言、听五事相配，认为人君在貌、视、思、言、听等某一方面表现得不好，都会引起五行的反应。如貌不肃敬，就会对木产生影响，木又和五气中的风配对，最终会导致夏天多暴风。

《春秋繁露·五行相生》进一步将五行、五方与五官联系起来，认为：东方者木，农之本，其官司农，司农尚仁；南方者火，其官司马，司马尚智；中央者土，其官司营，司营尚信；西方者金，其官大理司徒，司徒尚义；北方者水，其官执法司寇，司寇尚礼。董仲舒将司农、司马、司空、司徒和司寇五种官职与五行联系起来，礼属于司寇掌管。诸如"君臣有位，长幼有序，朝廷有爵，乡党以齿，升降揖让，般伏拜谒，折旋中矩，立则磬折，拱则抱鼓"② 等事务都由司寇掌管。这样，董仲舒就将礼乐文化与五行观念联系起来，礼成为五行中的一个方面，并遵循五行相生、相胜的规律而运行。

在五行之中，董仲舒认为土为核心。"土者，火之子也，五行莫贵于土。土之于四时无所命者，不与火分功名……土者，五行最贵者也，其义不可以加矣。"③ 那么，与土之最贵相应，"五声莫贵于宫，五味莫美于甘，五色莫盛于黄"④。五声之中宫

---

① 苏舆：《春秋繁露义证》，北京：中华书局1992年，第315页。
② 苏舆：《春秋繁露义证》，北京：中华书局1992年，第365页。
③④ 苏舆：《春秋繁露义证》，北京：中华书局1992年，第316页。

最贵，五味之中甘最美，五色之中黄最盛。礼乐文化中色彩、滋味、音乐等都包含着等级性，董仲舒借助于五行观念，为声色之美的等级划分寻找到了更为有力的理论证明。

在阴阳体系之中，董仲舒进一步论证了礼的阴阳性。董仲舒认为："天有阴阳之施，身亦两有贪仁之性。天有阴阳禁，身有情欲栣，与天道一也。"① 即天有阴阳，人效法天也有阴阳。董仲舒根据天地阴阳之象来为人世间的尊卑等级寻找依据，《春秋繁露·奉本》讲："礼者，继天地，体阴阳，而慎主客，序尊卑、贵贱、大小之位，而差外内、远近、新故之级者也，以德多为象。"② 董仲舒认为礼是继承天地、取法阴阳的，因而依据礼制而制定的尊卑、贵贱、大小、远近等社会秩序也具有了无可怀疑的天的根据。

在董仲舒的礼乐文化体系中有着浓厚的巫术色彩。这种原始宗教精神和仪式，在求雨和止雨仪式中表现得最为集中。如春季的求雨仪式中，要"择巫之洁清辩利者以为祝"③，还要小童八人，斋戒三日，服青衣而舞之。田夫也斋戒三日，服青衣而立之。止雨仪式也有巫祝人员参与，有祭坛，有不同方位的神灵，有舞蹈等，整个仪式充满了鬼神气息和巫术色彩。如春天求雨仪式中，让县邑中的大小官员、百姓在水日这一天祈祷社稷、山川之神，家家祭祀户神。不要砍伐大树，不要乱砍滥伐山中林木。让女巫暴露在太阳光下。在供奉牺牲祈祷之后，在甲乙二日制作一条身长八丈的大苍龙放在中间，制作身长各四丈的小苍龙七条放在东方。八名小男孩斋戒三天，穿青蓝色衣服并跳起舞蹈。耕田农夫也斋戒三天，穿青蓝色衣服，站在那里。凿通社庙和庙门之外的水沟，取来五只蛤蟆放置其中。

---

① 苏舆：《春秋繁露义证》，北京：中华书局1992年，第296页。
② 苏舆：《春秋繁露义证》，北京：中华书局1992年，第275页。
③ 苏舆：《春秋繁露义证》，北京：中华书局1992年，第428页。

其他季节的求雨仪式和基本精神与春季仪式一致。由此可见，求雨和止雨仪式中都有浓厚的巫术色彩。

求雨或止雨的关键在于通过阴阳的消长来促成天象的变化，如果雨不够，那是因为阳气太盛，所以需要抑制阳气和引发阴气来使天降雨；如果雨太多，那是因为阴气太盛，这时就要通过抑制阴气和引发阳气来止雨。所以董仲舒说止雨之礼节的关键在于要将女子藏匿起来，而男子要和顺快乐。《春秋繁露·止雨》讲："凡止雨之大体，女子欲其藏而匿也，丈夫欲其和而乐也。开阳而闭阴，阖水而开火。以朱丝萦社十周，衣朱衣赤帻。三日罢。"[1] 这是通过抑制阴气和促进阳气来感发天象的意思。

求雨止雨仪式中也有对五行观念的借鉴。《春秋繁露·求雨》指出，春、夏、季夏、秋、冬五个季节求雨仪式的基本仪程是一致的，但细节不同，体现了季节的变化。如春季求雨穿青衣而舞，夏季求雨穿赤衣而舞，季夏求雨穿黄衣而舞，秋季求雨穿白衣而舞，冬季求雨穿黑衣而舞。服饰色彩的变化体现了五行观念。

在中国礼制思想中不乏对天的形而上根据的强调，但是使天成为成体系的理论根据的是董仲舒。在董仲舒的思想中，天意是礼制存在的根据。而阴阳五行思想的纳入进一步将礼制思想系统化。此外，对巫术的借鉴使汉代礼乐文化有着更为神秘的色彩。可以说，随着社会的发展，礼乐文化摆脱了商周的天命鬼神观念，到春秋时期优雅的礼乐、典雅的举止成为贵族身份和修养的外在表现，但到董仲舒这里，为了强化礼乐文化的权威性，重新强调了礼乐文化中的天命鬼神思想，并将礼乐文化与阴阳五行思想融合起来，赋予礼乐文化以神秘色彩。

---

[1] 苏舆：《春秋繁露义证》，北京：中华书局1992年，第438页。

二、董仲舒的音乐美学思想

董仲舒赋予礼乐文化以神秘色彩，关于文艺的作用和意义，董仲舒同样一方面强调礼乐的教化作用，另一方面也强化了礼乐中的天命观念和五行思想，从而使音乐美学着上了浓厚的神秘色彩。

董仲舒首先强调王者作乐具有重要意义。《春秋繁露·楚庄王》讲："缘天下之所新乐而为之文曲，且以和政，且以兴德。天下未遍合和，王者不虚作乐。"[①] 董仲舒认为音乐对社会具有很好的调节作用，王者制礼作乐能够达到政通人和的目的，因而"王者不虚作乐"。

董仲舒分析汉武帝富有四海，居得致之位，操可致之势，又有能致之资，行高而恩厚，智明而意美，爱民而好士，但天地却没有祥瑞景象的缘故，认为是因为汉武帝还没有能够对天下实行礼乐教化。董仲舒分析说："夫万民之从利也，如水之走下，不以教化堤防之，不能止也。是故教化立而奸邪皆止者，其堤防完也；教化废而奸邪并出，刑罚不能胜者，其堤防坏也。古之王者明于此，是故南面而治天下，莫不以教化为大务。立太学以教于国，设庠序以化于邑，渐民以仁，摩民以谊，节民以礼，故其刑罚甚轻而禁不犯者，教化行而习俗美也。"[②] 礼乐是对人的情感和个体欲望的约束，但有了礼乐这一道堤防，整个社会才能和谐有序，进而形成一种光彩璀璨，井然有序的审美境界，这就是董仲舒所说的"教化行而习俗美"。古代礼乐文化鼎盛时期，"上下和睦，习俗美盛，不令而行，不禁而止，吏亡奸邪，民亡盗贼，囹圄空虚，德润草木，泽被四海，凤凰来

---

① 苏舆：《春秋繁露义证》，北京：中华书局1992年，第20页。
② 班固：《汉书》，北京：中华书局1962年，第2503页。

集，麒麟来游"①，即在礼乐教化的背景下，人与人之间文采粲然，兄弟父子相亲相爱，习俗美盛。自然界五谷繁茂，六畜兴旺，德润草木，泽被四海，凤凰来集，麒麟来游，呈现出和乐丰收的可喜景象。在这里董仲舒显然将礼乐文化的实现与汉代流行的祥瑞观念结合起来，赋予礼乐文化更为神秘的色彩。

董仲舒认为礼乐的教化作用，有着长久性。他说："王者未作乐之时，乃用先王之乐宜于世者，而以深入教化于民。教化之情不得，雅颂之乐不成，故王者功成作乐，乐其德也。乐者，所以变民风，化民俗也；其变民也易，其化人也著。故声发于和而本于情，接于肌肤，藏于骨髓。故王道虽微缺，而管弦之声未衰也。夫虞氏之不为政久矣，然而乐颂遗风犹有存者，是以孔子在齐而闻《韶》也。"②董仲舒指出礼乐有着长久的教化作用。古代圣王已殁，但其子孙依然能长久安宁数百岁，就是因为礼乐教化有着长久而深远的影响力。

董仲舒认为音乐发端于人的情性，而人的情性发端于天，所以，音乐最终是天意的体现。《春秋繁露·深察名号》说："人之受气苟无恶者，心何栣哉？吾以心之名，得人之诚。人之诚，有贪有仁。仁贪之气，两在于身。身之名，取诸天。天两有阴阳之施，身亦两有贪仁之性。天有阴阳禁，身有情欲栣，与天道一也。"③人的情欲贪仁品性，实际上都来自天的阴阳之气，因此，音乐以人的情性为本，实际上是以天为本。

进一步讲，董仲舒认为音乐具有"见天功"的意义。《春秋繁露·楚庄王》中讲："是故大改制于初，所以明天命也。更作乐于终，所以见天功也。"④即王者即位之初就要"更称号，改

---

① 班固：《汉书》，北京：中华书局1962年，第2520页。
② 班固：《汉书》，北京：中华书局1962年，第2503页。
③ 苏舆：《春秋繁露义证》，北京：中华书局1992年，第293—296页。
④ 苏舆：《春秋繁露义证》，北京：中华书局1992年，第19页。

正朔，易服色"，这些都是为了顺天志，而当统治稳固之后，就要制礼作乐。这两者都是对天命的遵循。然而礼乐的制定与正朔、服色的改变有时间的先后，是要等到政权稳固之后才能进行的，而一开始应当沿用先王的音乐。

礼乐是天意的体现，但具体的礼乐却与时代情感相联系，即制礼作乐的直接根据是"盈于内而动发于外者也"，即内有所感，然后有外在的表现。因而，"舜时，民乐其昭尧之业也，故《韶》。《韶》者，昭也。禹之时，民乐其三圣相继，故《夏》。《夏》者，大也。汤之时，民乐其救之于患害也，故《濩》。《濩》者，救也。文王之时，民乐其兴师征伐也，故《武》。《武》者，伐也。四者，天下同乐之，一也，其所同乐之端不可一也。作乐之法，必反本之所乐，所乐不同事，乐安得不世异？是故舜作《韶》而禹作《夏》，汤作《濩》而文王作《武》。四乐殊名，则各顺其民始乐于己也。"[1] 不同的时代，人民有着不同的情感体验，因而舜、禹、夏、汤等不同的时代会有不同的音乐，这是音乐发自内在心灵感悟品质的体现。但归根结底，音乐的情感体验是遵循天命的结果。假如没有当初武王遵循天命而伐纣，就不会有后来西周的建立。所以说，"凡乐者，作之于终，而名之以始，重本之义也。由此观之，正朔、服色之改，受命应天制礼作乐之异，人心之动也。二者离而复合，所为一也。"[2] 制礼作乐与正朔服色最终都是天意的体现。在董仲舒的思想中，天依然是音乐最终的本源。董仲舒思想的一个突出特征就是建立了以天为核心的思想体系，这种天的哲学构成了他音乐思想的哲学基础，也成为董仲舒音乐思想的一个显著特点。王者作乐，这是为了"见天功"，即表示对天命的遵循。这样，

---

[1] 苏舆：《春秋繁露义证》，北京：中华书局1992年，第20—22页。
[2] 苏舆：《春秋繁露义证》，北京：中华书局1992年，第23页。

音乐实际上成了证明君主神圣地位的工具，这和董仲舒用天来确立君权神授原则的做法是一致的。

在董仲舒看来，音乐是天意的体现，是一个王朝的统治得到天的认可的标志。因而，每一个王朝要进行统治时，都要制礼作乐。如汤受命而王，作濩乐，制质礼以奉天；文王受命而王，应天变殷，作武乐，制文礼以奉天；武王受命，作象乐，继文以奉天。周公辅成王受命，成文武之制，作汋乐以奉天。各朝各代的礼乐都是对天命的遵循，音乐也就具有了神圣的意义。

三、董仲舒的服饰及色彩美学思想

董仲舒对礼乐文化的推进在于将天推上至高无上的地位，因而，服色之美，除了具有等级制的特征之外，其来自上天的根据得到了强调。董仲舒讲，"改正朔，易服色，以顺天命而已"[①]，将正朔、服色，这些官方统治符号与天的意志紧密联系起来。

董仲舒认为贵贱必须有一定的等级，衣服必须有一定的制度，朝廷必须有一定的位置，地方上必须有一定的秩序，这样人民就有所礼让而没有纷争。在汉武帝的策问中，董仲舒答道："臣闻制度文采玄黄之饰，所以明尊卑，异贵贱，而劝有德也。故《春秋》受命，所先制者，改正朔，易服色，所以应天也。然则宫室旌旗之制，有法而然者也。故孔子曰'奢则不逊，俭则固'，俭非圣人之中制也。臣闻良玉不瑑，资质润美，不待刻瑑，此亡异于达巷党人不学而自知也。然则常玉不瑑，不成文章；君子不学，不成其德。"[②] 他认为衣服的文采装饰都是用来

---

① 班固：《汉书》，北京：中华书局1962年，第2518页。
② 班固：《汉书》，北京：中华书局1962年，第2510页。

"明尊卑,异贵贱,而劝有德"的。从这一点看,董仲舒延续了礼乐文化中将器物和审美进行等级化的思路,使审美或艺术资源成为等级标志。比起西周服饰观念更进一步的是,董仲舒认为服饰等级背后的理论根据是天意。服饰的等级审美是遵循天意的结果。

在《春秋繁露·服制》篇中,董仲舒也阐述了服装的等级观念:"……则各度爵而制服,量禄而用财。饮食有量,衣服有制,宫室有度,畜产人徒有数,舟车甲器有禁。生有轩冕、服位、贵禄、田宅之分,死有棺椁、绞衾、圹袭之度。虽有贤才美体,无其爵不敢服其服;虽有富家多赀,无其禄不敢用其财。天子服有文章,不得以燕公以朝;将军大夫不得以燕;将军大夫以朝官吏;命士止于带缘。散民不敢服杂采,百工商贾不敢服狐貉,刑余戮民不敢服丝玄纁乘马,谓之服制。"[①] 饮食、衣服、宫室、家畜、仆役、车船等都有一定的制度和禁忌。每个人的穿着都要根据他的身份、爵位来划定,即使有聪明的才干和俊美的容貌,没有那种爵位就不能穿那种爵位的衣服;即使家庭富裕,没有那样的俸禄也不能使那样的钱财。天子穿的是有文采的衣服,夫人平时不能穿礼服,但是庙祭的时候可以。将军与大夫平时也不得穿礼服,但参加庙祭和朝官吏的时候则可以。士只能束带而装饰其边缘。平民不能穿红色、紫色之类的衣服,各种工匠、商人不能穿狐皮、貉皮做成的衣服,受过刑罚和正在服刑的人不能穿用丝做成的衣服,不能乘马。服饰的秩序就是社会秩序的缩影。董仲舒的服饰美学思想最终的落脚点依然在于维护封建秩序。

在董仲舒看来,服饰是有审美价值的,但审美价值须依附于等级标志的价值而存在。《春秋繁露·为人者天》讲:"衣服

---

① 苏舆:《春秋繁露义证》,北京:中华书局1992年,第221-225页。

容貌者，所以说（悦）目也；声言应对者，所以说耳也；好恶去就者，所以说心也。故君子衣服中而容貌恭，则目说矣；言理应对逊，则耳说矣；好仁厚而恶浅薄，就善人而远僻鄙，则心说矣。故曰：'行思可乐，容止可观。'此之谓也。"[1] 衣服容貌可以使人感到悦目，这说的是衣服容貌的审美价值，但是在董仲舒的思想中，这种审美价值并不是最重要的，也不是决定性的。董仲舒认为，服饰悦目的前提是服饰首先要适合身份，服饰之美才能显现出来。同样，声言应对之美，也需以恭顺得体为前提，否则声言应对之美也无法得到实现。因此，衣服文采的审美功能是次要的。

《春秋繁露·度制》也讲："凡衣裳之生也，为盖形暖身也。然而染五采、饰文章者，非以为益肌肤血气之情也，将以贵贵尊贤，而明别上下之伦，使教亟行，使化易成，为治为之也。若去其度制，使人人从其欲，快其意，以逐无穷，是大乱人伦，而靡斯财用也。失文采所遂生之意矣。上下之伦不别，其势不能相治，故苦乱也。嗜欲之物无限，其势不能相足，故苦贫也。今欲以乱为治，以贫为富，非反之制度不可。"[2] 在董仲舒看来，衣服主要有两种功能，一种是遮掩躯体及御寒暖身，这是衣服最基本的功能，另一种就是作为社会等级标志的作用。董仲舒认为如果要说衣服的遮身蔽体和保暖价值，那么，仅仅一件素朴无华的衣服已经足够了。而衣服所以要染上各种色彩纹理，并非为了增益肌肤和血气，而是为了更好地辨明上下等级秩序。他把衣服文采辨明上下等级秩序的功能看做是"文采所遂生之意"，换言之，如果不需要作为区别等级的标志，那么，服饰上的文饰、图案等均是没有必要存在的。董仲舒的这一观点简直

---

[1] 苏舆：《春秋繁露义证》，北京：中华书局1992年，第320页。
[2] 苏舆：《春秋繁露义证》，北京：中华书局1992年，第151页。

是服饰美学思想的倒退，几乎到了完全抛弃服饰审美价值的地步。

服饰之美不在于感官刺激价值，而在于其丰富的象征意义。《春秋繁露·服制像》讲："天地之生万物也以养人，故其可适者以养身体，其可威者以为容服，礼之所为兴也。剑之在左，青龙之象也。刀之在右，白虎之象也。韨之在前，赤鸟之象也。冠之在首，玄武之象也。四者，人之盛饰也。夫能通古今，别然不然，乃能服此也。盖玄武者，貌之最严有威者也，其像在后，其服反居首，武之至而不用矣……故武王克殷，裨冕而搢笏。虎贲之士说剑，安在勇猛必任武杀然后威。是以君子所服为上矣，故望之俨然者，亦已至矣，岂可不察乎！"[1] 在这段引文中，董仲舒指出服饰能增强统治者的威严感，"其可威者以为容服，礼之所为兴也"。董仲舒把体现威严视为容止服饰的一大重要功能，甚至认为礼就是这样兴起来的。剑佩在左边，象征青龙星宿；刀佩在右边，象征白虎星宿；韨则佩在前面，象征赤鸟星宿；帽子戴在头顶，象征玄武星宿。这四者是最为华丽的服饰，只有那些能够通晓古今、辨别是非的人才能佩戴。

在董仲舒看来，色彩是一个王朝的标志，因而每到改朝换代，"王者必改正朔，易服色，制礼乐，一统于天下，所以明易姓非继人，通以己受之于天也"[2]。一个新王朝出现，就要在历法上有所改变，在衣服旗号上有所变化，此即为"新王必改制"，表示一个新王朝重新享有天命。董仲舒认为夏是黑统，商是白统，周是赤统，改朝换代只不过是"三统"的依次循环，只是"改正朔，易服色"，在历法和礼仪上作形式上的改换。这样，黑、白、赤就成为不同时代所崇尚的富有意味的色彩审美

---

[1] 苏舆：《春秋繁露义证》，北京：中华书局1992年，第151—154页。
[2] 苏舆：《春秋繁露义证》，北京：中华书局1992年，第185页。

观念。《春秋繁露·三代改制质文》中对黑、白、赤三统的色彩进行了较为详细的描述，认为是黑统的话，从朝服、玉藻、车、马，到宝玉、乐器等都得是黑色的；同样，如果是白统和赤统，这些东西又都是白色和赤色的。董仲舒认为这些色彩来自于天对这一王朝统治的认可，是天意的表现，因而，拥有这些色彩，从心理上来说有着一种愉悦的情感暗示作用。

由以上分析可以看出，董仲舒继承了西周礼乐文化体系中的服饰和色彩观念，认为服饰和色彩是等级和朝代的象征，同时也更加强调服饰、色彩中的天命观念，使服饰和色彩之美有了更为浓厚的神秘色彩和不可违抗的性质。

四、董仲舒关于贽和山川的美学思想

贽是贵族初次拜见尊长时所送的礼物，即见面礼。在周礼中，不同身份、不同场合所用的贽是不一样的。贽体现了礼尚往来的精神。到了汉代，贽的伦理道德意义得到了强化。《春秋繁露·执贽》篇表达了董仲舒关于贽的认识。凡执贽，天子用鬯，公侯用玉，卿用羔，大夫用雁。为什么要用这些东西作为见面礼呢？董仲舒对贽中的伦理道德蕴含进行了发挥。大夫用雁为贽，是因为雁最能体现出尊卑长幼的顺序；卿用羔羊为贽，是因为羊有角，但不是用来攻击的，就像君子好仁；羊执之不鸣，杀之不啼，就像君子为义而死；羔羊食于其母，必跪而受之，就像君子懂得礼仪一样；羊与"祥"谐音。因而卿以羊为贽；而公侯以玉为贽，这是因为玉至清而不蔽其恶，内有瑕疵必然见于外，这就像君子一样坦然、真诚。此外，玉廉而不杀，坚而不硁，洁白如素等品质，也是君子品性的象征，所以公侯以玉为贽；天子以鬯为贽，这是因为鬯就像圣人一样纯仁淳粹，有着润阳芬香之气味，而且鬯与"畅"谐音，意味它能与天相通。①

这种关注事物伦理道德蕴含的审美倾向也表现在董仲舒对山川精神的解读中。在《春秋繁露·山川颂》中，董仲舒指出山势尨岕，但久不崩坏，就像仁人志士一样。山川中长养的树木，大者可以为宫室台榭，小者可以为舟舆浮楫。山可以养活人，可以使禽兽伏，可以使死人藏。积土成山，可以成其高，成其大，无损于山，也对它无害，这就是山的品质。山的这些精神可以使君子从中获得做人的启示。水昼夜不停地流动，总是将坑坑洼洼都流满了才继续往前进，水循微赴下，循溪谷不迷，赴千仞之壑而不疑。万物都被火所困，而水单单能战胜火。万物全因得水而生，失去了水就会死。这些都是君子品性的象征。显然，董仲舒对于山川的认识与孔孟一脉相承，都超越了山水本身的审美价值而极力发掘山水中所蕴含的伦理道德价值。

总体来看，董仲舒强调了礼乐文化中的天命鬼神观念，因而在其文艺美学思想中，天成为具有神灵性、情感性的人格神。董仲舒认为礼乐是天意的体现，有着很好的教化作用。董仲舒的服饰和色彩美学观念依然是礼乐文化的延续，认为服饰是等级的标志，色彩是权力的象征，不同的是董仲舒的服饰和色彩美学观念中融进了更多的天命观念。所以说董仲舒的美学思想以礼乐文化为契机，但以天为最后根据，同时有着鲜明的阴阳五行色彩。

第四节　《说苑》中的礼乐观念及文艺美学思想

刘向（前79—前8年），字子政，本名更生，汉高祖少弟楚

---

① 苏舆：《春秋繁露义证》，北京：中华书局1992年，第423页。

元王交的四世孙。他一生经历宣帝、元帝和成帝三个朝代,历任郎中给事黄门、散骑谏大夫、宗正、光禄大夫等职。刘向博览群书,精通天文星象、音律,善弹琴,曾经受诏校雠整理了很多古籍,对古籍的保存做出了巨大的贡献。《说苑》就是刘向编撰的一部史事类纂性著作,虽然其中的故事多采自《吕氏春秋》、《韩诗外传》、《史记》、《荀子》、《韩非子》、《左传》等史传诸子,但就材料取舍加工的状况来看,一定程度体现了刘向本人对社会和人生的认识,其中《修文》、《反质》等篇则集中体现了刘向有关礼乐文化审美观念的认识。

一、《说苑》中的"修文"思想

刘向生活于西汉元成之世,正是外戚、宦官交相干政,刘氏皇权日渐衰亡之时。作为汉朝宗室,刘向觉得自己有责任救汉室于颓势之中,因而屡次上书极谏,力图匡扶皇权,但也因此被政敌所诬谮,两度下狱,几至于死。刘向认为要匡扶汉室,就要注重礼乐的文饰美,并关注文艺的美刺教化功能。《说苑·修文》篇集中体现了这一思想。

(一)对西周礼乐文化功能和艺术精神的延续

1. 刘向继承了礼乐文化的文饰美学思想

刘向继承了礼乐文化的文饰美学思想。《修文》篇中借孔子的话说:简是可以的,但是简则易野。"易野者,无礼文也。"[①]简易粗野,就没有礼仪文饰了。可见,刘向认为礼仪文饰是很必要的。

礼仪文饰之美主要表现在举止仪态等方面。《修义》篇引用《尚书》中的话指出,人生处世五件事,第一就是仪态。仪态举

---

① 向宗鲁:《说苑校正》,北京:中华书局1987年,第498页。

止之美主要表现为"行步中矩,折旋中规。立则磬折,拱则抱鼓。"① 刘向认为,有了仪态之美,男子就能显示出恭敬的气质,女子就能显示出她的美貌。如果能关注自身仪态,不仅能够显示出内在的精神气质,而且,以这种仪态进入朝廷,就显得庄重严肃;以这种仪态进入宗庙,就显得恭敬而忠诚;以这种仪态到乡里,就显得温和而柔顺;以这种仪态到故乡亲族中,就显得和睦而亲近。所以说仪态美具有很好的社会效应。因而,走路时要中规中矩,站立时要如磬一样稍微前倾,拱手时怀里要像抱着一面鼓。

文饰之美还表现在衣饰、声音等方面。《修文》篇指出:"衣服容貌者,所以悦目也。声音应对者,所以悦耳也。嗜欲好恶者,所以悦心也。君子衣服中,容貌得,则民之目悦矣。言语顺,应对给,则民之耳悦矣。"② 衣服要悦目,声音要悦耳,嗜欲要悦心,这不仅让自己赏心悦目,而且也让别人获得美感效应。正因为如此,要举行加冠礼,要通过正规的、隆重的礼仪来强化君子的服饰观念。

2. 刘向继承了西周礼乐治国的基本思想

刘向继承了西周礼乐治国的基本思想。《修文》篇开篇便提出帝王"功成制礼,治定作乐"③ 的思想,并认为圣王修礼文,设庠序,陈钟鼓等都是礼乐治国思想的具体表现形式。《修文》篇中讲,齐国准备举行登台选射之礼,即通过射箭的方式,从诸侯、卿、大夫、士中选出优胜者,在等待登射仪式举行的过程中,齐景公对晏子说,他对登射礼仪已经很厌倦了,他的目的是得到天下的勇士,和他们一起谋划国事而已。言外之意,选射之礼是不是就可以免除了。晏子说:"君子无礼,是庶人

---

① 向宗鲁:《说苑校正》,北京:中华书局1987年,第480页。
② 向宗鲁:《说苑校正》,北京:中华书局1987年,第481页。
③ 向宗鲁:《说苑校正》,北京:中华书局1987年,第476页。

也。庶人无礼，是禽兽也。夫臣勇多则弑其君，子力多则弑其长，然而不敢者，惟礼之谓也。礼者，所以御民也，辔者，所以御马也。无礼而能治国家者，婴未之闻也。"① 晏子的话所表达的意思包括两重：第一，礼仪是庶人和君子区别的标志；第二，社会治理需要的不仅仅是勇武之士，更需要礼仪来对勇武之士的行为进行约束。刘向借晏子的话表达了自己的礼乐文化观念，认为有了礼对人的约束，人就成为文明的人。酒是祸乱之首，淫佚暴慢之本，然而，有了饮酒礼的约束，就能够使"耳听雅音，目视正仪，足行正容，心谕正道"②。所以说在饮酒礼的约束和规范作用下，终日饮酒而无过失。这是礼乐的社会教化作用。

《修文》篇还指出："圣人作为鞉鼓控揭埙箎，此六者德音之音，然后钟磬竽瑟以和之，然后干戚旄狄以舞之。此所以祭先王之庙也，此所以献酢酳酬也，所以官序贵贱各得其宜也，此可以示后世有尊卑长幼之序也。"③ 用鞉、鼓、控、揭、埙、箎等六种乐器来演奏，用钟、磬、竽、瑟等乐器来伴奏，再配上干戚羽旄来舞蹈，这是祭祀先王宗庙的礼乐，是贵族之间献酢酳酬交往时的礼乐，是体现尊卑长幼秩序的礼乐。这样的音乐以能给人带来情感愉悦的形式，传达着社会治理观念。这是礼乐文化的审美意识形态性的延续。

3. 刘向的礼乐教化功能建立在音乐情感性的基础之上

《修文》篇引用了《礼记·乐记》和《史记·乐书》中的观点，强调了音乐的情感性。人的情感和内心可以折射到声音之中。比如钟鼓，"怒而击之则武，忧而击之则悲，喜而击之则

---

① 向宗鲁：《说苑校正》，北京：中华书局1987年，第480页。
② 向宗鲁：《说苑校正》，北京：中华书局1987年，第508页。
③ 向宗鲁：《说苑校正》，北京：中华书局1987年，第501页。

乐。其志变，其声亦变。其志诚，通乎金石，而况人乎？"① 意思是，同样的钟鼓，发怒时敲击它，发出的声音就高亢威武；忧伤时敲击它，发出的声音就低沉悲哀；高兴时敲击它，发出的声音就轻快和悦。心志改变了，声音也会改变。心志真诚，尚且能通过金石之声反映出来，更何况人呢。因此说，乐音中能够体现出人的情怀和修养。

既然音乐是对人的内在情感的反映，那么反过来，从乐音之中也就能隐约听出一个人的心声，从乐音之中也能得知一个社会和一个时代的治理状况。《修文》篇中讲，子路鼓瑟，有北鄙之声。孔子听了后，就说，子路有杀伐之气。孔子进一步指出，舜造南风之声，有着勃勃生机，至今王公述而不忘。纣为北鄙之声，必然衰败，至今为王公所笑。孔子正是从琴音中听出了一个人的内心志向。

同样从音乐之中也可以感知一个时代的治乱状况。《修文》引用了《礼记·乐记》的话，说："凡音生人心者也，情动于中，而形于声，声成文谓之音。是故治世之音安以乐，其政和；乱世之音怨以怒，其政乖；亡国之音哀以思，其民困。声音之道，与政通矣。"② 音乐与人心相通，人心又与政治相通，因而声音之道与政通。在宫商角徵羽五声与君臣关系之间，有着不同的对应关系，因而从五声之中能听出社会的治理状况。《修文》篇讲："宫为君，商为臣，角为民，徵为事，羽为物。"③ 正因为此，五声和谐就能听到社会的和谐，五声紊乱，也预示着社会秩序的紊乱。《修文》篇还指出："五音乱则无法。无法之音：宫乱则荒，其君骄；商乱则陂，其官坏；角乱则忧，其民怨；徵乱则哀，其事勤；羽乱则危，其财匮；五者皆乱，代相

---

① 向宗鲁：《说苑校正》，北京：中华书局1987年，第497页。
②③ 向宗鲁：《说苑校正》，北京：中华书局1987年，第507页

第八章 汉代礼乐文化语境下的文艺美学思想

凌谓之慢,如此则国之灭亡无日矣。郑、卫之音,乱世之音也,比于慢矣;桑间濮上之音,亡国之音也,其政散,其民流,诬上行私而不可止也。"① 音乐与社会秩序之间有着这样微妙的关系,因而,五声之中隐含着君臣关系变动的信息。

不同性质的声音也会引起人不同的情绪反应,正如《修文》篇所讲:"是故感激憔悴之音作,而民思忧。啴谐慢易繁文简节之音作,而民康乐。粗属猛奋广贲之音作,而民刚毅。廉直劲正庄诚之音作,而民肃敬。宽裕肉好顺成和动之音作,而民慈爱。流僻邪散狄成涤滥之音作,而民淫乱。"② 不同性质的音乐会引起人不同的情感反应,因而先王要用雅正之乐来教化人民,而要使"惰慢邪辟之气,不设于身体"③,从而实现音乐对人民的教化作用。

不同的音乐,不同的乐器作用于人心会引起不同的变化,因而圣王制定礼乐来影响人的情感,进而达到教化目的。《修文》篇说:"乐者,圣人之所乐也,而可以善民心,其感人深,其移风易俗。故先王著其教焉。夫民有血气心知之性,而无哀乐喜怒之常。应感起物而动,然后心术形焉。"④ 这里强调了礼乐的情感基础,即"血气心知之性"和"哀乐喜怒之常"是音乐的基础,也是圣王对人民实施教化的基础。先王根据人的本性和情感基础来制定礼乐,来引导人的性情,对人民实行教化。

每一种乐器都会发出不同的声音,这些声音能够引起人的不同情感反应,因而也具有不同的教化功能,具体来讲:"钟声铿,铿以立号,号以立横,横以立武。君子听钟声则思武臣。石声磬,磬以立辨,辨以致死。君子听磬声,则思封疆之臣。

---

① 向宗鲁:《说苑校正》,北京:中华书局1987年,第507页。
② 向宗鲁:《说苑校正》,北京:中华书局1987年,第503页。
③ 向宗鲁:《说苑校正》,北京:中华书局1987年,第505页。
④ 向宗鲁:《说苑校正》,北京:中华书局1987年,第502页。

丝声哀，哀以立廉，廉以立志。君子听琴瑟之声，则思志义之臣。竹声滥，滥以立会，会以聚众。君子听竽笙箫管之声则思畜聚之臣。鼓鼙之声欢，欢以立动，动以进众，君子听鼓鼙之声，则思将帅之臣。君子之听音，非听其铿锵而已，彼亦有所合之也。"②这段话的意思是，钟声铿锵有力，可以作为号令，钟声作为号令能振作士气，士气振作能树立勇武的精神。国君听到钟声就想到武臣；石声磬，磬的声音能树立节义，节义分明就能为国牺牲。国君听到磬声就想到死在边疆的大臣；弦乐声悲哀，悲哀声能使人正直不阿，正直不阿就能立志。国君听到琴瑟之声就能想到有节义的大臣；管乐声滥，滥有揽聚之意，揽聚便能聚众。国君听到竽笙箫管之声就能想到积蓄聚养的大臣；鼓声欢快，欢快能使人跃动，跃动便能使人向前。国君听到鼓鼙之声就能想到将帅大臣。国君听音乐，不只是听那声音铿锵悦耳，而是想到它与自己心志相合的地方。这就是说，钟声、磬声、丝声、竹声、鼓声等会引起人不同的情绪反应，因而能达到不同的教化目的。

刘向还指出了琴所特有的修德养性的功能，认为："乐之可密者，琴最宜焉，君子以其可修德，故近之。"① 意思是，琴是人们最常用的乐器，是最能达到品德修养目的的乐器，因而人们喜欢琴。

如果音乐的教化作用能够实现，那一定能达到天地人和谐的状态。《修文》篇中讲："发以声音，文以琴瑟，动以干戚，饰以羽旄，从以箫管，奋至德之光，动四气之和，以著万物之理。是故清明象天，广大象地，终始象四时，周旋象风雨。五色成文而不乱，八风从律而不奸，百度得数而有常。小大相成，终始相生。唱和清浊，代相为经。故乐行而伦清。耳目聪明，

---

① 向宗鲁：《说苑校正》，北京：中华书局1987年，第508页。

血气和平，移风易俗，天下皆宁，故曰乐者乐也。"[1] 即以琴瑟、干戚、羽旄、箫管等来引导人民的性情，就会出现五色、八风、百度相成相生，秩序井然，耳目聪明，血气和平的景象。这就是礼乐所带来的和乐、和谐的社会效应。

正因为礼乐对人的行为有约束作用，对社会的治理有着重要的作用，同时能给人带来审美的享受，所以，刘向肯定了礼乐的审美意识形态性。《修文》篇讲："故君子以礼正外，以乐正内。内须臾离乐，则邪气生矣。外须臾离礼，则慢行起矣。故古者天子诸侯听钟声未尝离于庭，卿大夫听琴瑟未尝离于前，所以养正心而灭淫气也。"[2] 礼乐分别从内外两个方面来修正人的思想和行为，也给人带来音乐和艺术的享受。通过悦耳的音乐，优美的舞蹈，来达到社会和谐有序的目的，这是礼乐文化精神的再现。

（二）对"德"与"文"内在联系的关注

西周建立以后，虽然也提出了重德保民的思想，但西周时期的礼乐文化更加关注的是举止情态的规范性，以及各种典礼的用乐情况，"德"在礼乐文化形式中体现得并不是很突出。刘向的"修文"思想一方面表现出对礼乐文化形式的关注，另一方面则表现出对"德"与"文"关系的强调。

《修文》篇认为"德不至，则不能文"[3]，即道德达不到一定的境界，就不能实行文治。可见"德"是"文"的前提。《修文》指出，圣王修礼文，设庠序，陈钟鼓，天子辟雍，诸侯泮宫，这些礼乐文化形式，其目的都是要实现"德化"。《修文》篇还讲："士服黻，大夫黼，诸侯火，天子山龙。德弥盛者文弥

---

[1] 向宗鲁：《说苑校正》，北京：中华书局1987年，第505页。
[2] 向宗鲁：《说苑校正》，北京：中华书局1987年，第508页。
[3] 向宗鲁：《说苑校正》，北京：中华书局1987年，第476页。

缛,中弥理者文弥章也。"① 即各级贵族的服饰不仅要与身份相一致,而且要与内在的"德"取得一致,德泽越盛大文采越繁密,内心越有修养文采越鲜明。当谈到冠礼的社会价值时,刘向说:"内心修德,外被礼文,所以成显令之名也。是故皮弁素积,百王不易。既以修德,又以正容。"② 这就是说,注重内在的修养品德,才能在外表上显出礼仪文饰。因此穿着白鹿皮制成的常服,显示出身份和地位,这是历代帝王都不会改变的。既能用来修养德行,又能用以端正仪表,这是内在的"德"与外在的"文"的一致性。

刘向也很强调音乐的"德"性。《修文》中讲:"乐者,德之华也。金石丝竹,乐之器也。诗言其志,歌咏其声,舞动其容,三者本于心,然后乐器从之。"③ 这里说的是乐的道德蕴含的问题,同时也指出乐的情感基础和审美基础。"圣人作为鞉鼓控揭埙箎,此六者德音之音"④,就说的是鞉、鼓、控、揭、埙、箎这六种乐器被认为是六种最能表现德音的乐器。"修文"即修饰仪容,具体表现在服饰、容貌、戴冠、婚丧、狩猎、饮酒、斋戒等各种仪式中,然而"文"又是"德"的外在表现。这一点在刘向的器物观念中得到了更为集中的体现。

器物在礼乐文化中占有重要位置,既是仪式表演时的道具,又是身份的标志,还是伦理道德精神的外化符号。刘向延续了礼乐文化观念,但在新的时代背景下,其器物审美观念也发生了一定的变化。

《修文》篇对赘的伦理道德蕴含进行了分析。天子用鬯作赠礼。鬯,是用百草根酿成的酒,是百草之本。鬯,又与"畅"

---

① 向宗鲁:《说苑校正》,北京:中华书局1987年,第479页。
② 向宗鲁:《说苑校正》,北京:中华书局1987年,第482页。
③ 向宗鲁:《说苑校正》,北京:中华书局1987年,第505页。
④ 向宗鲁:《说苑校正》,北京:中华书局1987年,第501页。

第八章 汉代礼乐文化语境下的文艺美学思想

谐音,因而以邑为贽,象征上能畅通到天,下能畅达到地,取无处不能畅通之义,所以天子用邑作赠礼;诸侯用玉圭作赠礼,圭是玉做成的,玉脆而不折,棱角分明却不伤人,里面有瑕疵,一定会表现在外面,象征着诸侯忠诚坦率的品德,所以诸侯用玉圭作赠礼;卿用羊羔作赠礼。羊是"祥"的谐音,同时,羊合群但不结党,象征着卿的品德,所以卿用羊羔作赠礼;大夫用大雁作赠礼。大雁的行列有长幼的礼节,象征着长幼有序,所以大夫用大雁作赠礼;士人用野鸡作赠礼。野鸡不会被食物所引诱,也不会因关在笼子里玩赏就会使它驯服,所以士人用野鸡作赠礼;百姓用野鸭作赠礼。野鸭飞行舒缓,舒缓就没有异心,能够象征百姓的品德,所以百姓用野鸭作赠礼。在这里每一种作为见面礼的器物和动物都包含着相对固定的文化意义,贽的道德蕴涵得到了强化,贽已经符号化了。可以看出刘向对贽的伦理道德蕴涵的认识与董仲舒是一致的。这是孔子为代表的儒家"比德"观念在汉代的进一步发展。

四灵是中国古代的四种灵物,具有图腾的性质。刘向同样强调了四灵中的道德伦理蕴涵。《说苑·辩物》篇中说:"德盛则以为畜,治平则时气至矣。"即帝王德行极盛就能把四灵作为家畜,国家太平安定它们就会按时令节气来到。《辩物》篇这样描述麒麟:"麕身牛尾,圆顶一角。合仁怀义,音中律吕。行步中规,折旋中矩。择土而践,位平然后处。不群居,不旅行,纷兮其有质文也。幽闲则循循如也,动则有容仪。"[①] 意思是麒麟,獐身牛尾,圆顶一角,蕴含仁义,叫声符合乐律,行走与回旋都符合规矩,要选择地方才迈步,在位置平稳的地方才居处。麒麟不群居,不结伴而行,美好的本质和文采兼备,悠闲自在时就恭顺有序,行动时很有仪态。看来麒麟简直就是君子

---

① 向宗鲁:《说苑校正》,北京:中华书局1987年,第455页。

行处举止的化身了。

再看凤凰。刘向《说苑·辨物》中说，黄帝即位后，秉承上天的圣明恩德，申明大道，统一教化，施行仁政，天下和平。但他未曾看见过凤凰，因此日夜思念它的形象，于是问天老，凤凰的形象怎样？天老说凤凰前面看去像鸿雁，后面看去像麒麟，颈像蛇，尾像鱼，腿像白鹤，鬓须像鸳鸯，文彩像龙，身子像龟，嘴像燕也像鸡，两翅对称在中间聚合。头戴德行，顶举道义，背负仁爱，心怀智慧。吃东西有特定对象，饮水时有仪态。离去时有礼仪，飞来时有祥瑞，早晨的叫声是"发明"，白天的叫声是"保长"，飞行时叫声是"上翔"，聚集时的叫声是"归昌"。凤凰的翅膀挟带仁义，内心怀抱忠诚，脚踏正路，尾系威武，小声鸣叫合钲铙，大声鸣叫合鼓声。伸颈振翅，五色羽毛全部张开，光采可兴起八面之风，扇动时云气可降下时雨。这就是凤凰的形象，只有凤凰才能推究万物，带来上天的赐福，仿效各种形状，通达大道。它离开会有灾，它出现便有福，它游历九州，观察八方极远之地，具备文治武功，整饬王国，威严照耀四方，仁人圣人都将慑服。因此，拥有凤凰精神一个侧面的，凤凰会经过他那里；拥有凤凰精神两个侧面的，凤凰会降落在他那里，获得三个侧面的，凤凰就会在春秋两季降临；获得四个侧面的，凤凰就会一年四季降临；获得五个侧面的，凤凰就会终身栖息在他那里。黄帝感叹凤凰之盛美，就准备黄色王冠，系上黄色大带，在宫中斋戒。于是，凤凰遮天蔽日地降落下来，聚集在东苑，吃黄帝园中的竹实，栖息在园中的梧桐树上，终生都不离去。

灵龟同样集各种美于一身："文五色，似玉似金，背阴向阳。上隆象天，下平法地，盘衍象山。四趾转运应四时，文著象二十八宿。蛇头龙翅。左精象日，右精象月，千岁之化，下气上通,能知吉凶存亡之变。宁则信信如也,动则著矣。"① 灵龟有着五色文采,似金似玉,背阴向阳。背上隆起像天,腹下平坦像地,盘旋而下像山,四脚转动与四季变化相应,龟纹与二十八宿相应,蛇一样的头,龙一样的翅,左边眼睛像日,右边眼睛像月。灵龟经受了千年的变化,禀受地气,可以通天,能预知存亡吉凶。安静时舒展自如,行动时全身显露。

神龙"能为高,能为下,能为大,能为小,能为幽,能为明,能为短,能为长。昭乎其高也,渊乎其下也,薄乎天光,高乎其著也。一有一亡,忽微哉,斐然成章。虚无则精以知,动作则灵以化"②。神龙能高能下,忽隐忽现,变化神奇。它无形时精明而睿智,行动时灵巧又变化多端。

可以看出刘向延续了礼乐文化重视文饰的观念,关注赞、四灵中的光彩和文饰,但刘向更加强调赞和四灵的道德伦理蕴涵。刘向指出国家治理要实行文治,"德"即是"文","德"与"文"之间是相辅相成的关系。从作为见面礼的凫到凤凰、神龙等神物,无不成为道德品质的符号和载体。刘向延续了三代以来的礼乐文化观念,更加突出地强调了服饰、器物、礼仪行为与内在德性、德治之间的关系。礼乐文化的象征艺术精神进一步得到了突显。但其理论进一步将"物"与"德"进行牵强比附,使赞、四灵等成为纯粹的伦理载体。

二、《说苑》中的"反质"思想及"文质"关系

"反质"即返回事物本性自然状态,而不要外在的美饰和其他杂质。《反质》篇中讲,孔子卜得"贲"卦,仰天喟然长叹,内心有所不满。弟子子张问,"贲"是吉卦,先生为什么还要以

---

① 向宗鲁:《说苑校正》,北京:中华书局1987年,第456页。
② 向宗鲁:《说苑校正》,北京:中华书局1987年,第457页。

气？孔子回答说，贲不是正色。本质纯素的颜色，白色应当纯白，黑色应当纯黑。正如朱砂和漆不用文饰，白玉不用雕琢，宝珠不必装饰。因为它们具有内在的本质的美，无须再添加外部的装饰。这是刘向"反质"思想的基本精神。

"反质"一定程度上就是对礼乐文化所推崇的文饰审美的批判。《反质》篇写经侯访问魏太子，魏太子"左带羽玉具剑，右带环佩，左光照右，右光照左"，光彩照人，非常华美，而魏太子对这些"文"不屑一顾，说这些珠玉"寒不可衣，饥不可食"。显然刘向否定了外在的文饰之美，认为"器"虽美，却不实用，不足以为宝。

《说苑》中的"反质"思想首先是对法家思想的继承。如《反质》中讲魏文侯问李克刑法的根源在哪里，李克回答说："凡奸邪之心，饥寒而起。淫佚者，久饥之诡也。雕文刻镂，害农事者也。锦绣纂组，伤女工者也。农事害，则饥之本也；女工伤，则寒之原也。饥寒并至，而能不为奸邪者，未之有也。"[①]李克即魏国法家思想的代表人物李悝。刘向借李克所说的这段话，说明如果片面追求雕文刻镂、锦绣纂组这些外在的形式美，就容易引起饥寒，继而引起奸邪淫佚，刑罚也就随之产生。这段话表现了对文饰之美的否定，以及否定文饰美的原因。

"反质"是对墨家"非乐"思想的综合。《反质》篇借禽滑厘和墨子的对话，对礼乐文化的文饰观念进行了批评。禽滑厘问墨子，锦绣絺紵有什么用，墨子回答说，这些不是我们急用的物品。古时候有不讲文饰的人，就懂得这个道理。如夏禹的宫室矮小，节省饮食，堂前土台阶只有三级，衣裳只用细布。在那个时候，绘图绣花的礼服没有用处，而力求衣服的完整结实。殷商的盘庚，茅草屋顶不修葺，栎木房的椽子不砍削。在

---

① 向宗鲁：《说苑校正》，北京：中华书局1987年，第519页。

那时，彩绣的丝绸又有什么用呢？夏禹、盘庚两代君王以自身给天下人做表率，因此在那时教化兴隆，美名传到今天。墨子进一步指出锦绣絺绤是从齐国兴起的。齐景公喜好奢侈而忘记节俭，幸亏有晏子常以节俭来规劝他。商纣修筑鹿台、糟丘、酒池、肉林，彩绘宫墙，雕琢刻镂，锦绣被堂，金玉珍玮，妇女倡优，钟鼓管弦，流漫不禁，最终导致国力衰竭，身死国亡，被天下人耻笑。这难道不是锦绣絺绤之类的文饰追求所引起的吗？对于处于凶年之中的人来讲，随侯之珠的价值抵不上一钟粟。墨子认为，食必常饱，然后才能求美，衣必常暖，然后才能求丽，居必常安，然后才能求乐。刘向的"反质"观念，显然也借鉴了墨子"先质而后文"的观点。

《说苑》中的"反质"思想也是对历史经验的总结。刘向借秦穆公与由余的对话，通过对尧、舜、禹、夏后氏、殷、周得国失国的原因分析，指出片面追求文饰是失国的重要原因。如禹的祭器，"漆其外而朱画其内，缯帛为茵褥，觞勺有彩，为饰弥侈"[①]，已经相当精美了，但"国之不服者三十有二"；殷周"作为大器，而建九傲，食器雕琢，觞勺刻镂。四壁四帷，茵席雕文"[②]，十分追求形式之美，结果"国之不服者五十有二"。此外，还有西戎的衰败，也是由于"淫于乐，诱于利"，违背了俭省治国的原则。可见，片面追求外在的形式美，失去质朴本色，是导致国家衰亡的重要原因。

《说苑》虽然没有区别礼乐文化与奢侈的区别，但显然"反质"的思想更多的是针对奢侈作风而言的。礼乐文化要耗费一定的人力、物力、财力，但礼乐文化有着度的限制，而奢侈是对欲望的最大满足，是没有止境的奢求。《反质》篇说，秦始皇兼并天下后，大肆奢侈淫靡，修筑驰道、宫殿、蓄养姬妾倡优。

[①][②] 向宗鲁：《说苑校正》，北京：中华书局1987年，第520页。

侯生批判秦的这种奢侈行为说:"今陛下奢侈失本,淫泆趋末。宫室台阁,连属增累;珠玉重宝,积袭成山;锦绣文采,满府有余;妇女倡优,数巨万人;钟鼓之乐,流漫无穷;酒食珍味,盘错于前;衣服轻暖,舆马文饰,所以自奉,丽靡烂熳,不可胜极。黔首匮竭,民力殚尽。"① 这些宫室台阁,锦绣文采,舆马文饰等都是用来满足秦始皇无度的奢侈欲望的,而不是有礼有节的礼乐文化。可见刘向的思想中有着道家追求素朴自然的成分,同时,更多的是从反对奢侈的角度提出"反质"思想的。

刘向把"文"等同于"奢","反质"所针对的"文"很大程度上就是指这种没有限度的奢侈追求。《反质》篇中通过卫叔孙文子和王孙夏的对话探讨了"奢"与"礼"的关系。叔孙文子问王孙夏,他的祖先祭庙太小,想改建,行吗?王孙夏回答说:古代的君子,把节俭当作礼,现在的君子,以奢侈来代替它。卫国虽然贫穷,难道没有一双华丽的鞋去换一小块锦绣吗?改建宗庙不符合礼制。王孙夏认为超越礼制规定的行为是奢侈的。可以看出,超越礼制规定的享乐就是"奢"。刘向更多的是将这一层面的文饰化追求称作"文"。如《反质》篇中说:"晋平公为驰逐之车,龙旌众色,挂之以犀象,错之以羽芝。车成,题金千镒。"② 这么华美的车子制成以后让群臣观看,田差却三次经过连正眼都不看一次,并说夏桀因为奢侈而灭亡,商周因为荒淫而失败,所以不敢看能导致灭亡的华美猎车。同样,当齐桓公问管仲怎样才能解决群臣衣服舆马过分奢侈的问题时,管仲借机指出只有先禁止国君"食也必桂之浆,衣练紫之衣,狐白之裘"③ 的奢侈行为才能解决群臣的问题。

如果刘向所说的"文"与"奢"意思相近的话,那么,所

---

① 向宗鲁:《说苑校正》,北京:中华书局1987年,第517—518页。
② 向宗鲁:《说苑校正》,北京:中华书局1987年,第523页。
③ 向宗鲁:《说苑校正》,北京:中华书局1987年,第524页。

谓的"反质",就包含着节俭的意思。《反质》篇中讲季文子相鲁"妾不衣帛,马不食粟",就是节俭的表率。同样,赵简子乘坐破车瘦马,穿黑公羊皮衣,也是节俭的表率。《反质》篇中讲,鲁国有个人用瓦器蒸煮食物,吃起来觉得味道鲜美,就盛到土罐里进献给孔子。这也是刘向所认可的节俭行为。这是刘向所说的"质"的含义之一。

关于文、质的问题,刘向虽然没有十分明确地阐明其中的关系,但也涉及了这个问题。如《修文》篇中讲,孔子见子桑伯子,子桑伯子穿得很不讲究,弟子问:"夫子为什么要见这样的人?"孔子回答说:"其质美而无文,吾欲说而文之。"孔子离开,子桑伯子的门人很不高兴,说:"为什么要见孔子?"子桑伯子回答说:"其质美而文繁,吾欲说而去其文。"孔子和子桑伯子的矛盾在于一个质而无文,一个质虽美但文过繁。在刘向看来,这是富有张力的两个方面,有美的本质却无文饰就是简易粗野,子桑伯子简易粗野,想使人的行为同牛马一样,只有文饰与本质都好的人,才能称作君子。

综上所述,可以认为,刘向的"反质"思想包含三重意思:第一,刘向《说苑》继承和综合了道家、墨家、法家否定礼乐文化的思想,认为文饰劳民伤财,因而提出要"反质",返回到质朴自然的状态;第二,刘向通过分析历史上禹夏商周秦所以得国失国的原因,指出过分关注享乐,是导致身亡国灭的原因。这个层面的"反质"主要针对的是享乐和欲望而言的;第三,"文"更大程度上指的是"奢",奢侈是超越礼制规定的无度享乐行为。如果从第一个层面来看,"修义"和"反质"的确具有一定的矛盾。这是刘向论著综合连缀各家思想必然的结果;如果从第二和第三个层面来看,"修文"和"反质"并没有矛盾和冲突。"质"主要指的是对过分讲究表面排场、奢侈淫靡的作法的否定,而不是否定整个礼乐文化精神,不是对"文"的否定。

刘向是汉代皇室宗亲，他的文艺美学思想弘扬了礼乐文化的文饰艺术精神，但对礼乐文化中一直潜在，而在汉代表现得极为突出的问题，即"奢侈"问题进行了反思，因而刘向在提出文饰艺术观念的同时，针对骄奢淫逸的时代问题，提出"反质"美学思想，是对文饰艺术观念的一个有益限制。"修文"与"反质"并提，也体现出汉代美学观念的多元化色彩。

第五节　纬书中的礼乐观念及文艺美学思想

纬书是汉代以神学迷信附会儒家经义的一类书，旨在宣扬国家治乱兴衰、帝王将相出世等都是天命的安排。"纬"常与"谶"合称谶纬。谶是秦汉间巫师、方士编造的预示吉凶的隐语。谶纬神学在西汉末年的哀、平之际大兴，在王莽与刘秀的推波助澜之下，到东汉成为占统治地位的思想。纬书对礼乐文化进行了神学化和神秘化的改造，因而在谶纬神学语境下，汉代的文艺思想显示出更为浓厚的神学色彩。

一、纬书中的天神观念及文艺思想

纬书中有着丰富的礼学思想。在纬书中，天神观念得到了更为集中的强调，从而使礼乐文化成为天意而不可违背。如《乐稽耀嘉》讲："禹将授位，天意大变，迅风靡木，雷雨昼冥。"[1]"禹将授位，天意大变，迅风雷雨，以明将去虞而适夏也。"[2]大禹授位之时，疾风吹倒了树木，雷雨交加，白昼变为黑夜。这些都说明帝王受命是天意的体现，具有神圣性。

帝王制礼作乐，如果顺遂天意，天地间会呈现出祥瑞景象。

---

[1][2]　[日]安居香山、中村璋八：《纬书集成》，河北人民出版社1994年，第546页。

如《礼稽命征》中讲：

> 礼之动摇也，与天地同气，四时合信，阴阳为符，日月为明，上下和洽，则物兽如其性命。①
> 王者得礼之宜，则宗庙生祥木。②
> 王者制礼作乐，改损祭器，得鬼神之助，则白玉赤文，象其威仪之状。③
> 王者制礼作乐，得天心，则景星见。④
> 王者君臣父子夫妻尊卑有别，则石生于泽也。⑤
> 父子君臣夫妇尊卑有别，凤凰至，飞翔于明堂。⑥

《礼含文嘉》中讲：

> 绥五车，明五礼，则五禾应以大丰。⑦

这几段话讲的都是，如果王者能够适合时宜地制礼作乐，就会出现"宗庙生祥木"、"白玉赤文"、"景星"、"石生于泽"、"凤凰至，飞翔于明堂"等祥瑞现象。这一方面表明，在谶纬语境下，制礼作乐的天意观念得到了加强，另一方面表明，天意可以直接体现在祥瑞景象之中。换句话说，祥瑞景象是天意的体现。如果制礼作乐的行为具有正当性，天意就会体现在祥瑞景象中。

在纬书中，明堂、灵台都成为礼乐文化中颇受关注的审美

---

① ［日］安居香山、中村璋八：《纬书集成》，河北人民出版社1994年，第507页。

②③④⑤⑥ ［日］安居香山、中村璋八：《纬书集成》，河北人民出版社1994年，第509页。

⑦ ［日］安居香山、中村璋八：《纬书集成》，河北人民出版社1994年，第498页。

对象。如《诗泛历枢》说:"灵台参天意。"① 意思是灵台富有灵性,能够沟通天地神人。《礼含文嘉》说:"礼天子灵台,所以观天人之际、阴阳之会也,揆星度之验徵、六气之瑞应,神明之变化,睹因气之所验,为万物获福于无方之原。招太极之清泉,以兴稼穑之根。仓廪实,知礼节。衣食足,知荣辱。天子得灵台之则,五车三柱,明制可行,不失其常。水泉川流,无滞寒暴暑之灾,陆泽山陵,禾尽丰穰。"② 灵台能够通神,能够达到阴阳和谐,水泉川流的境界。明堂也具有通神的作用,《礼含文嘉》讲:"明堂所以通神灵、感天地、正四时。"③

在谶纬语境中,音乐也是天意的外在表现形式。《乐动声仪》中讲:"镇星不逆行,则凤皇至。宫音和调,填星如度,不逆则凤皇至。""角音知调,则岁星常应。太岁月建以见,则发明主为兵备。发明,金精鸟也。金既克木,又兵象者也。""征音和调,则荧惑日行四十二分度之一,伏五月得其度,不及明从晦者,则动应制,致焦明,至则有雨,备以乐之和。""五音和,则五星如度。"可见在音乐和天象之间有着彼此互动的关系,相互影响。

诗歌的神学意义也在纬书中得到强调。如《诗含神雾》说:"诗者,天地之心,君德之祖,百福之宗,万物之户也。"④ 谶纬神学认为"诗"是"天地之心",是天地的意志。因此诗乐都具有感通人类、教化人群、移风易俗的作用。再如《乐动声仪》讲:"韶之为乐,穆穆荡荡,温润以和,似南风之至,物壮长。"韶乐温润、和穆,具有南风一样的性质,能够使万物苗壮成长。《乐稽耀嘉》讲:"用鼓和乐于东郊,为太皞之气,勾芒之音。

---

① [日]安居香山、中村璋八:《纬书集成》,河北人民出版社1994年,第479页。
② [日]安居香山、中村璋八:《纬书集成》,河北人民出版社1994年,第495页。
③ [日]安居香山、中村璋八:《纬书集成》,河北人民出版社1994年,第496页。
④ [日]安居香山、中村璋八:《纬书集成》,河北人民出版社1994年,第464页。

歌随行，出云门，致魂灵，下泰一之神。"① "用声和乐于中郊，为黄帝之气，后土之音。歌黄裳从容，致和散灵。"② "用动和乐于郊，为颛顼之气，玄冥之音。歌北凑、大润，致幽明灵。"③ 由此可见，在郊外奏不同的音乐，会有不同的神灵受到感应。这是天人感应思想在音乐美学中的体现。

二、纬书中的阴阳五行观念及文艺思想

纬书大量运用阴阳五行观念去附会政治伦理，同时也将礼乐文化纳入到阴阳五行体系之中。如《礼斗威仪》讲：

> 君乘金而王，则紫玉见于深山。④
> 君乘木而王，其政平，则松为常生。⑤
> 君乘水而王，其政和平，楸梓为常生。⑥
> 王者乘火而王，其政升平，则祥风至。⑦
> 人君乘土而王，其政太平，则甘露降。⑧
> 《乐稽耀嘉》讲："君臣之义，生于金。父子之仁，生于木。兄弟之序，生于火。夫妇之别，生于水。朋友之信，生于土。"⑨

以上均用阴阳五行之说附会政治伦理秩序，认为君王的统治与五行中的某一方面有关系，因而在社会治理方面就有不同

---

①②③ [日]安居香山、中村璋八：《纬书集成》，河北人民出版社1994年，第551页。

④⑤ [日]安居香山、中村璋八：《纬书集成》，河北人民出版社1994年，第522页。

⑥ [日]安居香山、中村璋八：《纬书集成》，河北人民出版社1994年，第522页。

⑦⑧ [日]安居香山、中村璋八：《纬书集成》，河北人民出版社1994年，第518页。

⑨ [日]安居香山、中村璋八：《纬书集成》，河北人民出版社1994年，第548页。

的反映,天将以祥瑞景象予以暗示。这些旨在说明君王的治理,以及"君臣"、"父子"、"兄弟"、"夫妇"、"朋友"等关系是建立在五行基础之上,因而具有不可撼动的地位,是必须加以遵守的法则。五行思想本身带有朴素唯物主义性质,但是在谶纬语境中,五行也被神秘化了。

纬书同样用阴阳思想附会音乐思想,从而使文艺思想具有神秘色彩。如《乐叶图徵》指出,"阳乐黄钟,阴乐蕤宾也"①,从而使音律具有阴阳属性。《诗泛历枢》说:"乐者,非谓金石之声、管弦之鸣,谓阴阳和顺也。"② 音乐的意义并不止于金石之声、管弦之鸣,而在于阴阳和顺。《乐纬》的作者还认为乐器有阴、阳两种不同的属性。如《乐稽耀嘉》讲:"钟,太阳,其声宏宽。瑟,少阴,其声清远。"③ 钟音宏宽、瑟音清远,因而谶纬家附会阴阳学说,认为钟属阳,瑟属阴。因而《乐纬》以钟象君,《乐叶图徵》说:"君子铄金为钟,四时九乳,是以撞钟以知君,钟音调则君道得。"④ 因为这种属性,钟就不再是一种单纯的乐器了,它成为君道得失的外在表现形式。

纬书也将五行同音乐思想联系起来,认为圣王制乐的根据是"五行"。《乐动声仪》说:"天效以景,地效以响,律也。天有五音,所以司日。地有六律,所以司辰。"⑤ 意思是律是效法天之景、地之响而来,并将五音、六律与天地联系起来,使音律具有宇宙精神。《乐动声仪》说:"圣人作乐,绳以五元,度以五星,碌贞以道德,弹形以绳墨,贤者进,佞人伏。"⑥ "五

---

① [日]安居香山、中村璋八:《纬书集成》,河北人民出版社1994年,第557页。
② [日]安居香山、中村璋八:《纬书集成》,河北人民出版社1994年,第482页。
③ [日]安居香山、中村璋八:《纬书集成》,河北人民出版社1994年,第548页。
④ [日]安居香山、中村璋八:《纬书集成》,河北人民出版社1994年,第558页。
⑤ [日]安居香山、中村璋八:《纬书集成》,河北人民出版社1994年,第544页。
⑥ [日]安居香山、中村璋八:《纬书集成》,河北人民出版社1994年,第538页。

元"即金、木、水、火、土五行,"五星"即金、木、水、火、土五颗行星。这里是说,圣人作乐以五行、五星为标准和基础。

纬书进一步将五行观念、音乐思想和政治伦理观念联系起来。如《乐动声仪》讲:

"宫为君,君者当宽大容众,故其声弘以舒,其和清以柔,动脾也。商为臣,臣者当以发明君之号令,其声散以明,其和温以断,动肺也。角为民,民者当约俭,不奢僭差,故其声防以约,其和清以静,动肝也。徵为事,事者君子之功,既当急就之,其事当久流亡,故其声贬以疾,其和平以功,动心也。羽为物,物者不齐委聚,故其声散以虚,其和断以散,动肾也。"①

宫为君,商为臣,角为民,徵为事,羽为物。五音与社会关系的五个方面取得了联系,反过来从五音中也就能感知社会关系是否和顺得当。《乐纬》不但用政事附会五音,还附会五脏。宫、商、角、徵、羽分别与脾、肺、肝、心、肾取得了联系。可以说,这种联系是外在设定的,但在当时神秘文化语境中,则认为这种联系具有必然性,这就为汉代的音乐思想着上了非逻辑的神秘色彩。

《乐叶图徵》将各种乐器、音律与君德联系起来,形成了一个巨大的关系网络:

故撞钟以知法度,鼓琴者以知四海,击磬者以知民事。钟音调,则君道得,君道得,则黄钟、蕤宾之律应。君道不得,则钟音不调。钟音不调,则黄钟、蕤宾之律不应。

---

① [日]安居香山、中村璋八:《纬书集成》,河北人民出版社1994年,第542页。

鼓音调，则臣道得，臣道得，则大蔟之律应。管音调，则律历正，律历正，则夷则之律应。磬音调，则民道得，民道得，则林钟之律应。竽音调，则法度得，法度得，则无射之律应。琴音调，则四海合，岁气百川一合德，鬼神之道行，祭祀之道得，如此则姑洗之律应。五乐皆得，则应钟之律应，天地以和气至，则和气应，和气不至，则天地和气不应。钟音调，下臣以法贺主；鼓音调，主以法贺臣；磬音调，主以德施于百姓；琴音调，主以德及四海八能之士。常以日冬至成天文，日夏至成地理，作阴乐以成天文，作阳乐以成地理。①

这里以五行思想为基础，将钟、鼓、管、磬、竽、琴等几种乐器以及它们演奏的乐曲分别与君臣、律历、民道、法度、四海、天地等人间关系的诸方面对应起来，如撞钟能够知法度，鼓琴可以知四海，击磬可以知民事。钟音协调，能够意味着君道得。群道得黄钟、蕤宾之律就受到感应。这种乐器、政治、音律之间的联系，用现代科学的眼光来看，没有多少道理可言，但是在当时的文化语境中，人们就是这么认为的。这种思想丰富了音乐的内涵，也赋予音乐以神奇色彩。

三、纬书对"凤凰"道德蕴含的强调

礼乐文化发展到战国秦汉时期，作为举手投足规范的意义逐渐弱化，而其中的伦理道德蕴含得到强化。纬书中同样重视礼的道德蕴含。如《礼含文嘉》讲："凡出射，立侯于五十步外，以观德不观力也。"② 强调的就是礼的伦理道德意义。

---

① ［日］安居香山、中村璋八：《纬书集成》，河北人民出版社1994年，第555页。
② ［日］安居香山、中村璋八：《纬书集成》，河北人民出版社1994年，第502页。

汉代帝王以甘泉、芝草、凤凰等为瑞应,同时对这些祥瑞景象进行神化。如凤凰就综合了多种动物的形象,成为一种具有神秘色彩的图腾,正如《乐叶图徵》中所说凤凰:"冠类鸡头,燕喙蛇头,龙形麟翼,鱼尾五采,不啄生虫。"[1]可见凤凰是一个综合了多种动物特征的神奇形象。凤凰来临是一种祥瑞景象,《乐纬》说:"是以清和上升,天下乐其风俗,凤凰来仪,百兽率舞,神龙升降,灵龟晏宁。"[2]《乐稽耀嘉》说:"国安,其主好文,则凤凰来翔。"[3]《乐动声仪》中指出:"镇星不逆行,则凤皇至。宫音和调,填星如度,不逆则凤皇至。"[4]以上都在说明国泰民安,清和上升,凤凰就会来临。

与凤凰相似的鸟还有四种,它们的出现不仅是天意的体现,而且它们本身还成为伦理道德的载体。《乐叶图徵》中讲:"焦明,南方鸟也,状似凤凰,鸠喙疏翼负尾,身礼,戴信,婴仁,膺智,负义,至则水之灭,为水备也。""发明,东方鸟也,状似凤凰,鸟喙大颈羽翼,又大足胫,身仁,戴智,婴义,膺信,负礼,至则兵丧之感,为兵备也。""鹔鹴,西方鸟也,状似凤凰,鸠喙专形,身义,戴信,婴仁,膺智,至则旱疫之灭,为旱备也。""幽昌,北方鸟也,状似凤凰,鸠喙小头,大身细足,脏翼若麟叶,身智,戴义,婴信,膺仁,负礼,至则旱之感,为旱备也。"[5]焦明配南方主水备,发明配东方主兵备,鹔鹴配西方主旱备,幽昌配北方主旱备,再加上位于中央的凤凰,体现了汉代的五行思想,而且这五种鸟分别象征着"仁、义、礼、智、信"五常之性,成为五行与伦理道德的载体,这是儒家比

---

[1] [日]安居香山、中村璋八:《纬书集成》,河北人民出版社1994年,第560页。
[2] [日]安居香山、中村璋八:《纬书集成》,河北人民出版社1994年,第565页。
[3] [日]安居香山、中村璋八:《纬书集成》,河北人民出版社1994年,第549页。
[4] [日]安居香山、中村璋八:《纬书集成》,河北人民出版社1994年,第543页。
[5] [日]安居香山、中村璋八:《纬书集成》,河北人民出版社1994年,第561页。

德思想的进一步发展。

由以上分析可以看出,谶纬神学以天神观念和阴阳五行思想为基础,对礼乐文化进行了新的阐释,使礼乐文化成为不可违背的天意,也将礼乐文化纳入到阴阳五行体系之中,将人间的政治秩序纳入到宇宙秩序中,从而形成一套天人相符的政治理念。

第六节 《白虎通》中的汉代官方礼乐美学思想

东汉建初四年,章帝亲自召集当时著名的博士、儒生在白虎观举行了一次大规模的经学讨论会议,讲论《五经》,以便使谶纬迷信和封建经典更好地结合起来,使神学经学化,经学神学化。会议讨论的结果由班固整理成《白虎通》一书,亦称《白虎通义》。《白虎通》集中反应了谶纬神学文化语境下,阴阳五行思想、天人感应学说与礼乐文化融合的状况,是东汉官方礼乐美学思想的体现。

一、《白虎通》中的礼乐文化的特点:建构意义空间

礼乐文化发展到汉代,作为行为规范的价值已经相当弱化,人们更多的是将其当成一种经典,对其中蕴含的意义进行阐释和发掘。

《白虎通·绋冕》篇对各种礼服的意义进行了阐释。如《绋冕》篇指出:"垂旒者,示不视邪,纩塞耳,示不听谗也。"[1] 意思是冕冠上之所以垂旒,表示天子不视邪;冕冠上有塞耳,表示天子不听信谗言。

《白虎通·丧服》篇对各种丧服和丧葬制度的意义进行了充

---

[1] 陈立:《白虎通疏证》,北京:中华书局1994年,第499页。

分的阐释。如"丧礼必制衰麻何?以副意也。服以饰情,情貌相配,中外相应。故吉凶不同服,歌哭不同声。所以表中诚也。布衰裳,麻绖,箭笄,绳缨,苴杖,为略及本经者,亦示也。故总而载之,示有丧也。腰绖者,以代绅带也,所以结之何?思慕肠若结也。必再结之何?明思慕无已。"① 丧礼中的布衰裳、麻绖、箭笄、绳缨、苴杖等都是为了表达悲伤的心情。以腰绖代替绅带,并且打一个结,是为了表示丧家愁肠百结,打两个结,是为了表示忧愁思慕的心无穷无尽。丧礼中用丧杖,是因为"孝子失亲,悲哀哭泣,三日不食,身体羸病,故杖以扶身,明不以死伤生也。"② 丧礼中居倚庐,是因为"孝子哀,不欲闻人之声,又不欲居故处,居中门之外。倚木为庐,质反古也。"③ 听到报丧,"哭而后行",这是为了"尽哀舒愤"。

再如婚礼中,上至天子,下至士,"必亲迎授绥",这是为了表示"以阳下阴也,欲得其欢心,示亲之心也"④。亲迎礼中,新郎为新娘驾车,但车轮转三周后,就交由车夫驾车,新郎回到自己的车上。《白虎通·嫁娶》篇对此解释为,是为了防止淫佚。婚礼选择在春天举行,是因为"春者,天地交通,万物始生,阴阳交接之时也"⑤。

由此可见,《白虎通》对先秦礼仪的意义进行了深层次地解读,努力为所有的礼节设定一个明确的意义,这是汉代对礼乐文化的发展和完善,同时对礼乐文化意义的固定化、模式化阐释一定程度上也使礼乐文化开始僵化,从而失去灵动性。而且《白虎通》中大量存在着根据字面意思主观释义的现象。

---

① 陈立:《白虎通疏证》,北京:中华书局1994年,第510页。
② 陈立:《白虎通疏证》,北京:中华书局1994年,第511页。
③ 陈立:《白虎通疏证》,北京:中华书局1994年,第514页。
④ 陈立:《白虎通疏证》,北京:中华书局1994年,第459页。
⑤ 陈立:《白虎通疏证》,北京:中华书局1994年,第466页。

二、礼乐文化与阴阳五行的融通

《白虎通》力求为礼乐文化构建深度意义空间，使礼乐文化更加学理化，这一思想倾向更为集中地表现为以"阴阳五行"和"天人感应"的思维模式重新解读礼乐文化。

关于社稷中祭稷的原因，《白虎通·社稷》中将其解释为："稷，五谷之长，故封稷而祭之也……稷者，得阴阳中和之气，而用尤多，故为长也。"[①] 五谷众多不可一一来祭，而选择稷作为社稷的代表，其原因是，稷为五谷之长，且得阴阳中和之气。

关于丧礼中丧杖为什么用竹、桐，《白虎通·丧服》篇解释："所以杖竹、桐何？取其名也。竹者，蹙也。桐者，痛也。父以竹，母以桐何？竹者，阳也，桐者，阴也。竹何以为阳？竹断而用之，质，故为阳。桐削而用之，加人功，文，故为阴也。"[②]"竹"的谐音是"蹙"，"桐"的谐音是"痛"，这是选用竹和桐为丧杖材质的原因。而为父丧用竹，是因为竹断而用之，质朴自然，没有人工斧凿痕迹，属阳，用于父亲的丧礼；桐杖需要刀斧砍削而成，有人工痕迹，为文，为阴，用于母亲的丧礼。

关于天子每日的饮食，《白虎通·礼乐》篇指出："平旦食，少阳之始也。昼食，太阳之始也。晡食，少阴之始也。暮食，太阴之始也。"[③] 天子以乐侑食，是为了表明天下太平、富饶。天子一天吃四次饭，是为了与阴阳相协调。吃早饭是为了表示与少阳相配；吃午饭是为了与太阳相配；吃肉干、果干之类是为了与少阴相配；吃晚饭是为了与太阴相配。

天子亲耕，后妃亲蚕。天子亲耕以供郊庙之祭，后妃亲桑

---

① 陈立：《白虎通疏证》，北京：中华书局1994年，第83—84页。
② 陈立：《白虎通疏证》，北京：中华书局1994年，第513页。
③ 陈立：《白虎通疏证》，北京：中华书局1994年，第118页。

以供祭服。这些也都有着阴阳的含义。天子耕于东郊,是因为东方为阳,为农事之始;后妃养蚕于西郊,是因为西方为阴,为女功所称之处。天子和后妃的行为体现了阴阳和谐的思维模式。

在阴阳五行思维模式的影响下,《白虎通》对于"乡射"礼有新的解释。《白虎通·乡射》指出:"天子所以亲射何?助阳气达万物也。春,阳气微弱,恐物有窒塞不能自达者。夫射自内发外,贯坚入刚,象物之生,故以射达之也。"[1] 天子亲自参加射礼,这是因为天子在协助阳气达到万物。春天,阳气微弱,可能会窒塞不能通达万物。而射礼自内发外,就像万物的萌生,所以射礼与万物之萌生之间有着异质同构的关系,或者说在射箭和万物生长之间有着冥冥之中的感应关系,所以古人将它们联系在一起。

《白虎通》将人的情感也进行了阴阳的划分。《性情》篇讲:"性情者,何谓也?性者阳之施,情者阴之化也。人禀阴阳气而生,故内怀五性六情。情者,静也。性者,生也。此人所禀六气以生者也。"[2] 性,属阳;情,属阴。《白虎通》对性情作如此划分是为了进一步指出人的性情来自天意,人秉承阴阳之气而生,内怀五性六情。五性,指仁、义、礼、智、信五种道德品质;六情,指喜、怒、哀、乐、爱、恶六种情感。《白虎通》接着将五性与五行、五脏进行联系,将六情与六府、六律进行联系。如五性与五脏的关系是:肝仁、肺义、心礼、肾智、脾信。五性六情都是人禀阴阳五行之气所获得的先天本性,这就将伦理关系神秘化了。

《白虎通》中对五祀的解释是,顺五行。"故春即祭户。户

---

[1] 陈立:《白虎通疏证》,北京:中华书局1994年,第242页。
[2] 陈立:《白虎通疏证》,北京:中华书局1994年,第381页。

者，人所出入，亦春万物始触户而出也。夏祭灶。灶者，火之主，人所以自养也。夏亦火王，长养万物。秋祭门。门以闭藏自固也。秋亦万物成熟，内备自守也。冬祭井。井者，水之生藏在地中。冬亦水王，万物伏藏。六月祭中霤。中霤者，象土在中央也，六月亦土王也。"① 所祭的五祀分别是户、灶、门、井、土。在先秦时期也祭五祀，但并没有对祭五祀的原因进行更为详尽的说明，到了汉代，五祀成为五行和五个方位的象征。

《白虎通》更多地将礼乐纳入到阴阳五行的体系之中，使礼乐的意义富有时代色彩。如《白虎通·礼乐》篇指出："乐者，阳也。动作倡始，故言作。礼者，阴也。系制度于阳，故言制。乐象阳，礼法阴也。"② 这就在用阴阳思想来解释礼和乐的关系。乐象阳，礼法阴，阳尊阴卑。礼要靠实际生活中的践履才能起教化作用，而乐则可以使人在欢愉的心境中得到满足，受到教育。

《白虎通·礼乐》篇将五声与阴阳、与伦理道德也联系起来，指出："土谓宫，金谓商，木谓角，火谓徵，水谓羽。"③ 《白虎通·礼乐》篇还分析指出，盛德在木，其音角；盛德在火，其音徵；盛德在金，其音商；盛德在水，其音羽。为什么名之为角呢？这是因为角为跃动的意思，阳气跃动，所以称为角；徵者，止也，阳气停止，所以叫徵；商者，张也，阴气开张，阳气始降；羽者，纡也，阴气在上，阳气在下；宫者，容也，含也，含容四时者也。可以看出，《白虎通》的解释有主观牵强的地方，"角"的音与"跃"相近，就认为"角"是跃动的意思；"徵"的音为"止"，"徵"也就被赋予了停止的意思。这种牵强臆断都是为了将五声与阴阳之气发展的五个阶段联系起来，

---

① 陈立：《白虎通疏证》，北京：中华书局1994年，第79页。
② 陈立：《白虎通疏证》，北京：中华书局1994年，第99页。
③ 陈立：《白虎通疏证》，北京：中华书局1994年，第120页。

第八章 汉代礼乐文化语境下的文艺美学思想

从而将五声与自然宇宙联系起来,赋予五声以宇宙意义。

《白虎通·礼乐》还指出:"闻角声,莫不恻隐而慈者;闻徵声,莫不喜养好施之;闻商声,莫不刚断而立事者;闻羽声,莫不深思而远虑者;闻宫声,莫不温润而宽和者也。"这是将五声的效果与人的五常之性对应起来,以证明人的性情来自于天意。

八音是指八种材质制成的乐器,它们分别是:土埙,竹管,皮鼓,匏笙,丝弦,石磬,金钟,木柷敔。《白虎通》认为八音来自八卦,八卦是万物之数,因而八音也就是万物之声。天子之所以用八音,是因为"天子承继万物,当知其数。既得其数,当知其声,即思其形"[①],所以天子用八音。

《白虎通·礼乐》篇还将乐器、音乐与一年十二个月对应起来:

> 埙在十一月,埙之为言熏也。阳气于黄泉之下熏蒸而萌。匏之言施也,牙也。在十二月万物始施而牙。笙者,大蔟之气,象万物之生,故曰笙。有七政之节焉,有六合之和焉,天下乐之,故谓之笙。鼓,震音,烦气也。万物愤懑震而出,雷以动之,温以暖之,风以散之,雨以濡之。奋至德之声,感和平之气也。同声相应,同气相求,神明报应,天地佑之,其本乃在万物之始耶?故谓之鼓也。鞀者,震之气也,上应卯星,以通王道,故谓之鞀也。箫者,中吕之气。万物生于无声,见于无形,勍也,肃也。故谓之箫。箫者,以禄为本,言承天继物为民本,人力加,地道化,然后万物勍也。故谓之箫也。瑟者,啬也,闲也,所以惩忿窒欲,正人之德也。故曰:瑟有君父之节,臣子

---

① 陈立:《白虎通疏证》,北京:中华书局1994年,第121页。

之法。君父有节，臣子有义，然后四时和。四时和，然后万物生。故谓之瑟也。琴者，禁也，所以禁止淫邪，正人心也。磬者，夷则之气也。象万物之成也。其声磬。故曰：磬有贵贱焉，有亲疏焉，有长幼焉。朝廷之礼，贵不让贱，所以明尊卑也。乡党之礼，长不让幼，所以明有年也。宗庙之礼，亲不让疏，所以明有亲也。此三者行，然后王道得，王道得，然后万物成，天下乐之。故乐用磬也。钟之为言动也。阴气用事，万物动成。钟为气，用金为声也。镈者，时之气声也，节度之所生也。君臣有节度则万物昌，无节度则万物亡。亡与昌正相迫，故谓之镈。柷敔者，终始之声，万物之所生也。阴阳顺而复，故曰柷。承顺天地，序迎万物，天下乐之，故乐用柷。柷，始也。敔，终也。①

从以上引文可以看出，《白虎通》有关八音的思想包含以下几个方面：第一，《白虎通》继承了先秦的八音思想，但将八音与八卦、八方、阴阳等联系起来；第二，《白虎通》更加强调了八音的伦理道德蕴含，将其与王道政治联系起来；第三，《白虎通》对音乐与社会生活关系的解释有诸多牵强附会之处。

《白虎通》将四夷之乐与四个方位也对应起来。《礼乐》篇指出："故东夷之乐曰《朝离》，南夷之乐曰《南》，西夷之乐曰《昧》，北夷之乐曰《禁》……东夷之乐持矛舞，助时生也。南夷之乐持羽舞，助时养也。西夷之乐持戟舞，助时煞也。北夷之乐持干舞，助时藏也。"② 《白虎通》将四夷之乐与东、南、西、北四个方位以及生、养、煞、藏四种精神联系起来。

不同等级的贵族用乐的规模，也具有阴阳义。《白虎通》中

---

① 陈立：《白虎通疏证》，北京：中华书局1994年，第122—127页。
② 陈立：《白虎通疏证》，北京：中华书局1994年，第108—109页。

讲:"天子八佾,诸侯四佾,所以别尊卑。乐者,阳也。故以阴数,法八风、六律、四时也。八风、六律者,天气也。助天地成万物者也。亦犹乐所以顺气变化,万民成其性命也。"① 乐舞的等级、佾数与八风、六律、四时对应起来,音乐中就有了天经地义,不可更易的定数。

《白虎通》将音乐的伦理性的根据建立在阴阳五行等宇宙观之上,将音乐与人、与宇宙联系起来。这是汉代谶纬神学背景下,思维模式的必然结果。

三、礼乐文化的伦理道德意义及象征艺术精神

汉代礼乐文化的建构中,一方面强化了礼乐文化与阴阳五行学说的融通,另一方面强化了礼乐文化中的伦理道德蕴含,使礼乐文化的象征艺术精神得到突显。

《白虎通·礼乐》篇中对前代礼乐的伦理道德意义进行了系统解说:

> 黄帝曰《咸池》者,言大施天下之道而行之,天之所生,地之所载,咸蒙德施也。颛顼曰《六茎》者,言和律历以调阴阳。茎者著万物也。帝喾曰《五英》者,言能调和五声以养万物,调其英华也。尧曰《大章》者,大明天地人之道也。舜曰《箫韶》者,舜能继尧之道也。禹曰《大夏》者,言禹能顺二圣之道而行之,故曰《大夏》也。汤曰《大濩》者,言汤承衰,能护民之急也。周公曰《酌》者,言周公辅成王,能斟酌文武之道而成之也。武王曰《象》者,象太平而作乐,示已太平也。合曰《大武》者,天下始乐周之征伐行武……天下乐文王之怒,以定天下,

---

① 陈立:《白虎通疏证》,北京:中华书局1994年,第104页。

故乐其武也。①

这里对黄帝的《咸池》之乐、颛顼的《六茎》、帝喾《五英》、尧《大章》、舜《箫韶》、禹《大夏》、汤《大濩》、周公《酌》、武王《象》等各代最具代表性的音乐中所包含的道德伦理内涵和阴阳五行思想进行了阐释，强化了音乐的象征意义。

歌舞在不同的位置也被赋予了伦理道德意义。"歌者在堂上，舞在堂下何？歌者象德，舞者象功，君子上德而下功。"② 歌者在堂上，是因为歌者象征道德，舞者在堂下，是因为舞者象征功劳。

射礼中，天子射熊，诸侯射麋，大夫射虎豹，士射鹿豕，射侯不同，其中所蕴含的伦理道德意义也不同。"天子所以射熊何？示服猛，远巧佞也。熊为兽猛。巧者，非但当服猛也。示当服天下巧佞之臣也。诸侯射麋何？示远迷惑人也。麋之言迷也。大夫射虎豹何？示服猛也。士射鹿豕何？示除害也。各取德所能服也。"③ "射于堂上者何？示从上制下也……天子射百二十步，诸侯九十步，大夫七十步，士五十步。明尊者所服远也，卑者所服近也。"④ 汉代将射礼中所有的内容都赋予了清晰、明确的伦理道德意义。射侯中不同的动物代表着不同等级贵族的权力关系；在堂上射，意味着从上制下；不同等级的贵族离射侯的远近不同，象征着尊卑之间的服从关系。

关于辟雍的形制，《白虎通·辟雍》篇给予更为详细的解释："辟者，璧也。象璧圆，以法天也。雍者，雍之以水，象教化流行也。辟之言积也，积天下之道德。雍之为言壅也。天下

---

① 陈立：《白虎通疏证》，北京：中华书局1994年，第101—104页。
② 陈立：《白虎通疏证》，北京：中华书局1994年，第115页。
③ 陈立：《白虎通疏证》，北京：中华书局1994年，第244页。
④ 陈立：《白虎通疏证》，北京：中华书局1994年，第247页。

之仪则，故谓之辟雍也……诸侯曰泮宫者，半于天子宫也，明尊卑有差，所化少也。半者，象璜也。独南面礼仪之方有水耳，其余壅之言垣，宫名之别尊卑也。明不得化四方也。"① 辟雍是天子为教育贵族子弟设立的大学。"辟"即"璧"。辟雍取四周有水，形如璧环为名。《白虎通》对辟雍的象征意义进行了更为明晰的解释。璧之圆，以法天；雍以水，象征王道教化圆满流行。诸侯的学校叫泮宫，形状像璜，只有天子的一半。形制之中已经体现出尊卑关系，也表示诸侯不能像天子一样教化四方。

明堂的形制同样包含着丰富而准确的象征意义。《白虎通·辟雍》篇中说："天子立明堂者，所以通神灵，感天地，正四时，出教化，宗有德，重有道，显有能，褒有行者也。明堂上圆下方，八窗四闼，布政之宫，在国之阳。上圆法天，下方法地，八窗象八风，四闼法四时，九宫法九州，十二坐法十二月，三十六户法三十六雨，七十二牖法七十二风。"② 天子建立明堂是为了与神灵相通。明堂的上圆下方，八窗、四闼、九宫、十二坐、三十六户、七十二牖等都成了意义的载体，有着天地人伦方面的象征意义。

"九锡"，亦作"九赐"，是指车马、衣服、乐则、朱户、纳陛、虎贲、鈇钺、弓矢、秬鬯等九种礼器，是天子给公侯、大臣的至高赏赐。在西周礼乐文化中，天子赐给诸侯车旗、玉器等，对诸侯的地位予以确认。汉代也有加九锡的礼制，九锡考核的标准和原则是：

> 能安民，故赐车马，以著其功德，安其身。能使人富足衣食，仓廪实，故赐衣服，以彰其体。能使民和乐，故

---

① 陈立：《白虎通疏证》，北京：中华书局1994年，第260页。
② 陈立：《白虎通疏证》，北京：中华书局1994年，第304—306页。

赐之乐则，以事其先也……朱盛色，户所以纪民数也，故民众多赐朱户也。古者人君下贤，降阶一等而礼之，故进贤赐之纳陛以优之也。既能进善，当能戒恶，故赐虎贲。虎贲者所以戒不虞而距恶。距恶当断刑，故赐之鈇钺，所以断大刑。刑罚既中，则能征不义。故赐弓矢，弓矢所以征不义，伐无道也。圭瓒秬鬯，宗庙之盛礼，故孝道备而赐之秬鬯，所以极著孝道。孝道纯备，故内和外荣，玉以象德，金以配情，芬香条鬯，以通神灵。玉饰其本，君子之性，金饰其中，君子之道。君子有黄中通理之道美素德。金者精和之至也，玉者德美之至也，鬯者芬香之至也。君子有玉瓒秬鬯者，以配道德也，其至矣，合天下之极美以通其志也，其唯玉瓒秬鬯乎。

从九锡的颁赐标准和原则来看，汉代所赐的九锡与功德要相称，如能安民，就赐给车马；具有孝道，就赐予圭瓒秬鬯。圭瓒秬鬯，为宗庙之盛礼。秬鬯，以百草之芬芳合而酿之，阳则达于墙屋，阴则入于渊泉，所以用秬鬯灌地可以与神灵相通。瓒是用来灌鬯的器具，以玉圭装饰其柄。孝道纯备，将会内和外荣，那么玉是最能代表这种品德的。所以天子给有孝道的诸侯加赐玉瓒秬鬯。可以看出汉代更加关注九锡中的道德蕴含。

《白虎通·瑞贽》对五瑞的道德蕴含进行了阐释。五瑞，指的是珪、琮、璜、璋、璧等五种玉器。玉，"燥不轻，湿不重，薄不浇，廉不伤，疵不掩"[1]，是君子道德品质的象征。这五种玉器中又包含着不同的阴阳之义，与不同的方位相配，有着不同的精神内涵。如"璧者，方中圆外，象地，地道安宁而出财物，故以璧聘问也。方中，阴德方也。圆外，阴系于阳也。阴

---

[1] 陈立：《白虎通疏证》，北京：中华书局1994年，第349页。

德盛于内，故见象于内，位在中央。璧之为言积也，中央故有天地之象，所以据用也。内方象地，外圆象天也。"① 意思是璧外圆内方，象征大地，地道安宁财物出。璧在五行中位在中央。

《白虎通·瑞贽》对各种贽的道德蕴含和象征意义进行了阐释。"卿以羔为贽。羔者，取其群而不党。卿职在尽忠率下，不阿党也。大夫以雁为贽者，取其飞成行，止成列也。大夫职在奉命适四方，动作当能自正以事君也。士以雉为贽者，取其不可诱之以食，慑之以威，必死不可生畜。士行耿介，守节死义，不当移转也。"② 卿以羔羊为贽，因为羔羊群而不党，象征着卿能够恪尽职守，但不结党营私。大夫以雁为贽，取其飞行成列之义，以象征大夫奉命出使四方，能够自我斧正以侍奉君主。士以雉为贽，取其不可诱食，不慑于威胁，宁死不可被蓄养的品质，以象征士守节死义的精神。此外，在婚礼中贽用雁，这是"取其随时南北，不失其节，明不夺女子之时也。又是随阳之鸟，妻从夫之义也。又取飞成行，止成列也。明嫁娶之礼，长幼有序，不相逾越也。"③ 婚礼以雁为贽，这是以大雁能随着季节而南北迁徙，不失时节的品性象征女子能按时婚配。雁是随阳之鸟，这象征着妻追随夫。此外，大雁飞成行，止成列，意在彰明婚礼对长幼之序的遵循。雁的象征意义得到了明晰界定。汉代礼乐文化中贽的象征意义得到了进一步的明确。

服饰的伦理道德蕴含到汉代也得到了进一步的强化。《白虎通·衣裳》篇解释，古代禽兽众多，为什么要用"缁衣羔裘，黄衣狐裘"来搭配？这一方面是因为狐裘、羔裘轻暖，另一方面是因为"狐死首丘，明君子不忘本也。羔者，取跪乳逊顺也。

---

① 陈立：《白虎通疏证》，北京：中华书局1994年，第351页。
② 陈立：《白虎通疏证》，北京：中华书局1994年，第357页。
③ 陈立：《白虎通疏证》，北京：中华书局1994年，第457页。

故天子狐白，诸侯狐黄，大夫狐苍，士羔裘，亦因别尊卑也。"①在众多动物中选取狐和羔的皮毛制作裘衣，被诠释成因为狐死首丘，不忘本。羔羊跪乳，性情温顺。可见汉代更加关注的是服饰的伦理道德蕴含，服饰审美从视觉感官之美上升到了伦理道德之美的境界。此外，绅带、玉佩等的伦理道德蕴含也得到了强调。"所以必有绅带者，示谨敬自约整也。缋绘为结于前，下垂三分，身半，绅居二焉。男子所以有鞶带者，示有金革之事也。"②"所以必有佩者，表德见所能也。故循道德无穷则佩环。能本道德则佩琨。能决嫌疑则佩玦。是以见其所佩即知其所能。《论语》曰：'去丧无所不佩。'天子佩白玉，诸侯佩玄玉，大夫佩水苍玉，士佩瑌文石。佩即象其事。"③由绅带和佩饰的情况来看，汉代依然延续了服饰的等级观念，但更加关注服饰的德性象征含义。

绋，即蔽膝。《白虎通·绋冕》篇强调了绋的等级性和道德蕴含，认为"有事因以别尊卑，彰有德也。天子朱绋，诸侯赤绋……大夫葱衡，别于君矣。天子大夫赤绂葱衡，士韎韐。朱赤者，盛色也。是以圣人法之用为绋服，为百王不易也。绋以韦为之者，反古不忘本也。上广一尺，下广二尺，天一地二也。长三尺，法天地人也。"④绋作为服饰的一部分，其实用价值早已退化，西周礼制中更加关注的是绋的等级标志意义，汉代除了对等级性的强调外，以伦理道德作为绋的深层含义。

从整体上来看，《白虎通》中涉及文艺美学问题时，并无新的建树，主要是对前代礼乐文化进行完善，或者赋予其阴阳五行的内涵，或者赋予其更为明确的伦理道德内涵，从而使礼乐

---

① 陈立：《白虎通疏证》，北京：中华书局1994年，第433—434页。
② 陈立：《白虎通疏证》，北京：中华书局1994年，第435页。
③ 陈立：《白虎通疏证》，北京：中华书局1994年，第435—436页。
④ 陈立：《白虎通疏证》，北京：中华书局1994年，第493—495页。

文化从理论上更加完善，但一定程度也使礼乐文化成为模式化的经典，缺少灵动性和灵活性。

第七节 《史记》《汉书》中的礼乐美学思想

《史记》中的《礼书》、《乐书》、《律书》，《汉书》中的《律历志》、《礼乐志》、《艺文志》中都有关于乐律、礼乐问题的讨论，分别代表了西汉和东汉时期史官对礼乐文化的认识。

一、《史记》中的礼乐美学思想

司马迁，字子长，龙门（今陕西韩城）人，约生于景帝中元五年，卒于天汉三年。父亲司马谈为太史令。司马迁跟从孔安国学古文《尚书》，又从董仲舒学《公羊春秋》，而后漫游江淮。司马谈死后，司马迁曾随武帝巡视长城内外。元鼎六年（前111年），奉命出使巴蜀以南。元封三年（前108年）继承父职为太史令，征和年间完成《史记》。天汉三年（前98年）遭李陵之祸。司马迁有关礼乐文化的认识大多沿用了《礼记·乐记》和荀子《乐论》中的音乐观念，但一方面将礼乐与人的情感欲求联系起来，另一方面使礼乐与天地鬼神相通，更加突出地强调了礼乐与天地人相通的性质。

（一）司马迁礼乐美学中对人的关注

司马迁认为礼起源于人的情感。《史记·礼书》说自己曾经到大行礼官，看到了三代以来的礼，明白了"缘人情而制礼，依人性而作仪"[1]的道理。在《史记·乐书》中司马迁多次指出情感与礼乐的内在关系，如"是故情深而文明，气盛而化神，

---

[1] 司马迁：《史记》，北京：中华书局1982年，第1157页。

和顺积中而英华发外,唯乐不可以为伪"①。但是,情和礼之间也有着彼消此长的矛盾。"文貌繁,情欲省,礼之隆也;文貌省,情欲繁,礼之杀也;文貌情欲相为内外表里,并行而杂,礼之中流也。"② 因而,礼的最高层次是"情文俱尽",其次是"情文代胜",最次是"复情以归泰一"。虽然司马迁论礼的思想具有兼采众家之长的特点,但是综合起来看,他还是强调情感在礼仪文化中的作用,也认识到情和文平衡是礼的最高境界。

司马迁肯定了人的本能欲望的客观存在,但是认为放纵欲望,将会导致无休止的纷争,而这种纷争持续下去,必将引起社会的动乱,因而先王要制礼作乐,限制人的本能欲望。因而,人有什么样的欲望,就有什么样的礼制来节制人的欲望,即"人体安驾乘,为之金舆错衡以繁其饰;目好五色,为之黼黻文章以表其能;耳乐钟磬,为之调谐八音以荡其心;口甘五味,为之庶羞酸咸以致其美;情好珍善,为之琢磨圭璧以通其意。故大路越席,皮弁布裳,朱弦洞越,大羹玄酒,所以防其淫侈,救其雕敝。是以君臣朝廷尊卑贵贱之序,下及黎庶车舆衣服宫室饮食嫁娶丧祭之分,事有宜适,物有节文。"③ 显然司马迁沿袭了荀子的礼乐思想,认为礼乐是对人的各种本能欲望的满足,在欲望的促使下会有金舆错衡、黼黻文章等美好的文饰之美。这样,礼就具有了涵养和限制两重性。稻粱五味,是用来养口的;椒兰芬苾,是用来养鼻的;钟鼓管弦,是用来养耳的;刻镂文章,是用来养目的;疏房床第几席,是用来养体的。但另一方面这些礼节、文饰也并不全都是满足本能欲望的,它们反过来也是对人的各种本能欲望的限制,因而,大路越席,皮弁布裳,朱弦洞越,大羹玄酒,又能将人的欲望限定在一定的度

---

① 司马迁:《史记》,北京:中华书局1982年,第1214页。
② 司马迁:《史记》,北京:中华书局1982年,第1173页。
③ 司马迁:《史记》,北京:中华书局1982年,第1158页。

之内。这是礼的法律意义。

正是因为礼有法的性质,因而礼从满足个体情感欲望变成了社会治理的砝码,成为从个体通向社会群体的桥梁。司马迁通过总结历史说:"夫上古明王举乐者,非以娱心自乐,快意恣欲,将欲为治也。正教者皆始于音,音正而行正。"① 因而,"君子不可须臾离礼,须臾离礼则暴慢之行穷外;不可须臾离乐,须臾离乐则奸邪之行穷内。故乐音者,君子之所养也。夫古者,天子诸侯听钟磬未尝离于庭,卿大夫听琴瑟之音未尝离于前,所以养行义而防淫佚也。夫淫佚生于无礼,故圣王使人耳闻雅颂之音,目视威仪之礼,足行恭敬之容,口言仁义之道。故君子终日言而邪辟无由入也。"② 音乐给人带来愉悦,同时又潜移默化地防止了淫佚、暴慢等行为。这就是礼乐文化的社会属性。

(二)司马迁礼乐美学中的天人观念

司马迁在承袭《乐记》礼乐美学思想的基础上,对礼乐与天地相通的精神予以进一步的强调。如《史记·乐书》中指出:

> 大乐与天地同和,大礼与天地同节。和,故百物不失;节,故祀天祭地。明则有礼乐,幽则有鬼神。如此则四海之内合敬同爱矣。③

> 乐者,天地之和也。礼者,天地之序也。和,故百物皆化;序,故群物皆别。乐由天作,礼以地制。过制则乱,过作则暴。明于天地,然后能兴礼乐也。④

> 故圣人作乐以应天,作礼以配地。礼乐明备,天地

---

① 司马迁:《史记》,北京:中华书局1982年,第1236页。
② 司马迁:《史记》,北京:中华书局1982年,第1237页。
③ 司马迁:《史记》,北京:中华书局1982年,第1189页。
④ 司马迁:《史记》,北京:中华书局1982年,第1191页。

官矣。①

地气上齐，天气下降，阴阳相摩，天地相荡，鼓之以雷霆，奋之以风雨，动之以四时，暖之以日月，而百化兴焉。如此则乐者天地之和也。②

及夫礼乐之极乎天而蟠乎地，行乎阴阳而通乎鬼神，穷高极远而测深厚，乐著太始而礼居成物。著不息者天也，著不动者地也。一动一静者，天地之间也。③

以上引文同时出现在《乐记》与《史记·乐书》中，我们无意去考证孰先孰后，但两书同时关注礼乐文化与天地鬼神相通的精神则是可以肯定的。由此可见至少在司马迁看来，礼乐具有"究天人之际"的性质，礼乐与宏阔的宇宙融为一体。这就将礼乐文化从一举一动、觥筹交错的具体行为模式中解脱出来，使其具有超越现实的宇宙精神。进一步讲，礼乐体现了汉代天人相副的时代精神。

礼乐与天地相通的精神还具体表现为音律与八风、四时的相通。《史记·律书》指出，不周风居西北，所对应的音律为应钟，对应地支中的亥。广莫风居北方，表示阳气在下，对应的音律是黄钟和大吕。条风居东北，对应的音律为泰蔟。明庶风居东方，表示万物尽出，对应的音律为夹钟。清明风居东南维，律中中吕。景风居南方。凉风居西南维，律中林钟。阊阖风居西方，律中无射。这样音律就与四时八风、天干地支等自然现象取得了联系。

《史记·乐书》还将音律与五脏联系起来。《史记·乐书》指出："故宫动脾而和正圣，商动肺而和正义，角动肝而和正

---

① 司马迁:《史记》，北京：中华书局1982年，第1193页。
② 司马迁:《史记》，北京：中华书局1982年，第1195页。
③ 司马迁:《史记》，北京：中华书局1982年，第1196页。

仁，徵动心而和正礼，羽动肾而和正智。故乐所以内辅正心而外异贵贱也；上以事宗庙，下以变化黎庶也。"①"闻宫音，使人温舒而广大；闻商音，使人方正而好义；闻角音，使人恻隐而爱人；闻徵音，使人乐善而好施；闻羽音，使人整齐而好礼。夫礼由外入，乐自内出。"② 在司马迁看来，宫商角徵羽五音与人的脾肺肝心肾有着内在联系，因而听不同音乐将会作用于人的不同的器官，从而达到影响和感化人的目的。

司马迁也强调了音乐与阴阳、与天地、与鬼神之间的神秘联系，认为"礼乐之极乎天而蟠乎地，行乎阴阳而通乎鬼神，穷高极远而测深厚"③。在汉代天人感应思想得到了强调，因而司马迁在音乐的社会作用中强调了音乐的神秘感应关系也是具有时代性的。

《史记》进一步将音律与社会生活联系起来。《史记·律书》指出："武王伐纣，吹律听声，推孟春以至于季冬，杀气相并，而音尚宫。同声相从，物之自然，何足怪哉？"④ 司马迁从武王伐纣，吹律听声，尚宫音，与杀气之间的内在联系，将音律与社会世相联系起来。

这样，音乐就成为连接着天地神人、八风四时、人体等各种关系的一个结点。正如《史记·乐书》所说："发以声音，文以琴瑟，动以干戚，饰以羽旄，从以箫管，奋至德之光，动四气之和，以着万物之理。是故清明象天，广大象地，终始象四时，周旋象风雨；五色成文而不乱，八风从律而不奸，百度得数而有常；小大相成，终始相生，倡和清浊，代相为经。故乐

---

① 司马迁：《史记》，北京：中华书局1982年，第1236页。
② 司马迁：《史记》，北京：中华书局1982年，第1237页。
③ 司马迁：《史记》，北京：中华书局1982年，第1196页。
④ 司马迁：《史记》，北京：中华书局1982年，第1240页。

行而伦清,耳目聪明,血气和平,移风易俗,天下皆宁。"① 声音、琴瑟、干戚、羽旄、箫管等构成了一个富有声色美感的艺术世界,这就是礼仪文化的文饰之美。文饰之美连接着天地、八风、四时等多重因素。

既然礼乐中包蕴着天地精神,礼乐也就具有了一定的神性,《史记·乐书》中说礼乐可以"降兴上下之神"②,"是故大人举礼乐,则天地将为昭焉"③。礼乐对人事的影响也具有一定的神奇性,"故舜弹五弦之琴,歌《南风》之诗而天下治……夫《南风》之诗者生长之音也,舜乐好之,乐与天地同意,得万国之欢心,故天下治也"。④ 司马迁认为《南风》之诗,五弦之琴与天地精神相通,因而能够带来和风细雨,是生长之音,舜喜好生长之音,与天意相合,得万国之欢心,因而天下大治。《史记·乐律》篇中还指出:"律历,天所以通五行八正之气,天所以成熟万物也。"⑤ 在司马迁看来,六律为"万事根本",与四时、八风相通,能够促使万物成熟。这是汉代天人感应思想在音乐观念上的体现。

总的来看,《史记》中的礼乐美学思想承袭前人,但也对礼乐中的情感因素,以及礼乐与天地神人相沟通的精神予以推崇,从而将礼乐定位为:"乐者天地之齐,中和之纪,人情之所不能免"⑥,"凡音由于人心,天之与人有以相通,如景之象形,响之应声"⑦,礼乐是天地神人相沟通的中间环节。这一方面与司马

---

① 司马迁:《史记》,北京:中华书局1982年,第1211页。
② 司马迁:《史记》,北京:中华书局1982年,第1202页。
③ 司马迁:《史记》,北京:中华书局1982年,第1203页。
④ 司马迁:《史记》,北京:中华书局1982年,第1235页。
⑤ 司马迁:《史记》,北京:中华书局1982年,第1243页。
⑥ 司马迁:《史记》,北京:中华书局1982年,第1220页。
⑦ 司马迁:《史记》,北京:中华书局1982年,第1235页。

二、《汉书》中的礼乐美学思想

班固（32—92），字孟坚，东汉史学家，辞赋家。扶风安陵（今陕西咸阳东北）人，汉明帝时任兰台令史，章帝时常召班固随侍左右。建初四年，班固奉命将白虎观会议讨论结果整理成《白虎通义》。汉和帝时受到窦宪案牵连，死于狱中，年六十一岁。班固历时二十年撰写《汉书》，未完而卒，后由其妹班昭及同郡门人马续完成。《汉书·律历志》从阴阳五行的角度解释音乐与自然的关系，《汉书·礼乐志》延续了礼乐思想，主要反映了班固对音乐与社会关系的认识。

（一）《汉书》的音律思想

东汉时期经学颇为流行，受到经学注经方式的影响，《汉书》对五声也进行了牵强附会的解释。《汉书·律历志》说：

> 声音，宫、商、角、徵、羽也。所以作乐者，谐八音，荡人之邪意，全其正性，移风易俗也。八音：土曰埙，匏曰笙，皮曰鼓，竹曰管，丝曰弦，石曰磬，金曰钟，木曰柷。五声和，八音谐，而乐成。商之为言章也，物成孰可章度也。角，触也，物触地而出，戴芒角也。宫，中也，居中央，畅四方，唱和施生，为四声纲也。徵，祉也，物盛大而蘩祉也。羽，宇也，物聚臧宇覆之也。夫声者，中于宫，触于角，祉于徵，章于商，宇于羽，故四声为宫纪也。协之五行，则角为木，五常为仁，五事为貌。商为金为义为言，徵为火为礼为视，羽为水为智为德，宫为土为信为思。以君民事物言之，则宫为君，商为臣，角为民，

徵为事,羽为物。唱和有象,故言君臣位事之体也。"①

从《汉书》有关五声的论述可以看出,第一,班固认为五声、八音和谐才能成乐;第二,班固对五声进行了牵强附会的解释。如"商",即是"章",物成熟即可章度。"角",即触,物触地而出,是因为有角,所以称为角。这些解释都带有主观臆断的性质;第三,《汉书》从社会人事的角度将五声与五常(仁、义、礼、智、信)、五事(思、言、貌、视、听)、五位(君、臣、民、事、物)进行比附,使五声具有伦理道德蕴含。

《汉书》从阴阳的角度对十二律进行了阐释。《汉书·律历志》认为:"五声之本,生于黄钟之律。九寸为宫,或损或益,以定商、角、徵、羽。九六相生,阴阳之应也。律十有二,阳六为律,阴六为吕。律以统气类物,一曰黄钟,二曰太族,三曰姑洗,四曰蕤宾,五曰夷则,六曰亡射;吕以旅阳宣气,一曰林钟,二曰南吕,三曰应钟,四曰大吕,五曰夹钟,六曰中吕。"② 五声的根本产生于黄钟的律音,以九寸作为宫调,或增或减,用来确定商、角、徵、羽。九和六错杂交替,是阴和阳互相呼应的结果。律是用来统领气息模仿事物的。十二律中,阳六为律,阴六为吕,一阴一阳,此起彼伏,成就万物。

《汉书·律历志》进一步对十二律进行诠释:

> 黄钟:黄者,中之色,君之服也;钟者,种也。天之中数五,五为声,声上宫,五声莫大焉。地之中数六,六为律,律有形有色,色上黄,五色莫盛焉。故阳气施种于黄泉,孳萌万物,为六气元也。以黄色名元气律者,著宫

---

① 班固:《汉书》,北京:中华书局1962年,第957—958页。
② 班固:《汉书》,北京:中华书局1962年,第958—959页。

声也。宫以九唱六，变动不居，周流六虚。始于子，在十一月。大吕：吕，旅也，言阴大，旅助黄钟宣气而牙物也。位于丑，在十二月。太族：族，奏也，言阳气大，奏地而达物也。位于寅，在正月。夹钟：言阴夹助太族宣四方之气而出种物也。位于卯，在二月。姑洗：洗，絜也，言阳气洗物辜絜之也。位于辰，在三月。中吕：言微阴始起未成，著于其中旅助姑洗宣气齐物也。位于巳，在四月。蕤宾：蕤，继也，宾，导也，言阳始导阴气使继养物也。位于午，在五月。林钟：林，君也，言阴气受任，助蕤宾君主种物使长大茂盛也。位于未，在六月。夷则：则，法也，言阳气正法度，而使阴气夷当伤之物也。位于申，在七月。南吕：南，任也，言阴气旅助夷则任成万物也。位于酉，在八月。亡射：射，厌也，言阳气究物而使阴气毕剥落之，终而复始，亡厌已也。位于戌，在九月。应钟：言阴气应亡射，该臧万物而杂阳阂种也。位于亥，在十月。①

《律历志》对十二律进行了说明，其大意是：黄钟：黄是中间的颜色，是君主的服色；钟就是种。天的中间数字是五，五作为声音的数字，即宫音，五声中没有比它更响的了。地的中间数字是六，六作为律音，有形有色，颜色崇尚黄色，五色中再也没有比它更艳丽的了。所以阳气注于地下深处，使万物萌芽生长，成为六气之首。用黄色来命名音律之首，是为了突出宫声。宫用九唱六和，变化不止，流动不息。从子位开始，在十一月。大吕：吕，就是旅，是说此时的阴气很强，共同帮助黄钟疏通气流而使万物萌芽。大吕在丑位，在十二月。太族：族，就是奏，是说此时阳气盛大，波及地面上的物质。在寅位，

---

① 班固：《汉书》，北京：中华书局1962年，第959—960页。

在正月；夹钟，是说阴气在两旁帮助太蔟传播四方的气流而使种在地下的物质长出来。在卯位，在二月；姑洗：洗就是洁，是说阳气洗涤物质一定使它洁净。在辰位，在三月；中吕，是说很小的阴气刚开始起来还没有形成，把它放到里面一同帮助姑洗宣泄气流调剂物质。在巳位，在四月；蕤宾：蕤，就是继，宾，就是导，是说阳气开始引导阴气使其继续滋养万物。在午位，在五月；林钟：林，就是君，是说阴气接受任务，帮助蕤宾统治播种的万物使它们生长得很茂盛。在未位，在六月；夷则：则，就是法，是说阳气用来端正法度而使阴气去损伤那些应当伤害的物质。在申位，在七月；南吕：南，就是任，是说阴气协助夷则帮助万物成长。在酉位，在八月；无射：射，就是厌，就是结束，是说阳气穷究物质而使阴气全部剥落，完了以后再开始，没有满足和穷尽。在戌位，在九月；应钟，是说阴气呼应无射，把万物都藏塞起来而阴气夹杂着阳气来阻隔所种下的物质。在亥位，在十月。

可以看出，《汉书》将十二律与十二个月份对应起来。十二律是阴阳之气不同的变化消长阶段，是植物生长的不同阶段，将十二个月与十二律联系起来，从而使音律与大自然联系起来。在班固看来音律与万物之间相互感应，律吕、阴阳的变化过程正是万物生长、发育、成熟的过程。但《汉书》对十二律的诠释也带有主观牵强的成分。

（二）《汉书》中的礼乐美学思想

《汉书》强调了音乐的社会功用性，认为："乐者，圣人之所乐也，而可以善民心。其感人深，移风易俗，故先王著其教焉。"[1] 这是班固对于礼乐的基本认识，强调了礼乐的教化作用。

《汉书·礼乐志》指出礼乐在社会治理中的重要作用，认为

---

[1] 班固：《汉书》，北京：中华书局1962年，第1036页。

"治身者斯须忘礼,则暴嫚入之矣;为国者一朝失礼,则荒乱及之矣。"① 婚礼、乡饮酒礼、丧礼、朝觐之礼等在维护社会秩序方面各尽其职,这样,整个社会就能形成和谐有序的秩序。反过来讲,如果"婚姻之礼废,则夫妇之道苦,而淫辟之罪多;乡饮之礼废,则长幼之序乱,而争斗之狱蕃;丧祭之礼废,则骨肉之恩薄,而背死忘先者众;朝聘之礼废,则君臣之位失,而侵陵之渐起"。② 礼使人间秩序和谐。

班固也强调了礼乐与天地鬼神的关系。《汉书·礼乐志》说:"天禀其性而不能节也,圣人能为之节而不能绝也,故象天地而制礼乐,所以通神明,立人伦,正情性,节万事者也。"③在《汉书·郊祀志》中班固也表明自己对祭祀的认识:"祀者,所以昭孝事祖,通神明也。旁及四夷,莫不修之;下至禽兽,豺獭有祭。是以圣王为之典礼。"④ 即祭祀是迫天地祖先鬼神的事情,因而圣人非常重视。

班固认为汉代因为种种原因没能很好地实行礼制。在汉高祖时,有叔孙通制定了礼仪,但礼制未备,叔孙通就死了。汉文帝时,贾谊上书认为应当兴礼乐,天子也同意,但是"大臣降、灌之属害之,故其议遂寝"⑤。汉武帝时,早期有窦太后的阻挠,礼制无法实行;后来董仲舒主张实行礼制,但是"是时,上方征讨四夷,锐志武功,不暇留意礼文之事"⑥。因而,除了封禅以外,实际的礼制建设没有受到重视。汉宣帝时,又有琅邪王吉提出礼制建设的设想,但汉宣帝没有采纳这一建议,琅

---

① 班固:《汉书》,北京:中华书局1962年,第1027页。
② 班固:《汉书》,北京:中华书局1962年,第1027—1028页。
③ 班固:《汉书》,北京:中华书局1962年,第1027页。
④ 班固:《汉书》,北京:中华书局1962年,第1189页。
⑤ 班固:《汉书》,北京:中华书局1962年,第1030页。
⑥ 班固:《汉书》,北京:中华书局1962年,第1032页。

邪王也因此而生病死了。汉成帝时,刘向上书指出,刑法只是权宜之计,而礼乐教化才是治国的根本,因此,应当"兴辟雍,设庠序,陈礼乐,隆雅颂之声,盛揖攘之容,以风化天下。"① 但恰好刘向和汉成帝都死了,因而汉代的礼制推行再次遇挫。到东汉光武帝刘秀营立明堂、辟雍,实行礼制。明帝即位,也躬行其礼,威仪盛美,但"德化未流洽者,礼乐未具,群下无所诵说"②。在班固看来,这是因为庠序尚未设立的缘故。

从礼乐的角度看,班固也认为汉代乐教并未得到很好的贯彻。汉代建立之后,乐家有制氏,以雅乐声律世世在大乐官,但关于礼乐也只能纪其铿锵鼓舞,而不能明言其意。汉代的礼乐,在高祖时,过沛,与父老乡亲相乐,醉酒欢歌,作《风起》之诗,令沛中僮儿百二十人习而歌之。至孝惠帝时,以沛宫为原庙,皆令歌儿习吹以相和,常以百二十人为员。文、景之间,礼官也常常练习。至武帝时,朝廷立乐府,采诗夜诵,有赵、代、秦、楚之讴。以李延年为协律都尉,多举司马相如等数十造为诗赋,略论律吕,以合八音之调,作十九章之歌。后来,河间献王有雅材,指出治道非礼乐不成,因而献所集雅乐。天子让乐官练习这些雅乐,以备岁时之需。班固指出:"今汉郊庙诗歌,未有祖宗之事,八音调均,又不协于钟律,而内有掖庭材人,外有上林乐府,皆以郑声施于朝廷。"③ 在班固看来,西汉礼乐均非雅乐。汉成帝时,礼乐的状况则是"郑声尤甚。黄门名倡丙强、景武之属富显于世,贵戚五侯定陵、富平外戚之家淫侈过度,至与人主争女乐。哀帝自为定陶王时疾之,又性不好音"④,即便是朝廷制定了礼乐,但是礼乐观念已经难

---

① 班固:《汉书》,北京:中华书局1962年,第1033页。
② 班固:《汉书》,北京:中华书局1962年,第1035页。
③ 班固:《汉书》,北京:中华书局1962年,第1071页。
④ 班固:《汉书》,北京:中华书局1962年,第1072页。

以建立起来了。班固慨叹："大汉继周,久旷大仪,未有立礼成乐,此贾谊、仲舒、王吉、刘向之徒所为发愤而增叹也。"[①] 因而,再次呼吁汉代朝廷应当设庠序,实行礼乐教化。

从以上有关汉代礼乐文化与文艺思想的分析可以看出,西汉前期以黄老思想为统治思想,推崇自然无为的哲学,因而此一历史时期贾谊《新书》、陆贾《新语》、刘安《淮南子》等论著都努力用黄老思想阐释礼乐文化,突出礼、乐艺术形式因循自然,推崇个性情感的特征。汉武帝时期,儒家思想和封禅、祭祀等再次成为官方文化活动主要内容,但这一时期神仙思想在社会上也有一定影响,因而这一时期的文艺思想中既有天人感应的神秘色彩,又有着艺术功用化的观念,董仲舒《春秋繁露》、司马迁《史记·礼书》、刘向《说苑》等论著都体现了礼乐诗书的意识形态倾向。东汉时期礼乐文化与谶伟神学同在,从而使这一时期的文艺思想中有着浓厚的阴阳五行色彩,文艺也完全被解释成是天意的表现。《白虎通义》、《纬书》都对文艺进行了神秘化的阐释。可见礼乐文化作为重要的文化事件,对汉代文艺美学思想有着重要影响,在汉代文艺美学思想的发展演进中留下了深深的印记。

---

① 班固:《汉书》,北京:中华书局 1962 年,第 1075 页。

结　论

礼乐文化以文质彬彬的行为方式，精致的礼器，优雅的礼乐，传达尊卑有秩的社会理念，其中包含着丰富的艺术元素，对后世的哲学、美学思想有着深远的影响。本书对礼乐文化的艺术精神进行了分析，对礼乐文化艺术性在先秦两汉时期的嬗变历程进行了梳理，并对礼乐文化与先秦两汉文艺美学思想的内在逻辑关系进行了多层次的分析。

周代统治策略是利用了神性、艺术性的礼乐文化形式达到统治的目的。其中神性保障了统治方式的形而上根据，艺术性保障了统治方式的愉悦性和自觉性。在这种统治模式中，丧礼和祭礼充满了敬畏意识和对神灵的艺术想象，诗歌、乐舞成为沟通神人的媒介，虚幻的丧祭空间成为一个富有艺术魅力的生活空间，使人们的情感具有宗教情感的特征。周代的丧祭礼仪本身有着多重艺术因素，同时人与神的神秘感应关系，以及艺术与神灵的沟通等，都成为影响后世中国艺术思想的重要因素。

周代礼乐文化具有审美意识形态的性质，统治者以情感血缘为基础，以艺术化、审美化的形式来传达统治理念。因而说西周的统治是一种统治的艺术，或者艺术化的统治。这是文以载道，艺术教化思想的最初表现形式。艺术与政治关系成为后世文艺发展中不断被反思的核心问题之一。

礼乐文化对行为方式、言说方式，以及器物文饰的规定，成为贵族身份和地位的标志。换言之，贵族有着优越的社会地位和经济地位，有条件超越实用功利目的而追求文雅的举止言谈方式和精美的器物。这就是礼乐文化的文饰艺术精神。文饰艺术精神的实现需要一定的超功利心态，因而当贵族地位衰微之后，当社会发展到需要急功近利才能解决问题时，贵族礼乐文化的文饰艺术精神，就遭到来自法家、墨家的极力反对，他们认为礼乐文化具有奢侈性，不能解决当务之急，不利于社会发展。

春秋战国时期，随着科学技术的发展和人类社会经验的丰富，天命观念遭到进一步怀疑；随着生产力的发展，维持贵族特殊地位的井田制瓦解；随着各诸侯国的壮大，周天子的地位岌岌可危。相应的，周代的等级礼制出现严重的崩坏现象。在这样的时代背景下，周代的仪式化生活模式发生了一定的变化，周代的礼乐审美观念也得到广泛的反思。春秋战国时期的文艺美学思想基本上都是围绕着礼崩乐坏这一核心文化现象而展开的。

孔子作为没落贵族，积极维护贵族礼乐文化，大力倡导文艺的社会教化作用，强调文艺与道德修养的关系，强调文艺作为外交辞令的作用。但孔子对天命的回避，使其文艺思想缺乏形而上的根据，因而缺少了周代诗学观念的神秘性和强制性。此外，孔子虽然有着贵族血统，但出身贫寒，这使他从对贵族行为方式的维护出发，但却使贵族文饰艺术精神不能真正得到实践。孟子的时代，贵族地位进一步衰微，孟子提出了"与民同乐"的艺术观念，实际上是对贵族艺术精神的进一步消解，孟子"知人论世"的诗学观念实际是对春秋时期外交中引诗和赋诗断章取义的做法的批判。荀子进一步推进了礼乐文化的文饰艺术精神，但在各国法制观念得到加强的历史背景下，荀子以唯物主义思想否定了天神观念的存在，将贵族审美等级特权的维护建立在法制的基础之上，使礼乐文化中的法制意义得到强化。

以老庄为代表的道家学派，反对礼乐文化的文饰艺术精神，认为人为的文饰是对人的异化，因而主张回到小国寡民的时代，回到最为本真自然的状态。以墨子为代表的墨家学派，从小生产者的角度出发，指出礼乐文化弦歌鼓舞，习为声乐，耗费了大量的物力、人力和财力，严重影响了正常的生产，足以丧天下，因而坚决否弃礼乐文化，提出"非乐"思想。礼乐文化建立在亲情血缘关系的基础上，并力求通过礼乐文化协调整个社会的物质欲求。法家认为性恶欲乱，必须治性禁欲，而礼乐文化既不治性且又纵欲，所以应当予以否定。法家在处理人际和社会关系时不讲任何道德伦理，完全打破亲族血缘的情感关系，而代之以丝毫不加掩饰的赤裸裸的功利关系。

汉代人从秦亡的经验教训中认识到礼乐文化对巩固统治有着重要意义，因而在汉代展开了礼乐文化的复兴历程。西汉初期，黄老思想在社会上有广泛的影响力，虽然陆贾和贾谊也提出了礼乐治国的思想，但仔细分析他们的思想就会发现，礼乐思想于他们而言更大程度上只是一个外在的招牌而已，他们的思想深处依然是黄老无为思想，因而他们眼中的礼乐文化也着上了黄老无为清静的色彩。《淮南子》作为黄老思想的代表作，从自然无为的角度对礼乐文化进行了新的解读，强调了人情、人的本性是礼乐之本，因而也带有礼乐文化与黄老思想相融合的性质。

到汉武帝时，汉代出现了礼乐文化的全面复兴，但礼乐文化更多地被运用到祭天、祭地，以及封禅泰山等重大的国家典礼之中，礼乐文化对个体生命形式的影响并不是很大。而且在汉武帝时期，天人感应、阴阳五行，以及神仙思想对礼乐文化有很大影响。因而这一时期围绕礼乐文化而形成的文艺美学思想也表现出阴阳五行思想与礼乐文化相融合的性质，以及天命观念浓厚的特点。董仲舒的《春秋繁露》集中体现了这种观念下的文艺美学思想。

东汉时期谶纬神学大肆盛行，礼乐文化与祥瑞观念交织在一起，呈现出新的时代特色。这一历史时期的文艺美学思想也着上了浓厚的神学色彩。这主要表现在两个方面：首先是纬书中对礼乐文化进行了全面的神学化演绎，将天神观念和阴阳五行学说更为全面地融入礼乐文化中，并对凤凰等一些祥瑞景象进行强调，较为片面地发展了礼乐文化中的物质美学思想，使物中的伦理蕴涵得到强化。其次与纬书的精神一脉相承，《白虎通》从阴阳五行的角度对礼乐文化进行了诠释，对一些祥瑞符号的伦理道德蕴涵进行了深入探讨。这意味着礼乐文化作为一种具有实践性的文化样态的历史基本结束，礼乐文化逐渐成为一种可以被对象化解读的文化经典。

司马迁和班固是东汉和西汉时期史官的代表，他们有着不同的历史命运，但总体来看，他们的礼乐文化观念创新不多，更多的是综合前人的礼乐文化观念。

通过分析，本书得出以下几个方面的结论：

一、周代贵族的礼乐文化对中国文化有着深远的影响，成为中国艺术精神和文艺思想的一个理论源泉，尤其是先秦两汉时期的重要思想观念无不与礼乐文化有着千丝万缕的联系。

二、在礼乐文化中包含着丰富的艺术因素，这是礼乐文化之所以对后世文艺美学思想形成影响的原因所在。具体来讲，周代礼乐文化主要从三个层面影响了后世的文艺思想。其一，礼乐文化的鬼神观念，影响了中国艺术观念的发展，使中国艺术思想包含着浓厚的神秘色彩。如汉代董仲舒将整个世界重新纳入到天命鬼神和阴阳五行观念之中，建立了天人感应的艺术美学观念。其二，礼乐文化是一种审美意识形态，将艺术与政治伦理相结合，将实用与艺术相结合。这是周代礼乐文化的一个重要特征。这种统治策略在之后一直存在着，只是影响的范围不再像周代那样大。如汉代也有隆重的祭祀典礼，但是艺术化的统治方式不再能全面地渗透到统治集团各成员的生活方式和日常行为方式之中。同时，在文艺美学思想中文艺的意识形态性问题也是被反复讨论的焦点问题之一。其三，礼乐文化是周代贵族所特有的文化模式，这与其高贵的身份意识、优越的经济地位，以及周代贵族独特的教育模式有着密切的关系。周代贵族将生活中的声情举止、车服器用等都经过了精心的美饰，从而形成文饰化的艺术精神。但对生活的美饰需要耗费大量的人力物力，随着贵族地位的衰微，这种文饰化的艺术精神引起了后世不同学派的讨论，成为影响后世文艺思想的一个重要问题。

三、礼乐文化是先秦两汉时期的核心话题，也是影响这个时期文艺美学思想的重要因素，但礼乐文化在不同的历史阶段影响文艺思想的切入点不同。春秋时期，言说者的身份和社会地位是影响他们对礼乐文化态度的核心因素，也是他们的文艺美学思想呈现出不同特色的重要原因。两汉时期，统治者的态度、哲学思潮，以及不同历史时期所面临的社会问题是影响汉代礼乐文化的核心因素，也是汉代文艺美学思想呈现出不同的阶段性特征的重要原因。

四、礼乐文化通过艺术化的外在形式，传达社会和谐的理念。在西周时期"德"与"礼"是融为一体的，"德"从"礼"中自然而然地流溢出来。但随着礼乐文化形式的衰微，文艺形式中"德"与"礼"的结合变得生硬起来。孔子对玉的伦理品德的解读已经具有了附会的性质。到汉代在谶纬神学语境中，各种文献中对凤凰、神龟、辟雍、灵台等的外在文饰之美与伦理道德蕴涵的解读，具有更加浓厚的神秘色彩，以及更加牵强附会的成分。这意味着礼乐文化与鲜活生动的个体生活实际距离越来越远，礼乐文化在汉代虽然获得了复兴的契机，但还是脱离不了整体僵化、牵强的趋势。

结　论

　　西周以来的礼乐文化到魏晋时期受到新一轮的解构。魏晋名士反对虚伪的名教，崇尚自然，他们寄情山水，行为放浪，不守礼法。在音乐思想上，嵇康的《声无哀乐论》以主客问答的形式进行了七难七答，指出声无哀乐，将声音与人心之哀乐区分开来，认为声与心各自有其性质和范畴。他提出音声是一种形式美的运动形式，肯定了音声的纯美性，从而将音乐从礼制僵化的框架和束缚中解放出来，打破了儒家所提倡的比德式的艺术模式，是音声自律性观点的集中代表。礼与乐分离的观点成为魏晋南北朝时代音乐美学思想的主要观点，并得到大多数文人士子的赞同。但是即便在这样的文化语境中，礼乐文化的影响，以及有关礼乐的美学思考依然存在着，足见礼乐文化对中国文学艺术的影响是怎样的深远。可以说，中国的封建时代都不同程度地在制礼作乐，从而巩固其统治地位，来自官方的礼乐文化观念又不断地刺激着人们对于文艺的思考。礼乐文化作为中国文化的源头之一，对中国文艺美学思想的影响不绝如缕。

参考文献

[1] 孙诒让：《周礼正义》，北京：中华书局1987年。
[2] 孙希旦：《礼记集解》，北京：中华书局1989年。
[3] 杨天宇：《仪礼译注》，上海：上海古籍出版社2004年。
[4] 杨伯峻：《春秋左传注》，北京：中华书局1990年。
[5] 徐元诰：《国语集解》，北京：中华书局2002年。
[6] 杨伯峻：《论语译注》，北京：中华书局1958年。
[7] 焦循：《孟子正义》，北京：中华书局1987年。
[8] 王先谦：《荀子集释》，北京，北京：中华书局1988年。
[9] 朱谦之：《老子校释》，北京：中华书局1984年。
[10] 郭庆藩：《庄子集释》，北京：中华书局1961年。
[11] 吴毓江：《墨子校注》，北京：中华书局2006年。
[12] 蒋礼鸿：《商君书锥指》，北京：中华书局1986年。
[13] 王先慎：《韩非子集解》，北京：中华书局1998年。
[14] 高亨：《诗经今注》，上海：上海古籍出版社1980年。
[15] 许维遹：《吕氏春秋集释》，北京：中华书局2009年。
[16] 王利器：《新语校注》，北京：中华书局1986年。
[17] 阎振益、钟夏：《新书校注》，北京：中华书局2000年。
[18] 何宁：《淮南子集释》，北京：中华书局1998年。
[19] 苏舆：《春秋繁露义证》，北京：中华书局1992年。
[20] 向宗鲁：《说苑校正》，北京：中华书局1987年。
[21] ［日］安居香山、中村璋八：《纬书集成》，石家庄：河北人民出版社1994年。
[22]《纬书集成》，上海：上海古籍出版社1994年。

[23] 陈立：《白虎通疏证》，北京：中华书局 1994 年。

[24] 孙星衍：《尚书古今文注疏》，北京：中华书局 1986 年。

[25] 司马迁：《史记》，北京：中华书局 1982 年。

[26] 班固：《汉书》，北京：中华书局 1962 年。

[27] 司马彪：《后汉书》，北京：中华书局 1965 年。

[28] [法] 涂尔干：《宗教生活的基本形式》，上海：上海人民出版社 2006 年。

[29] [德] 格罗塞：《艺术的起源》，蔡慕晖译，北京：商务印书馆 1984 年。

[30] [德] 尼采：《悲剧的诞生》，北京：三联书店 1986 年。

[31] [苏] 乌格里诺维奇：《艺术与宗教》，北京：三联书店 1987 年。

[32] [法] 布留尔：《原始思维》，丁由译，商务印书馆 1995 年。

[33] [英] 弗雷泽：《金枝》，徐育新等译，北京：中国民间文艺出版社 1987 年。

[34] [意] 维柯：《新科学》，朱光潜译，北京：人民文学出版社 1986 年。

[35] 钱穆：《国史大纲》，北京：商务印书馆 2005 年。

[36] 侯外庐：《中国思想通史》，北京：人民出版社 1957 年。

[37] 于民：《春秋前审美观念的发展》，北京：中华书局 1984 年。

[38] 李泽厚：《中国美学史》，北京：中国社会科学出版社 1987 年。

[39] 李泽厚：《中国古代思想史论》，天津：天津社会科学出版社 2003 年。

[40] 蒋孔阳：《先秦音乐美学思想论稿》，北京：人民文学

出版社1986年。

[41] 祁海文：《儒家乐教论》，郑州：河南人民出版社2004年。

[42] 苏志宏：《秦汉礼乐教化论》，成都：四川人民出版社1990年。

[43] 谢崇安：《商周艺术》，成都：巴蜀书社1997年。

[44] 王国维：《观堂集林》，北京：中华书局1959年。

[45] 袁济喜：《中国古代文论精神》，太原：山西教育出版社2005年。

[46] 蔡仲德：《中国音乐美学史》，北京：人民音乐出版社2003年。

[47] 徐复观：《中国艺术精神》，上海：华东师范大学出版社2001年。

[48] 邹华：《中国美学原点解析》，北京：中华书局2004年。

[49] 李春青：《诗与意识形态——西周至两汉诗歌功能的演变与中国诗学观念的发生》，北京：北京大学出版社2005年。

[50] 杨华：《先秦礼乐文化》，武汉：湖北教育出版社1997年。

[51] 梅珍生：《晚周礼的文质论》，武汉：湖北人民出版社2004年。

[52] 宋镇豪：《夏商社会生活史》北京：科学出版社1994年。

[53] 许嘉璐：《中国古代衣食住行》，北京：北京出版社2002年。

[54] 徐杰令：《先秦社会生活史》，哈尔滨：黑龙江人民出版社2004年。

[55] 廖群：《中国审美文化史·先秦卷》，济南：山东画报

出版社 2001 年。

　　[56] 余英时：《士与中国文化》，上海：上海人民出版社 1987。
　　[57] 于迎春：《秦汉士史》，北京：北京大学出版社 2000 年。
　　[58] 熊铁基：《秦汉新道家》，上海：上海人民出版社 2001 年。
　　[59] 金春峰：《汉代思想史》，北京：中国社会科学出版社 1987 年。
　　[60] 顾颉刚：《汉代学术史略》，北京：东方出版社 1996 年。
　　[61] 冯友兰：《中国哲学史》，北京：中华书局 1961。
　　[62] 陈戍国：《秦汉礼制研究》，长沙：湖南教育出版社 1993 年。
　　[63] 黄留珠：《秦汉历史文化论稿》，西安：三秦出版社 2002 年。
　　[64] 施昌东：《汉代美学思想术评》，北京：中华书局 1981 年。
　　[65] 修海林：《古乐的沉浮》，济南：山东文艺出版社 1989 年。
　　[66] 常金仓：《周代礼俗研究》，哈尔滨：黑龙江人民出版社 2005 年。

后　　记

在北京师范大学读博士期间，我参与了导师李春青教授主持的教育部重点研究基地重大项目"先秦艺术思想史"的研究工作，博士论文《周代贵族的生活方式及其艺术精神》正是该课题的一部分。来中央民族大学工作后，我开设了《中国审美文化专题研究》课程，周代贵族文质彬彬的行为方式，以及文饰化、等级化的审美观念，是这门课程中必讲的一个专题。讲课的过程使博士论文的思路更加明晰。周代贵族构建的礼乐文化是先秦两汉时期的一个核心话题，也是隐含在先秦两汉时期文艺美学思想中的一条内在线索，从孔孟、老庄，到刘安、董仲舒，无论认可，还是反对，都离不开对这个核心问题的讨论。2012年春季，给文艺学专业的研究生开设了《古代文论》课程，我以礼乐文化的发展和演进为线索，贯穿了整个先秦两汉时期文艺美学思想的教学过程。我一边写讲稿，一边修改博士论文，最终将讲稿与博士论文融合起来，将教学和科研融合起来，变成了本书现在的样子。

校对完书稿清样时，窗外绿荫已深，又一个春天了。回想几年来的岁月，感慨颇多。日子大半在匆匆备课、匆匆赶往学校讲课的过程中，一页页翻过，来不及细思量。好在，家人安康，岁月静好，这已经是非常好的日子了，我当珍惜；好在，所教的课程都是自己喜欢的，教学之余，还有时间和心情写点东西，在这个时代实在是难能可贵，我当知足。

本书能够得到出版，有赖于众多老师和朋友的帮助。感谢中央民族大学文学与新闻传播学院为本书出版提供资金支持。感谢所有关爱我、关心本书出版且为本书出版付出辛劳的朋友！

2013 年 4 月 28 日
陈　莉

中国博士后基金项目（2011M500361）